KB181547

청와대 정부

● 정치발전소 강의노트 04

# 청와대 정부 '민주 정부란 무엇인가'를 생각하다

1판 1쇄 | 2018년 5월 21일
1판 2쇄 | 2019년 7월 21일

지은이 | 박상훈
펴낸이 | 정민용
편집장 | 안중철
편집 | 강소영, 윤상훈, 이진실, 최미정

펴낸 곳 | 후마니타스(주)
등록 | 2002년 2월 19일 제2002-000481호
주소 | 서울 마포구 신촌로14안길 17(노고산동) 2층
전화 | 편집_02.739.9929/9930 영업_02.722.9960 팩스_0505.333.9960

SNS | humanitasbook
블로그 | humabook.blog.me
이메일 | humanitasbooks@gmail.com

인쇄 | 천일_031.955.8083 제본 | 일진_031.908.1407

값 15,000원

이 도서의 국립중앙도서관 출판예정도서목록(CIP)은 서지정보유통지원시스템 홈페이지(seoji.nl.go.kr)와
국가자료공동목록시스템(www.nl.go.kr/kolisnet)에서 이용하실 수 있습니다.(CIP제어번호: CIP2018011120)

정치
발전소
강의
노트 04

# 청와대 정부

### '민주 정부란 무엇인가'를 생각하다

/ 박상훈 지음

후마니타스

------------

차례

# 무엇이
# 시민을
# 사납게 만드는가

왜 청와대 대통령, 청와대 정부를 말하는가
좋은 정부가 좋은 시민을 만든다
공적 토론의 약화는 사적인 적대와 상처를 키운다
민주주의는 공적 영역의 풍요로운 발전을 필요로 한다

# 왜 청와대 대통령,
# 청와대 정부를 말하는가

이 책을 통해 살펴보려는 주제는 '(민주) 정부론政府論'이다. 정부 government는 곧 통치의 의미를 함께 갖고 있으므로 '(민주적) 통치론統治論'이라 해도 좋겠다. 한마디로 말해, '민주주의에서 정부란 어떤 존재이고 왜 필요하며, 또 어떻게 통치될 때 그 가치를 실현할 수 있을까?' 하는 문제를 탐색해 보려는 것이다.

'정부/통치의 문제'를 다룬다고 하면 복잡한 정부 기구와 조직 및 그들의 기능과 역할, 관련된 절차와 규정을 살펴볼 것으로 예상할지 모르겠다. 그렇지는 않다. 그보다는 정치학의 전통 안에서 가장 기초적이면서도 근본적인 문제를 다루려 하는데, 그것은 '민주 정부가 지향해야 할 보편적 원리'를 따져 보는 한편, 이를 기준으로 '우리 현실에서 대통령제 정부가 작동하는 특수한 방식'이 이대로 좋은가에 대해 생각해 보는 것이다. 그런 의미에서 이 책은 오늘의 한국 민주주의에서 정부가 작동하는 방식에 대한 '비판적 논평서'인 동시에, 이를 통해 민주적 정부/통치에 대한 이해를 돕고자 하는 '정치학 설명서'라고 할 수 있겠다.

이런 질문으로 이야기를 시작해 보자. 좋은 정부란 무엇이고, 그런 정부를 잘 이끄는 좋은 대통령이란 어떤 모습일까? 주류 언론과 지식인을 포함해 우리 사회의 지배적 의견은 한결같다. 한마

디로 '정치적 고려 없이 오로지 국민만 보고 통치해야 한다.'는 것
이다. 대통령들 자신도 이런 정치관을 앞세웠다. 본문에서 자세히
살펴보겠지만 "등대처럼 오로지 국민만 보고 가겠다."라고 했던
대통령도 있었고, "국회가 아니라 국민을 위한 정치"를 하겠다고
말한 대통령도 있었다. 하지만 이 당연해 보이는 정치관은 민주주
의에 상응하지 않는다. 최고 통치자를 국민과 일치시키고 의회를
국민과 대립시키는 정치 언어는 입헌군주가 전제군주로 퇴락하는
과정에서 어김없이 등장했다. 군부 권위주의 정권 역시 의회를 정
치가들의 사익 추구를 위한 장으로 비판하면서 스스로를 정당화
해 왔다. 그때마다 그들이 앞세운 것은 '국민 여러분'이었다.

(군주정이나 권위주의 체제와 같은) 비민주주의 체제는 '통치자와
국민으로 이원화된 정치 구조'를 특징으로 한다. 이런 이원 구조
에서는 국민이 바라는 바를 통치자가 구현하는 것을 이상적 규범
으로 여기는바, 그것은 통치자와 국민 사이에 긴장과 갈등이 없는
일원 체계를 지향할 때가 많다. 반면 민주주의 체제는 '3원 구조'
를 특징으로 한다. 통치자와 국민 사이에서 다양한 시민 집단이
자신들의 이익과 열정, 가치, 신념을 표출하고 집약하는 제3의 정
치과정이 존재한다는 뜻이다.

잘 알다시피, 이런 민주적 정치과정은 ① 자율적 결사체free as-
sociation를 통한 참여participation, ② 복수 정당 체계multi-party system
에 의해 구현되는 대표representation, 그리고 ③ 권력 부서들 사이의
견제와 균형check and balance으로 상징되는 책임responsibility/account-

ability의 원리로 이루어진다. 요컨대 통치와 피통치 사이의 불일치와 갈등을 부정하거나 없애려는 일원 체계를 지향하는 것이 아니라, 사회의 다양한 요구를 더 깊고 넓게 표출하고 대표하고 집약하고 책임지는 방법으로 갈등을 통합하고 불일치를 조정하는 다원 체계를 지향하는 것이다.

이에 반해 권위주의적 통치 스타일이란 다음과 같이 정의할 수 있다. 우선 국민과 통치자가 직접 결합하는 것을 지향한다. 다양한 견해와 이견, 반대의 표출을 억제하는 경향을 갖는다. 사회의 다원적 이익과 열정, 가치를 대표하는 정당들의 존재는 물론 행정부의 통치 행위에 책임을 묻는 입법부의 역할을 회피하거나 부정적으로 묘사하는 주장과 논리를 자주 동원한다. 민주화 이후에도 이런 행태와 태도를 보이거나 그와 관련된 정치 언어를 사용하는 통치자들이 적지 않았다. 대통령에 대한 여론의 지지가 높다는 이유로, 대통령에게 협조적이지 않은 국회나 야당을 '민심에 반하는 집단'으로 여기거나, 집권당 내 이견 집단을 향해서는 '국민 배신 정치'를 하는 세력으로 규정해 선거에서 "국민이 나서서 국회를 심판해 달라."고 하는 일은 모두 이런 정치관에서 비롯된 바 컸다.

민주주의 체제라면 대통령도 특정 정당의 후보로서 공적 경쟁을 거쳐 주권을 위임받은 정치 지도자다. 마땅히 그에 해당하는 정치적 책임성을 가질 때 민주주의자가 될 수 있다. 사실 어떤 대통령도 국민 전체를 대변하지는 못한다. 국민을 앞세우는 것이 실제로는 다른 견해를 가진 시민에게 침묵을 강요하는 일이 될 때도 많다. 그보다는 보수나 진보 혹은 그 사이에서 특정의 정견을 표방했던 한 정당의 정치 지도자로서 책임성을 발휘할 때 민주적 정치과정은 시작될 수 있다. 그 기초 위에서 다양한 시민 집단의 의견을 존중하고, 이를 대표하는 여러 정당 및 의회와 함께 정부를 이끄는 것이 중요하다. 국민이 아니라 정당/의회와 함께 일하는 대통령이 민주적인 대통령이다. 여야를 상대하는 정치가로서의 역할을 회피하고 대통령이 자신을 국민과 동일시하는 순간, 대통령제의 비극은 시작된다.

'국민과 함께' 혹은 '국민 속에서' 개혁을 주도하겠다던 앞선 대통령의 사례는 어떤 귀결을 보여 주었을까? 그것은 사회를 분열시키고, 의견이 다른 시민들을 서로 적대하게 만드는 '갈등 유발형' 통치였다. 정부의 공식 조직과 체계가 작동할 수 없게 만드는 '사설私設 정부'였다. 여야가 청와대 사수대와 대통령 공격조로 나뉘어 불모의 흥분 상태를 반복하는 '정치 없는 싸움'이었다. 그 끝은, 여야 정당정치로부터는 물론 사회로부터 고립되고 소외된 '청와대 은둔형 대통령'의 출현이었다. 청와대를 앞세우고 청와대에 의존하는 대통령은 점점 그 폐쇄적 공간 안에 스스로를 가두게 된다.

청와대는 대통령제를 유사 군주정으로 이끄는 역할을 한다. 대통령을 국민주권의 구현자로 여기고, 의회나 정당들로부터 간섭받지 않는 국가 지도자이기를 바란다. 대통령을 대신해 자신들이 모든 것을 관장하고 지휘하지 않으면 일이 되지 않을 것 같은 강박관념은 '청와대가 권력이 되는 정부'를 낳는다. 모든 것이 청와대로 통하는 사태는 심화될 수밖에 없고, 풀뿌리 주민 대표를 뽑는 지방선거조차 청와대 근무 경력이 결정하는 비정상적인 일이 나타날 때도 있다. 제어되지 않는 '강한 청와대'는 불가피한데, 하지만 그런 청와대는 (이 책의 중심 주제라 할) '민주적 책임 정부'와 양립할 수 없는 형용모순이다. 사회의 모든 에너지가 권력의 정점인 청와대로 집중될 수밖에 없다. 공식적 제도와 절차에 따른 정부 운영은 물론 당정 관계를 중심으로 움직여야 할 정치과정은 자리를 잡지 못하고 혼란과 긴장을 반복한다. 청와대와 집권당 사이에서 책임 논란이 시작되고, 대통령과 의회라고 하는 두 헌법 기관 사이의 대립이 돌이킬 수 없을 정도로 심화될 때쯤이면 '민주적 갈등 해결의 기제'로서 정치는 작동하지 않게 된다. 갈등은 '사회 속의 거리'로 옮겨지고, '광장에서의 운동'이 정치의 기능을 대신하게 되는 시간은 뫼비우스의 띠처럼 다시 시작된다. 한국의 대통령제를 민주주의보다는 권위주의 쪽으로 이끄는 역할을 한 것은 청와대였다. 대통령이 청와대를 중심으로 정부를 이끄는 선택을 하면, 민주정치는 결국 제 기능을 발휘할 수 없게 된다. 필자가 왜 이런 판단을 갖게 되었는지, 이제 그 긴 이야기를 시작할까 한다.

# 좋은 정부가
# 좋은 시민을 만든다


정치학은 인간으로서의 '좋은 삶'은 '좋은 정치' 없이 실현될 수 없다는 전제에서 시작된 학문이다. 모든 정치철학자들이 동의하듯이, 인간이란 '존재의 기원과 궁극적 목적에 관해 질문하는 유일한 피조물'이다. 신神이 아니기에 가질 수밖에 없는 수많은 존재론적 한계로 말미암아 '옳은 삶', '최선의 삶', '완전한 삶'을 살수는 없겠지만, 그럼에도 불구하고 좋은 삶 내지 선한 삶에 대한 열망을 멈출 수 없는 것이 인간이다.

좋은 정치 없이, 목적을 가진 좋은 삶을 실현할 수 없다고 말한 최초의 정치학자는 아리스토텔레스Aristotle였다. 그래서 아리스토텔레스는 (자신의 강의 내용을 묶어 낸 『정치학』에서) '인간은 타고나기를 정치적 동물'이라고 규정했고, 정치의 역할 없이도 '목적 있는 삶'을 구현할 수 있다고 믿는 자가 있다면 '그는 인간 이상이거나 인간 이하일 것'이라고 단언했다. 그에 따르면 정치란 '개개인 모두에게 공통된 사회적 조건을 잘 이끌고 통치하는 일'이며, 이상적인 정치 상황이란 '잘 통치하고 잘 통치 받는 일'이 번갈아 이루어지는 것을 뜻한다. 이를 기준으로 아리스토텔레스는 서로 다른 유형의 정치체제를 비교했고, 어떤 통치 조건을 성숙시켜야 좀 더 나은 인간적 삶이 가능한지를 연구했다.

통치 혹은 정부의 문제를 다루지 않고 더 나은 삶을 영위하기 어렵다는 생각은 근대 이후에도 역사적으로 중대한 변화를 이끈 사상적 힘이었다. 토머스 홉스Thomas Hobbes는 영국 내전을 겪으면서 시민이 필요로 하는 정부를 이론적으로 기획했고, 임마누엘 칸트Immanuel Kant는 전쟁을 피하는 길은 군사적 강함이 아니라 공화정 정부를 만드는 문제에 달려 있다고 보았다. 강한 군대가 아닌 좋은 정부가 평화의 가능성을 높인다는 발상이라 할 수 있다. 몽테스키외Charles De Montesquieu는 프랑스가 당시의 에스파냐처럼 그 어떤 종교적 이견이나 사상도 불허하는 최악의 전제 정부로 퇴락할 것을 두려워했다. 그래서 어떻게 하면 '부드러운 정부'를 만들 수 있을까 하는 문제에 몰두했다. 전제적 군주정만큼 시민의 삶을 파괴하는 것도 없다고 여긴 장 자크 루소Jean Jacques Rousseau는 (대표작인 『사회계약론』 3권을 통해, 나쁜 통치라 하더라도 견디는 수밖에 없다고 말하는 것은, 의사가 중병에 걸린 환자에게 그저 참으라고 말하는 것과 같다며, 삶의 의지가 있다면 다른 의사를 찾아나서야 하듯이) "중요한 것은 좋은 정부를 찾아 나서는 일"이라고 말했다. '사나운 정부가 사나운 시민성을 낳는다.'고 생각했던 그는 시민들이 좀 더 자유롭게 자신의 삶을 영위하면서도 공동체에 대한 의무감을 실천할 수 있게 해주는 대안적 정부론을 모색했다.

민주 정부가 감당해야 할 과업은 무엇일까? 어느 나라 헌법이든, 시민의 자유와 평등은 물론 행복추구권을 보장하는 한편, 재난과 질병, 범죄로부터 시민을 보호해야 할 의무를 적시해 놓고 있다. 한마디로 말해 민주 정부가 존재하는 이유이자 목적은, 시민의 삶이 좀 더 평화롭고 안전하고 건강하며 평등하고 자유롭게 영위될 수 있는 조건을 만들고 튼튼히 하는 데 있다. 최소한 그것을 위해 최선의 노력을 다하는 정부여야 할 것이다. 그 과업에 책임을 다하는 정부는 시민을 합리적으로 행동하게 하고, 그렇지 않은 정부는 시민을 혼란에 빠뜨린다.

좋은 정부 없이 시민으로서의 좋은 삶은 불가능하다. 존 스튜어트 밀John Stuart Mill만큼 이런 생각을 강조한 철학자도 없다. 그는 (『대의정부론』을 통해) 이상적인 정부란 시민들이 지적으로나 문화적으로 좀 더 성숙한 삶을 사는 데 기여하는 정부라고 정의했다. 반면 (『자유론』을 통해) 그는 나쁜 정부란 이견을 억압하는 정부, 시민들 사이의 자유로운 토론을 불가능하게 만드는 정부라고 규정했다. 나아가 이견의 억압은 강제력에 의존하는 정부만이 아니라 여론을 동원해 통치하는 정부에 의해서도 이루어질 수 있음을 강조했다. 이처럼 시민들을 서로 대화할 수 없도록 적대적으로 분열시키고 대립하게 하는 정부를 피하고자 한 것은 정치철학자들의 공통된 문제의식이었다.

우리는 어떨까? 흔히 정부를 이끄는 존재로 정의되곤 하는 대통령들은 서로 다른 정치적 의견을 가진 시민들 사이에서 좀 더 성숙한 대화와 토론을 가능하게 할 문화적 기반을 다지는 데 기여했을까? 내각과 의회, 정당 나아가 사회와의 관계 속에서, 자신에게 부여된 과업을 잘 실천하는 데 최선을 다했을까? 안타깝게도,

그렇게 답하기는 어렵다. 그보다는 '구악 일소', '사회 정화', '적폐 청산'을 내세워 적대와 증오의 정치를 부추긴 경우가 더 흔했다. 대통령 주변의 권력 기구들이 인위적으로 여론을 동원하고 이견과 반대를 억제하려는 사례가 훨씬 더 많았다. 거대한 정부 조직이 대통령을 중심으로 움직이다가 대통령 개인의 몰락과 더불어 기능을 상실하는 일도 반복되었다. 거의 모든 대통령들의 삶은 개인적으로나 정치적으로 비극적 종말을 맞이했다. 이런 일들이, 한국의 대통령들이 정부를 운영해 온 방식과 무관하게 그저 우연히 발생했다고 할 수 있을까?

한국의 대통령제가 '청와대'로 상징된다는 사실은 한국인 누구나 잘 알고 있다. 언론 기사를 대상으로 연관 검색어를 찾아보면 '대통령'과 '청와대'가 동반 출현하는 빈도가 절대적으로 많다. 그 다음으로 '대통령'과 가장 많이 연관된 단어는 뭘까? '국민'이다. 어디서든 대통령은 '국민'을 호명하고 연호한다. 그에 비해 '대통령'과 '국회', '대통령'과 '집권당', '대통령'과 '내각'이 연관어로 출현하는 빈도는 상대적으로 낮을 뿐만 아니라 상호 연관의 관계도 긍정적일 때보다는 부정적이고 갈등적일 때가 많다.

'위임 민주주의'delegative democracy라는 정치학 개념이 있다. 아르헨티나 출신 정치학자 귈레르모 오도넬Guillermo O'Donnell이 라틴아메리카 민주주의 혹은 남미형 대통령제의 특성을 설명하기 위해 만든 개념이다. ● 의회와 정당이 무력하거나 잘 제도화되어 있지 않은 상황에서 '대통령 스스로 민중 권력 내지 국민주권이 자신에게 직접 위임된 것으로 간주해 임의대로 대통령직을 수행하는 정부 운영 방식'을 가리킨다. 그런 의미에서 위임 민주주의란, '대통령 개인에게 국민주권 내지 민중 권력이 위임된 것으로 가정해 운영되는 민주주의'로 정의할 수 있고, 최장집 교수의 용어로 말하면 (대통령이 의회와 정당을 우회해 국민을 직접 호명하고 동원해 여론을 움직이려 한다는 점에서) '국민투표식 민주주의'라고 재정의할 수도 있겠다.●●

오도넬에 따르면, 위임 민주주의에서 나타나는 여러 특징적 정치 현상이 있다. 대통령이 의회와 정당을 우회해 국민 대중에게 직접 호소하는 일이 많다는 것은 이미 언급한 바 있다. 대통령이 주도하는 행정 명령과 행정 입법이 자주 발동되고, 이로 인해 입법부의 자율성이 빈번히 제어되는 것도 또 다른 특징이다. 정치인의 부정부패와 스캔들을 둘러싼 처벌 논란이 일상화되어 있고 이 과정에서 사법부의 독립성이 침해되는 일도 잦다. 권력과 영향력이 집중된 대통령에 대한 과도한 기대와 과도한 실망이 빠르게 교차하는 일을 반복하는 것도 위임 민주주의의 중요한 특징이다.

민주화 이후 지난 30년 동안 7명째 대통령을 선출한 '한국의

---

● Guillermo O'Donnell, "Delegative Democracy," *Journal of Democracy* No. 5, 1994.

●● 최장집, "한국 정치의 문제, '국민투표식 민주주의'를 논한다," 『문학과 사회』 2016년 봄호(통권 29권).

대통령제 민주주의'는 어떤가? 정당 체계나 선거제도, 관료제의 특성 등에서 남미와 한국은 차이가 있음에도 불구하고, 한국의 대통령제 역시 위임 민주주의 내지 국민투표식 민주주의의 양상을 띠어 온 것은 분명하다. 다만 비교의 관점을 발전시키기에는, 한국형 대통령제의 특징은 물론, 그 속에서 민주주의가 작동하고 정부가 운영되는 방식에 대해 우리가 알고 있는 것이 생각보다 많지 않다. 청와대의 조직과 인력, 예산에 대한 체계적 연구도 보기 어렵다. 지난 박근혜 정부 시기에 '청와대의 내각 통할권'이 논란이 되고 대통령과 의회의 갈등이 크게 주목되었지만, 그 뒤에도 한국에서 대통령제 정부가 작동하는 방식에 대한 조사나 연구는 진행되지 못했다.

2016년 말 한국 사회를 뒤흔든 '최순실 사건'을 계기로 대통령이 청와대를 운영하는 방식이 적나라하게 드러나면서 '제왕적 대통령제와 청와대의 구조 개혁'이 필요하다는 주장이 다시 제기되었다. 2017년 조기 대선에서도 모든 후보가 청와대 권력을 축소 및 개혁하겠다고 약속했다. 장차관급 수석제의 폐지는 물론 청와대 공간 이전도 이야기되었다. 그러나 이들 이슈는 문재인 정부에 들어와 사라졌다. 대통령을 민중 권력을 위임받은 '유일자'로 동일시하려는 경향은 이전보다 더 강해졌고, 다시금 '강한 청와대'가 등장했다.

(청와대 이전과 축소, 의회와의 협치, 집권당을 통한 인사권 실천, 책임 총리의 정책 자율성 및 인사권 확대, 사드 배치 재검토, 신고리 원전 6

호기 건설 중단 등등) 통치권을 위임해 달라며 제시했던 선거 공약은 지켜지지 않았다. 집권에 성공하고 나자 "여론조사와 공론 조사를 거쳐 국민이 원하는 대로 한다."라는 논리를 앞세워, 공약에 대한 책임성보다는 여론에 따른 정치를 더 중시했다. 청와대가 입법과 사법의 영역 전반을 관장하고자 하는 것은 물론, 사회 개혁의 중추적 추진자 역할을 자임하고 나선 것도 특별한 현상이다. 이를 정당화하기 위해 대통령과 청와대는 '직접 민주주의', '적폐청산', '촛불 혁명'을 앞세웠다. 이런 정치 언어 내지 정치 담론을 근거로 삼아 국민의 직접 참여를 제도화하려는 노력이 커졌으며, 여론을 주도하는 데 적극적으로 나선 열렬 지지자들의 역할은 더욱 중요해졌다. 반면 내각과 의회, 정당, 자율적 시민운동의 역할은 다시 수동적인 위치로 밀려났다.

이런 변화를 어떻게 봐야 할까? 이전 정부에서는 없던 새로운 현상인가, 아니면 이미 그 전에 자리 잡은 한국형 대통령제의 구조적 특징의 연장일까? 궁극적으로 우리 현실에서 대통령제가 민주적 가치나 이상에 가깝게 기능하려면 어떤 내용의 개선과 보완이 필요할까? 생각해 봐야 할 모든 문제가 이처럼 근본적이고 또 중대하다.

## 공적 토론의 약화는
## 사적인 적대와 상처를 키운다

이 책에서 주로 다루는 사례는 '박근혜의 청와대 정부'와 '문재인의 청와대 정부'다. 우리 사회에서 가장 열렬한 지지자와 반대자를 가진 것으로 유명한 두 대통령을 중심으로 한 필자의 이야기가 이들 두 열렬 지지자 집단에게 쉽게 동의되기는 어려울 것이다. 그럼에도 이 두 사례를 소재로 지극히 논쟁적인 주제를 다루게 된 데에는 필자 나름대로 중요하게 생각하는 문제의식이 있다.

2017년 11월 어느 날, 필자가 학교장으로 있는 (사)정치발전소의 김진엽 사무국장이 '민주주의자의 변론'이라는 제목의 모임을 제안했다. 민주정치와 관련된 여러 주제를 놓고 나의 생각에 비판적인 의견을 가진 사람들 앞에서 변론하는 자리를 가져 보자는 것이었다. (비난 댓글이나 문자 폭탄, 항의 전화 등의 형태로 이루어지는) 일방적이고 폭력적인 의견 표명이나, (서로에 대한 야유조 말투와 불량한 태도 같은 문제를 두고 비난을 주고받는) '사사화私事化된 논쟁' 대신, 좀 더 책임 있는 '공적 논쟁'public discussion으로 발전시켜 보자는 취지로 이해했다. 그래서 응했다.

이를 계기로 필자의 생각을 객관화할 기회를 갖게 된 것이야말로 이 책을 집필할 수 있는 가장 큰 동력이 되었다. 예상되는 반론이나 비판적 질문 앞에 나설 마음의 준비를 하면서, 상호 토론이 가능한 논리나 주장을 만들려는 노력을 계속할 수 있었다. 짧은 시간에 많은 답변을 만들도록 긴장과 열정을 갖게 된 것은 전적으로 이 모임 덕분이라 할 수 있다.

논쟁의 종결을 위해 이 책을 쓴 것은 아니라는 점을 강조하고 싶다. 질문에 대한 답변의 형식을 갖지만 사실은 한국형 대통령제에 대한 필자의 생각을 밝혀 둔 것이니, 이에 대해 누군가는 이견을 가질 수 있고 또 새로운 논쟁을 제기할 수도 있을 것이다. 다만 이 책을 통해 필자가 목적하는 바가 있다면, 한국의 대통령제 혹은 청와대 중심의 정부 운영을 두고 사적인 비난 전쟁을 반복하는 대신 조금이라도 정제된 공적 논쟁을 시작해 보는 것이다.

특별히 공적 논쟁의 중요성을 강조하고 싶다. '민주주의자의 변론' 모임의 인사말을 통해 나는 청중들에게 이런 질문을 먼저 제기한 적이 있다. "정치적 의견 차이 때문에 누군가를 대상으로 한 사적 공격은 말할 수 없이 많아졌다. 반면 그에 비례해 책임 있는 공적 논쟁은 약화, 소멸, 실종되었다. 무정형적인 여론에 대고 누군가의 잘못을 문제 삼는 일은 많아졌지만, 당사자들 사이에서나 서로가 공유하고 있는 조직 안에서 문제를 해결할 능력은 점점 사라져 가는 사회가 되었다. 개인을 둘러싼 사회적 논란은 있되 당사자 집단의 책임 있는 참여를 필요로 하는 공적 의제는 찾아보기 어렵다. 우리는 이 문제를 어떻게 보아야 할까?" 그때 나눈 이야기를 간추려 보는 것으로 생각을 심화시켜 보자.

누가 시민을 사납게 만드는가? 시민들 사이에 자연스럽게 존재할 수밖에 없는 이견과 생각의 차이를, 용인할 수 없는 적대의 근거로 악용하고, 증오심을 동반한 공격의 이유로 삼게 만드는 것은 누구인가? 정치적 이견을 갖는 것 때문에 사적 공격과 비난을 감수해야 하는 현실이 되었지만, 그렇다고 해서 뾰족한 해결책이 있는 것은 아니다. 사실 그런 비난과 공격을 하는 사람들은 대개 누군지 알 수 없거나 보이지 않는데, 그렇다고 무시할 수는 없다. 비난과 공격의 대상이 되는 사람은 구체적으로 적시되며, SNS와 같은 가상공간과 다양한 미디어 매체를 통해 공개적으로 확산되는 형태를 띠기 때문이다. 그래서 그런지 누군가를 특정해서 혐오를 조장하고 증오와 적대를 자극하는 것은 물론 가짜 뉴스를 만들어 여론을 혼란시키는 일을 제어하고 처벌해야 한다는 주장이 덩달아 커지고 있다.

어느 정도 그런 노력이 필요하다는 데에는 동의하지만, 나는 그것이 최선이라고는 생각하지 않으며 실효성도 크지 않으리라 본다. 정당은 물론 언론과 방송 등 사회적 의견을 형성하는 데 영향을 미치는 모든 기관이 그간 그런 방식의 소통을 즐겨 동원하고 활용해 온 마당에 이제 와서 매체 이용자 개개인을 추적해 제재하자고 하는 것에 대해 솔직히 납득하기 어렵다. '표현의 자유'를 구현하는 것이 '표현의 내용'을 규제하는 것보다 훨씬 더 중요한 가치다.

여론의 반응을 증폭시키는 데만 과도한 관심을 보여 온 정치와 언론, 방송의 문제를 말하지 않고, 그것의 결과라 할 '사적 혐오와 증오를 여론 소비자들의 잘못' 때문으로 문제를 치환하는 것은 공정한 일이 아니다. 개개인의 의사소통 행위나 그 활동 영역을 제어하는 것보다 더 중요한 것은 차이와 적대, 갈등이 사회적으로 다뤄지는 방식을 개선하는 일이다. 지금 우리가 우선적으로 문제 삼아야 할 요점이 있다면 그것은 '공적 논쟁의 부재 내지 실종'이다. 사적 비난과 적대의 증가는 그 결과인 면이 크며, 그렇기에 책임 있는 공적 논쟁의 기회를 어떻게 확대하고 심화시킬 것이냐가 더 긴급한 문제라는 뜻이다. 민주주의 사회에서 정당과 언론, 방송, 나아가 지식인 집단이 해야 할 역할은 뭘까? 아무리 상업 사회적 특성이 강화된 현실을 무시할 수 없다 하더라도, 그리고 조직의 존립을 위해 수요자들의 관심과 지지를 동원해야 하더라도, 그것에만 몰두하면서 사회적 논쟁을 의미 있게 이끄는 공적 기능을 저버린다면 그들이 존재해야 할 이유는 약해질 수밖에 없다.

공적 논쟁이 제 기능을 하지 못하면 어떻게 될까? 그럴 경우 인간 사회의 모든 갈등과 차이, 적대는 개개인이 직접 감당할 수밖에 없게 된다. 그것은 너무나 고통스러운 일이다. (오래전 토머스 홉스가 강조한 것을 원용해 말한다면) 공적 질서 없이 개인들이 제아무리 자유롭고 평등하게 적대와 갈등을 다룬다 해도 그 결과로서 '만인의 만인에 대한 정신적 내전 상태'를 피할 길은 없다. 사적 세계에서의 정치 논쟁이 가까운 사람들 사이에서조차 얼마나 큰 상처를 남겼는지를 경험한 시민들은 이미 너무나 많다.

시민이든 정치가든 개인들 사이에서 과도한 사적 비난과 비이성적 공격이 흘러넘치는 사회가 된 것의 이면에는 공공 영역의 기능 마비가 있다. 오늘날 언론과 방송은 우리 사회의 중대 사안을 둘러싼 다원적 견해를 결집하고 표명하고 정제해서 전달하는 기능을 하고 있는가? 특정 정부나 대통령을 둘러싼 극단적 반대자와 극단적 지지자를 제외하고, 자신들의 의견과 열정을 표출할 기회를 가진 시민은 과연 얼마나 될까? 서로 다른 가치와 정견을 가진 정당들이 쟁론을 주고받는 공적 의제에는 어떤 것들이 있는가? 그것이 담아내는 사회적 내용은 얼마나 풍부한가? 아니 그 전에 신뢰감과 일체감을 느낄 만한 정당 대안을 가진 시민은 또 얼마나 될까? 대학과 지식사회 구성원들을 가로지르는 중대 논쟁이 있는가? 그런 논쟁을 살펴볼 수 있는 매체나 저널이 있는가? 지금 우리 사회에 논쟁다운 논쟁이 있기나 한가?

차이와 이견, 갈등과 싸움이 사라진 인간 삶은 상상으로만 가능할 뿐 현실에서는 불가능하다. 그렇다고 해서 우리가 노력해야 할 이유가 없어지는 것은 아니다. 중요한 것은 서로 안전하고 평화롭게 다투면서 좀 더 공정한 사회를 만드는 민주적 방법론이다. 핵심은 그런 차이와 이견, 갈등, 싸움을 공적 영역으로 가져와 다투는 것에 있다. 공적 논쟁은 민주주의의 핵심이고 본질이다. 공적 논쟁이 집단적 갈등을 동반하는 여러 의제들을 넓고 깊게 담아낼수록 사회는 안정되고 개인의 일상도 좀 더 평화로울 수 있다. 반대로 공적 논쟁이 그런 기능을 하지 못하면 모든 문제는 개개인의 사적 영역에서 더 공격적이고 극단적으로 표출될 수밖에 없다.

이 점을 깊이 생각해야 한다.

본론에서 자세히 이야기하겠지만, 청와대 정부가 만들어 내는 가장 큰 폐해 가운데 하나는 적극적 지지자와 반대자만 목소리를 갖게 한다는 것이다. 특정 개인을 둘러싸고 적대와 공격을 거울 이미지처럼 왜곡해서 교환하는 그들이 책임 있는 공론 형성자가 될 가능성은 거의 없다. 그들은 자신들이 보고 싶은 것만 보고 전달하고 싶은 것만 가상공간을 통해 회람하는 '편견의 증폭기' 역할을 한다. 그러나 이들은 그 영향력에 비해 가시성visibility이 가장 낮은 시민 집단이다. 영향력이 클수록 가시적이어야 하고 그래야 책임성의 규범을 부과할 수 있을 텐데, 그게 어렵다. 그렇기에 늘 '그들은 누구인가'를 둘러싸고 공허한 가설만 난무한다. 이처럼 사납고 독단적인 의견 집단을 키우는 청와대 정부는, 시민들의 사회를 사실상 '두 개의 서로 다른 나라'로 더 깊이 양극화시키는 촉진자 역할을 한다. 이 문제를 살펴보는 것 역시 이 책의 주제 가운데 하나다.

# 민주주의는
# 공적 영역의
# 풍요로운 발전을 필요로 한다

정치의 문제가 사적 영역에서가 아니라 공적 영역에서 다뤄지기를 바라는 필자와 견해를 달리하는 사람은 많다. 공적 영역에 기대할 것이 없다거나, 오히려 일상의 사적 영역을 '더 역동적인 정치 에너지가 발산되는 세계'로 보는 관점이 대표적이다. 이런 생각에 필자가 동의하지 않는 이유를 말해 두고 싶다. 이들의 주장은 크게 '일상의 정치화론'과 '정치의 일상화론'으로 나눠 볼 수 있다.

한동안 좌파 이론가들 사이에서 '일상생활의 정치화'를 외치는 이론이 유행한 적이 있다. 그들은 일상의 사생활에서 혁명적 감수성을 잃지 않는 정치, 혹은 기존의 정치와는 다른 종류의 정치를 지향했다. 그게 필요한 이유는 현실의 민주정치가 대중의 변혁적 열망을 제어하는 기제로 작동하기 때문이란다. 그들 눈에 우리가 실제로 실천하고 있는 민주정치는 기득권 정치, 제도(권) 정치, 대리 정치, 대의 정치, 욕망의 정치일 뿐이다. 그 대신 그들은 '진정한' 민주주의를 '자기 통치'self-government로 정의했다. 말 그대로 그것은 '아무도 나를 대신해 통치할 수 없음'을 선언하는 것이자, '통치 받는 민주주의'에 대한 근본적 거부 내지 기존의 모든 공적 질서나 권위를 부정할 수 있는 가장 강한 주장의 하나라 할 수 있다. 하지만 이는 그들 스스로가 정의했듯이 '코뮨주의'commun-ism 나 자율주의autonomism라 할 수는 있어도, 적어도 필자가 아는 민주주의와는 거리가 멀다.

이와는 다르지만 얼마 전부터 '정치의 생활화'를 외치는 사람들의 주장을 자주 접한다. 'SNS 정치의 생활화'라고 좀 더 현실감 있게 표현하는 사람도 있다. 이들 역시 기존의 정당과 의회정치에 대해 비판적이라는 점에서는 '일상생활의 정치화'를 말하는 사람들과 유사하다. 그러나 그들은 '자기 통치'를 이상으로 삼지 않는다. 오히려 이들이 보여 주는 가장 강렬한 특징은 특정 정치인을 과도하게 좋아하고 그 나머지 정치인들을 과도하게 싫어한다는 점이다.

이들의 또 다른 특징은 제도권 언론과 제도권 지식인을 극도로 혐오한다는 점이다. 비단 보수적 언론이나 지식인만이 아니라 진보적 언론과 지식인 역시 신뢰하지 않는다. 그들이 의존하는 것은 제도권 밖에서 만들어지고 유통되는 지식과 정보, 판단이다. 그리고 그렇게 해서 갖게 된 생각을 온라인 커뮤니티를 통해 공유하고, 댓글과 SNS상에서 격렬하게 표현한다. 그들은 자신들이 좋아하는 정치가의 수호자를 자처하는 정치 활동을 생활화해야 한다고 말한다.

'일상생활의 정치화' 주장과 '정치의 생활화' 주장 사이에 존재하는 매우 큰 차이를 모르는 바는 아니나, 내가 관심을 갖는 것은 그런 차이가 아니다. 일상 속에서 변혁적 감수성을 지키고 키우는 '생활의 정치화'와, 좋아하는 정치인을 지키고 보호하는 일에서 삶의 보람을 찾는 '정치의 생활화'는 근본적으로 다르지만, 그들이 일상의 개인적 삶을 이해하는 방식에는 중요한 공통점이 있고, 바로 그것이 필자가 정치나 민주주의를 생각하는 방식과 크게 다른 지점이다.

필자는 일상의 사적 삶이 덜 정치화되었으면 하는 관점을 갖고 있다. 혹은 잘 보호된 사적 권리와 병행 발전할 수 있는 민주주의론을 지향한다. 공적인 것과 사적인 것의 확고한 분리가 가능하지 않다는 것을 잘 알지만, 두 영역이 구분되지 않는다면 어떤 사회도 개인 삶도 유지될 수 없다는 것은 분명하다. 그렇기에 기본적으로 일상의 삶은 사랑과 우정, 연대와 공감, 죽음과 비극, 사소한 기쁨과 상실의 슬픔에 대한 자각으로 채워지고, 정치적 관심은 공적인 삶에서 구현되기를 바란다. 사적인 것도 개인적인 것도 지독히 정치적일 때가 있다는 사실을 너무도 잘 알지만, 그 사안이 중요한 것일수록 개인들 사이에서 사적으로 다뤄지기보다는 가능한 한 공적인 의제로 다뤄지길 바란다. 그래야 '책임 있는 변화'를 만들 수 있다고 본다.

실제로 정치적 관심을 구현하고 싶다면, 우선 다양한 사회적 결사체에 참여하거나 그 구성원이 되는 일부터 시작하라고 권하고 싶다. 특정한 사회적 가치를 촉진하고자 하는 운동 단체뿐만 아니라, 각자의 직업적 특징에 맞는 노동조합과 직능 집단 내지 이익집단이 발전하는 것이야말로 민주주의를 위해 유익한 일이기 때문이다. 정치적 견해를 공유하는 정당 가운데 하나에 소속감을 갖는 것도 중요하다. 유사한 정견을 가진 매체를 구독하고, 이와 관련해 공적 토론장에 참여해 자신의 의견을 풍부하게 만드는 것도 좋다.

민주주의란 시민적 관심사가 이처럼 공적 영역으로 상승하는 것을 가리키는 개념이다. 노르웨이 출신 정치이론가 욘 엘스터Jon Elster가 적절히 비유했듯이,● 민주주의는 시장market이 아니라 포럼forum이다. '어느 편이 더 수가 많은가'를 두고 다투는 '결집'aggregation(무리 키우기)보다 공개적이고 책임 있는 '결사'association(사회 이루기)가 중심이 되어야 발전한다. 그렇지 않고 공적 영역에서 다루어져야 할 정치적 대립을 일상의 사적 삶으로 옮겨와 이편이냐 저편이냐를 두고 일방적 논리와 주장을 교환하기만 하면 어떻게 될까? 책임 있는 논쟁으로 이어지기보다, 대개는 이견을 가진 타자의 존재를 절멸시킬 듯 증오의 감수성을 키우는 일상이 되기 쉽다.

공적 영역에서 싸움과 갈등은 자연스러운 일이다. 공적인 적대에는 규칙이 있다. 이견을 조정할 수 있게 하는 규범의 제도화가 가능한 곳도 공적 영역이다. 이는 〈국회법〉 혹은 관련 하위 법과

---

● Jon Elster, "The Market and the Forum: Three Varieties of Political Theory," James Bohman and William Rehg eds., *Deliberative Democracy* (MIT Press, 1997).

규정, 규범화된 의사 진행 절차를 간단히 살펴보기만 해도 금방 알 수 있다. 정당 간 입법과 예산, 행정부 감사를 둘러싼 다툼과 갈등을 전제하되, 그것이 서로를 파괴하는 전쟁으로 발전하지 않도록 심의와 공론화 그리고 숙의를 제도적으로 강제해 놓고 있기 때문이다. 국회만 그런 것이 아니다. 〈정치관계법〉일반을 포함해, 모든 공적 제도와 기구들은 적대와 갈등을 조정하고 다룰 절차와 규범을 갖고 있다. 공적 영향력을 갖는 곳이라면 예외 없이 분쟁이 있고 그것을 다룰 절차와 규범을 부과 받는다.

수많은 차이를 갖는 우리들 사이에서 민주주의가 작동할 수 있는 것은 일상의 갈등적 사안들을 이처럼 공적인 의제로 전환해 다룰 수 있기 때문이다. 그런 의미에서 '사적 갈등의 공공 정책화'는 민주주의의 다른 이름이라고 할 수 있다. 그와는 반대로 개인의 일상을 정치적 싸움의 방식으로 이끌 수는 없다. "생활이 정치이고 정치가 생활이다."라는 구호를 앞세워 적대와 증오의 삶을 개인들에게 권장할 수도 없다. 정치의 문제를 일상의 문제로 치환해 다룰 경우, 생각과는 달리 합리적으로 논의하기가 쉽지 않다. 공정성과 타당성의 규범을 공유하기도 어렵다.

오래전 필자는 '한국의 지역주의 문제'를 주제로 박사논문을 쓴 적이 있다.● 전라도 혹은 호남에 대한 비이성적 편견과 불합

---

● 박상훈, 『만들어진 현실 : 한국의 지역주의, 무엇이 문제이고 무엇이 문제가 아닌가』 (후마니타스, 2011).

리한 차별을 분석하는 것이 소주제의 하나였다. 그때 지역주의적 태도를 갖는 사람들과 대화하면서 가장 곤혹스러웠던 것은 "전라도 사람을 내가 겪어 봐서 안다", "우리 부모님도 당했다고 하더라."라는 식의 반응이었다. 이처럼 사적 편견을 앞세우면 이성적 대화가 불가능하다. 과거 이명박 전 대통령의 접근도 같은 문제를 안고 있었다. 그는 늘 "내가 해봐서 아는데"를 앞세워 공공 정책을 둘러싼 논의를 억압하고 해당 사안을 자신 위주로 사유화하곤 했다. 어떤 인간이라도 해봐서 알 수 있는 것은 세상사의 극히 일부분일 뿐이다.

공적 영역을 야유하는 사람들도 늘 "내가 만나 본 공무원 놈들"을 앞세우며, 국회의원이나 지방의원의 수를 줄이거나 없애자는 사람들도 "의원 그 도둑놈들"이라며 개별적인 경험이나 언론을 통해 알게 된 단편적 사실을 들어 자신의 '반反정치주의'를 정당화할 때가 많다. '기자 쓰레기들'을 앞세워 언론의 기능을 부정하거나, '교수 나부랭이들'이라며 지식사회의 역할을 경멸하는 것도 크게 보면 다르지 않다. 이런 접근이 공적 영역에 대한 반체제적 열정을 북돋울 수는 있어도, 그로 인해 '합리적인 토론과 숙의를 통한 결정, 이견들 간의 합의된 변화를 이끄는 민주적 에너지'는 희생될 수밖에 없다. ●

---

● 일상의 종교적 관점을 정치 안으로 밀어 넣으려는 것도 같은 문제를 갖는다. 사적으로 보장된 종교 선택의 자유를 누구도 부정하지 않는다. 하지만 그럼에도 불구하고

생각해 봐야 할 더 중요한 사실이 있다. 그것은 정치가 생활화되고 생활이 정치화되는 것에 비례해 사적 삶은 더 불안해지고 정치적 의견이 다른 지인들과의 상처와 거리감만 커진 한편, 그와 짝을 이루는 공적 영역은 적나라한 힘의 논리와 여론 동원의 열정이 지배적이 되었다는 사실이다. '여론조사 전체주의'라고나 할까? 가뜩이나 협소해진 공적 영역을 압도하는 것은 누가 더 많은 지지를 받는지 보여 주는 여론조사 수치가 되었다. 수치가 높고 낮은 것이 공적 논란을 평정하는 기능을 하고, 누군가의 시민권을 공공 영역에서 배제하는 힘을 갖기도 한다. 여론조사 결과의 높은 수치가 정치적 승리를 상징한다면, 낮은 수치는 정치적 사망 선고처럼 기능한다. 그렇기에 모두가 여론을 동원하고 여론에 매달리는 한편, 적대적인 경쟁자 집단에는 낮은 수치의 저주가 부여되기를 열망하는 심리를 갖게 되었다. 여론조사는 대통령에 대한 열렬한 지지자나 반대자는 물론 한국의 정치인들과 언론이 신봉하는 '유사 신앙'이 되었다.

정치적 이견과 마주하는 것이, 회피하거나 용인할 수 없는 이단을 상대하는 일처럼 되면 사회의 분열과 적대는 피할 수 없다.

---

교인 내지 그들의 조직인 교회가 〈차별금지법〉이나 개헌과 같은 공적 사안에 관여할 때 보여 주는 막무가내식의 태도는 문제가 많다. 사적 영역의 권리를 앞세워 공적 영역의 절차와 규범을 무시하는 것은 곤란하다. 대형 교회가 신도들을 앞세워 정치에 직접 영향을 미치는 것 역시 민주주의를 위협한다. 정치 참여는 특정 종교의 교인으로서가 아니라 시민으로 실천될 때 가치를 갖는다.

그렇게 되면 생각이 같은 동조자를 최대로 모으려는 열정이 과해지고, 상대를 누가 더 곤혹스럽게 만들 것인지를 둘러싼 비난전은 있어도, 민주정치의 생명과 같은 이성적 토론은 존재할 여지가 없게 된다. '획일적 동조'를 강요받는 사회에서는 극렬한 지지자와 반대자를 제외한 나머지 시민의 자유는 희생될 수밖에 없다. 지금 우리 안에 안전한 공적 논쟁의 공간이 존재하는가? 누가 자유로운 비판과 합리적 반대를 어렵게 하는가?

과거 전체주의는 공적 영역을 폐쇄 내지 최소화하는 대신 사적인 삶을 최대한 정치화하려 했다. 그것은 결국 국가와 개인 사이에 있어야 할 공적 공간을 텅 비게 만들었고, 개인의 사적 삶에 국가가 무한으로 침탈하게 만들었다. 우리도 유사한 경험을 했다. 국가가 국민의 건강을 생각해 국민 체조도 시켰다. 가정에서 지켜야 할 예절도 국가가 정해 줬다. '가정의례준칙'도 있었고, 암송해야 할 '국민교육헌장'도 있었다. 국민과, 국민을 위한 국가만 있는 체제는 폭력 없이 유지되지 않는다. 우리가 그 길을 갈 수는 없다.

민주주의에서라면 최대로 정치화되어야 하는 곳은 공적 영역이다. 다양한 사회적 의견이 자유롭게 토론될 수 있도록, 언론과 매체는 자신들만의 정체성이 뚜렷해야 한다. 지식사회도 공동체의 중대 문제를 두고 독립적인 이견을 표명하고 조직할 수 있어야 한다. 서로 다른 집단 이익과 열정을 조직한 결사체들이 더 많이, 더 자율적으로 활동할 수 있어야 하고, 그들의 이익과 열정을 재조직한 복수의 정당 대안들이 서로 다른 관점을 갖고 다퉈 줘야 한다.

이들 사이에서 공적 논쟁이 살아나야 하고, 결코 동질화될 수 없는 여러 이견들이 풍부하게 허용되어야 한다. 그런 과정을 통해 우리들의 사적 삶을 위태롭게 만드는 수많은 이슈들이 공적 영역에서 더 많이 포괄될수록, 우리들의 일상은 좀 더 자유롭고 공정하고 평화롭고 건강하고 안전할 수 있다. 그런 믿음이야말로 우리가 민주주의를 바라고 지지하는 가장 강력한 이유가 된다.

이상과 같은 생각으로 이제 본격적인 논의에 들어갈 텐데 이 자리를 빌려, 내게 다양한 의견과 질문, 조언을 해 준 모든 분들께 감사한다. 아울러 우리 사회의 뿌리 깊은 '반정치주의자'들의 야유와 냉소에도 불구하고, 정치의 가능성을 믿고 포기하지 않고자 최선의 노력을 다하고 있는 크고 작은 민주 정치가들의 노력을 응원한다. 그들이 좋은 정치론을 발전시켜 가기를 기대한다. 민주주의는 국가와 시민 사이에서 어느 한쪽으로 환원될 수 없는 '독자적인 정치론과 정치 언어'를 필요로 하는바, 정부 운영이 그런 논리와 언어를 통해 이루어져야 공익은 물론 시민의 의사가 무엇인지를 논의하고 결정할 수 있기 때문이다. 이 책이 그런 방향의 민주적 정부론/통치론을 일구는 데 작은 기여가 되기를 바라며, 이제 본격적인 논의를 시작하겠다.

# 다시 등장한
# 청와대 정부

청와대와 적극적 지지자만 보이는 정치를 계속할 수는 없다

# 청와대와
# 적극적 지지자만 보이는 정치를
# 계속할 수는 없다

문재인 정부는 촛불 집회를 거쳐 탄생했다. 지지자들은 이를 '새로운 민주주의의 도래'라고 부르며 크게 환영했다. 친일과 독재의 역사를 청산하고 대한민국의 기틀을 새롭게 만들기 위해 제2의 민족운동 내지 제2의 민주화 운동으로 확대하는 것을 촛불 혁명의 완수라고 보며, 대통령이 이 길에 앞장서기를 바라는 사람도 많다.

박근혜 전 대통령의 통치를 경험하면서 나는 '민주주의에서 정부란 무엇인가'에 대해 생각해 왔다. 박 전 대통령은 반공과 자유민주주의를 기치로 한국 사회를 재편하기를 원했고, 정부 조직에서 학교 교육에 이르기까지 대대적인 개혁을 수행하겠다며 '국가 대개조'를 천명했다. 이를 위해 국민적 운동을 전개하고자 했으며 정상적인 민주주의 정치과정을 자주 우회하고 의도적으로 회피했다. 이처럼 '보수적 운동론'을 통한 통치가 우리 사회에 미친 부정적 영향은 컸다. 그래서 나는 민주적으로 정부를 운영하는 것의 중요성 혹은 대통령이 가져야 할 '민주적 책임성'의 원리를 기회 있을 때마다 강조했다.

2017년 초 촛불 집회를 마무리하면서 혹자는 '민주주의 운동론'을 다시 활성화시키는 길에서 희망을 찾고자 한 반면, 나는 '민주주의 정부론'을 발전시키는 일이 더 중요하다고 보았다. 민주주의에서 운동은 시민과 시민사회의 자율적 행위로 정의된다. 실제로도 그래야 한다. 운동의 방식으로 정부를 이끌려고 하거나 운동의 방식으로 정부에 반대하는 것은 권위주의 시대의 특징이다. 박정희 시대의 새마을운동부터 전두환 시대의 사회 정화 운동에 이르기까지, 당시를 살았던 사람 가운데 정부가 국민을 동원하는 운동 정치를 경험해 보지 않은 사람은 없다. 권위주의에 반대하기 위해서도 운동을 일으켜야 했다. 그러나 민주주의에서라면 위로부터 정부의 역할과 아래로부터 운동의 역할은 서로 구분되어야 한다. 구분을 전제로 그 위에서 적절한 견제와 균형이 필요할 뿐, 두 영역의 원리가 통합되는 것은 가능하지도 않고 바람직하지도 않다.

시민운동이 대통령 권력이나 행정 권력에 의존해 그 가치를 실현하려고 하면 어떻게 될까? 반대로 시민운동을 정부 운영의 동력으로 삼는다면 어떻게 될까? 어느 경우든 민주주의 발전에 긍정적인 기여를 하기는 어렵다. 운동의 방법으로 통치할 수 없고 통치의 방법으로 운동을 이끌 수 없듯이, 정부는 정부의 길이 있고 운동은 운동의 길이 있다.

하지만 처음부터 문재인 대통령은 내 기대와는 아주 다른 방향으로 나아갔다. 적폐 청산과 직접 민주주의를 들고 나온 것은 민주주의를 '정부의 문제'가 아닌 '운동의 문제'로 접근하겠다는 의지로 보였다. 박근혜 정부를 경험했음에도 불구하고, 청와대가 중심이 되어 여론을 직접 이끌고 내각을 수직적으로 지휘하는 정부 운영 방식이 재현되었다. 박근혜의 '보수판' 청와대 정부와 비견될 만한 '진보판' 청와대 정부의 등장으로 보였다.

정당정치와 당정 관계의 기능이 살아나지 못한 것은 당연한 결과였다. 정치의 기능이 약해지자 더불어민주당(이하 민주당)과 자유한국당(이하 한국당), 국민의당, 바른정당, 정의당으로 이루어진 다당제는 자리를 잡을 수 없었다. 1년도 안 되어 이 가운데 두 개 정당(국민의당과 바른정당)이 이름을 상실했다. 민주당과 한국당이 중심이 되어 적대와 증오의 정치를 반복하는, 이른바 '양극화된 양당제'polarized two party system로 퇴행하는 양상만 심화되었다. 동시에 진보적 시민과 보수적 시민 사이에서, 나아가 각자 그 내부에서 적대적 갈등과 분열, 상처가 확대되고 심화되었다. 적대적 양극화가 다시 강화되는 가운데 불안정한 다당제가 분열과 재편을 거듭하는, 지극히 기형적인 정당정치는 이렇게 만들어졌다.

집권 초부터 문 대통령은 대의 민주주의의 한계를 지적하며 "우리 국민은 간접 민주주의에 만족하지 못한다. 직접 민주주의가 필요하다."라는 취지의 주장을 했다. 이를 계기로 지지자들 사이에서 대의 민주주의를 간접 정치, 대리 정치로 야유하는 소리가 커진 것은 물론 의회와 정당, 국회의원들을 비난하는 반정치주의가 대대적으로 동원되기 시작했다. 직접 민주주의를 하자는 통치자의 주장이 현실에서는 '청와대가 중심이 되는 정부'로 이어졌다. 대통령의 적극적 지지자들은 여론을 지배하려는 욕구를 절제하지 못했고, 적대적 동원 정치는 더욱 심화되었다. 결과적으로 현대 대의 민주주의 발전에 꼭 필요한 책임 정부responsible government의 기반은 심각하게 약화되었다.

'정부란 무엇인가'는 민주정치론의 중심 주제이다. 좋은 정부를 만드는 문제야말로 촛불 집회에서 제기된 한국 민주주의의 최대 과업이다. 그런데 통치자의 직접 민주주의론은 너무나 중요한 '정부의 문제'를 시야에서 사라지게 만들었다. 대의 민주주의를 통해 선출된 정부로서 책임을 다하려 하기보다, 시민이 직접 나서서 대의 기구를 제어할 수 있게 해야 한다는 것은, 여론 동원 정치를 하겠다는 것 이상 다른 의미가 될 수 없었다.

청와대 정부는 문재인 대통령에 대한 맹목적 지지자들의 지나침을 조장하는 문제도 있다. 인터넷 공론장만이 아니라 시민운동과 언론, 정당, 노동운동 등 존재하는 모든 영역을 지배하려는 욕구가 문재인 정부하에서 절제되기보다 오히려 격화되고 또 앞으로 더 강화될 것 같다는 생각이 든다. 통치자가 불러들인 직접 민주주의론과 청와대가 중심이 되는 정부 운영은 모두 적극적 지지자를 필요로 하기 때문이다. 많은 사람들이 '문빠 문제'를 걱정하는데, 문제의 핵심은 '문빠'가 아니라 '문빠를 필요로 하는 정치'를 한다는 데 있다. '문빠 정치'는 한국 민주주의의 중심 문제로 이미 등장했고, 향후에도 제어하기 어려운 갈등의 소재가 될 것으로 보인다.

**박근혜 정부와 문재인 정부는 보수적이고 진보적이라는 점만 다를 뿐, '청와대 정부'라는 공통점을 가지고 있다는 주장은 굉장히 논쟁적이다. 뿐만 아니라 직접 민주주의에서부터 '문빠 현상'에 이르기까지 하나하나가 뜨거운 쟁점이 될 만한 주장을 여럿 제기했다. 하나씩 짚어 가자. 문빠와 문재인 대통령에 대한 지지자 일반을 구분해야 하지 않을까? 맹목적이고 배타적인 문빠와 달리, 정치에 대한 관심이 높고 우리 사회가 나아지길 바라는 마음으로 대통령을 지지하고 참여하는 시민들도 많다. 이 모두를 동일하게 취급하면 자칫 정치에 대해 관심을 갖는 것 자체를 부정시하기 쉽다.**

우리는 지금 문재인 대통령이 정부를 잘 이끌어 주기를 바라는 보통의 지지자 현상과는 다른 문제에 대해 말하고 있다. 시민들의 자발적인 선택으로서 대통령을 지지하는 현상은 기대와 열정을 동반한다. 당연히 일방적인 측면이 있다. 이 모든 것은 자연스러운 일이다. 그들이 문빠일 수도 있고 아닐 수도 있지만, 그 경계를 구분하는 것도 그리 중요한 문제가 아니다. 또한 개인의 관점에서 그들이 어떤 생각으로 대통령을 열성적으로 지지하는지, 그 가운데 어떤 측면은 괜찮고 또 어떤 측면은 문제인지도 따져야 할 일은 아니다. 엄밀히 말해 문빠로 불리는 사람들만이 아니라 다른 지지자 집단도 유사한 문제를 갖고 있는 것이 사실이다. 내가 주목하는 것은 그런 '대중적 지지 현상' 그 자체가 아니라 그것이 정치화되고 권력화되는 차원에 있다.

엄밀히 말해 문빠는 적극적 정치 활동가들이다. 정치적 견해 역시 매우 안정적이고 분명하다. 문재인 대통령을 중심으로 뭉쳐서 구악을 일소하는 사회 개혁을 강력하게 추진하는 일에 소명을 갖고 있다. 그들의 이런 신념화된 생각을 중시한다면 '문재인주의'라고 부를 수 있다. 그런데 공적 영역에서 그들을 만나고 확인하고 대면하기는 어렵다. 공적 논쟁을 풍요롭게 하는 것이 아니라, 일방적이면서 사적 증오를 자극하는 일로 이어지는 것은 그 때문이다. 정치학에서 정당은 '하나의 조직된 의견' 내지 '공통의 정견을 가진 시민 집단'이라고 정의한다. 그런 의미에서 보면 문빠 혹은 문재인주의는 정당에 가까운 현상이다. 그런데 그 규모와 열정에 비해 그들과의 이견을 편을 나눠 논쟁하고 차이를 조정해 협력할 방법은 없다. 분명 실존하는 힘인데, 누군가를 향한 사적 증오와 적대를 옮기고 빠져나가는 것이 시작이자 끝이다. 이들이 영향력을 크게 가질수록 공적 갈등과 논쟁은 풍부해지기보다는 빈곤해지고 감정의 덩어리와 집단적 상처만 남는다.

이 정도 큰 규모의 정치 현상은 권력의 개입 없이 유지되고 지속될 수 없다. 문 대통령이 정부를 운영하는 방식에 따라 문빠 현상은 줄어들 수도 있고 늘어날 수도 있으며 그 성격 또한 달라진다는 점을 이해하는 것이 중요하다. 우리가 걱정하는 것은 문 대통령이 문빠 현상을 키우는 방식으로 청와대 정부를 심화시키고 있다는 점이다. 선거 때 필요해서 조직했던 적극적 지지자 집단이 정부 운영의 권력적 축으로 재조직되어 더 격렬해지고 있다. 공적 영역에서 있어야 할 논쟁을 사라지게 하는 대신, 타자화된 존재에 대해 공격성을 앞세움으로써 우리 공동체 곳곳을 분열시키고 있다.

지금 우리가 문제로 보고 있는, '정치적으로 만들어진 문빠 혹은 문재인주의자들'이란 누구일까? 문 대통령에 의한, 문 대통령을 위한, 문 대통령의 민주주의를 지향하는 시민 집단이다. 자신과 생각이 다른 사람들은 누구든 발언권을 갖지 못하게 하고 싶어 한다. 보수 정당은 물론 문 대통령에게 비판적인 진보 정당이 존재하지 않기를 바라는 사람들도 많다. 자신들만 독점할 수 있는 민주주의를 추구하면 민주주의가 아닌 길을 키우고 확대하게 된다. 민주주의는 의견의 자유에 기초를 둔 체제이다. 폭력이나 강제가 아닌, 말로 싸우는 체제가 민주주의이다. 응당 설득이 중심이 되어야 하지만, 이들은 합리적 설득은커녕 이견과 비판을 관용하지 못하는 경우가 많다.

미국 민주주의에 대한 가장 위대한 관찰자로 알려져 있는 알렉시 드 토크빌Alexis de Tocqueville ● 은 민주주의가 갖고 있는 최대의 위험성은 '생각이 다른 시민의 마음 상태를 지배하고자 하는 욕구를 제어할 수 없게 만드는 것'으로 보았다. 민주주의는 '다수의 동의에 의한 지배'를 원리로 하고 있는바, 그때의 다수 또한 이견을 가진 동료 시민을 억압하는 전제정의 기반이 될 수 있다는 것이 그의 우울한 결론이었다. 토크빌 말고도 민주주의에 내재해 있는 고질병을, 다른 의견을 억압하고자 하는 전체주의적 열정에서 찾은 정치철학자들은 많다. 이런 경고를 과장할 필요는 없지만, 그것이 지금 우리가 직면한 현실의 일부라는 사실을 부정할 수는 없겠다.

문재인 정부에 와서 자유로운 생각을 말하는 데 느끼는 위협의 정도가 말할 수 없이 커졌다는 것은, 분명 크나큰 역설이다. 전처럼 강권적 국가기구에 의한 위협이 아니라, 대통령을 맹목적으로 지지하는 동료 시민들에 의한 위협이라는 사실도 특별하다. 그 위협은 진보파들, 특히 문재인 대통령을 지지하지 않는 진보파들에게 더 직접적이다. 진보 언론도, 진보 정당도 독립된 의견을 말할

---

● 알렉시 드 토크빌 지음, 임효선·박지동 옮김, 『미국의 민주주의 1, 2』(한길사, 2002/1997).

용기를 잃었다. 자기 기준도, 신념도 잃었다. 그들이 문빠의 영향력에 순응하며 스스로를 변명하는 논리는 단 한 가지, 그렇다고 '보수 적폐 세력'을 이롭게 할 수는 없다는 것인데, 자신이 독자적으로 판단해야 할 문제를 외부의 조건 탓으로 돌릴 이유는 없다.

보수의 잘못을 더 잘 비판하기 위해서라도 같은 진보, 같은 개혁 진영 내부의 문제에 대해 더 엄격해야 한다. 보수 때문에 우리 안의 문제를 눈감는 것은, 자율적이고 독립적인 의견 기반을 허무는 노예화의 길이다. 스스로 선택한 기준으로 살 수 없는 세상이라면 흔쾌하지 않다. 각자가 가진 생각과 판단을 제대로 말할 수 없는 사회를 만들 수는 없다. 민주주의의 최대 장점인 비판과 반대의 자유를 누가 허용해 주고 허용해 주지 않는 세상에서 살 수는 없다. 하지만 그런 정도의 소망 때문에도 언제든 '문빠의 공격'을 걱정하고 두려워하는 분위기가 우리 주위를 지배하고 있는데, 그런 현실이 슬프다. 진보적인 정당이나 지식인, 언론 대부분이 스스로 알아서 굴종을 선택한 현실이 더 슬프다.


**문 대통령의 정부 운영 방식과 연관 지어서 문빠 현상을 이해하는 것이 흥미롭다. 그 핵심을 청와대 정부, 즉 청와대 중심의 정부 운영에서 찾고 있는데, 청와대가 많은 역할을 하는 것이 왜 잘못인가? 대통령 중심제에서 당연히 청와대가 그래야 하는 것 아닌가?**

청와대란 무엇인가? 물리적으로는 대통령 집무 공간을 가리킨다. 정치적으로는 대통령 비서실의 권력을 상징한다. 그것의 막강한 권력은 늘 문제를 낳았다. 그래서 대통령 선거 때마다 모든 후보가 청와대 기능을 축소하겠다고 약속했다. 그런 공약이 진짜였다면 청와대의 인원, 예산, 기능, 영향력 등이 권위주의 때보다 많이 줄어야 했는데, 실제는 그렇게 되지 못했다. 대통령이 된 다음 청와대 권력을 통해 검찰과 국정원을 동원하고, 내각과 당을 임의대로 움직이려 한 사람도 있었다. '박근혜의 청와대'가 대표적인 사례다.

'문재인의 청와대'는 달라졌는가? 그렇지 않은 것 같다. 박근혜 정부 때와 다를 것 없는 청와대 정부가 엄연하게 우리 눈앞에 있다. 예산과 인력의 규모는 물론, 영향력 등 눈에 보이는 측면에서 분명 전보다 더 강한 청와대가 등장했다. 이를 지속하는 한 문재인 대통령도 민주주의 발전에 기여하기는 어렵다. 청와대는 대통령 비서실이다. 법률적 근거라고 해봐야 〈정부조직법〉 14조에 있는 단 두 조항, "1. 대통령의 직무를 보좌하기 위하여 대통령 비서실을 둔다. 2. 대통령 비서실에 실장 1명을 두되, 실장은 정무직으로 한다."뿐인 기구다. 이마저도 특별한 것이 아니다. 21조에 있는 '국무총리 비서실'의 두 조항 역시 대통령을 국무총리로 바꾼 것 말고는 글자 하나 다르지 않다. 그런 청와대가 입법, 행정, 사법의 기능 모두를 지휘하려는 욕구를 절제하지 못하고 있다. 많은 정치학자들이 그리스 신화에 나오는 '율리시스와 사이렌'의 사례를 통해 강조하듯이, 모든 공적 권력은 '책임성의 돛대에 스스로를 결박'하지 않는 한 자의적이 될 수밖에 없다.

대통령중심제이므로 비서실이 대통령을 대신해 일할 수 있는 것 아니냐고 말하는 사람이 있는데, 큰일 날 소리다. 대통령의 직무를 보좌하는 역할을 맡는 사람들이 대통령의 권한을 대신 행사한다면, 그건 군주정이나 권위주의에 가까운 일이 된다. 국무회의와 내각, 부처로 이루어진 공식 기구들을 왜 법률에 묶어 두고 그 수장들을 국회 인사청문회를 거쳐 임명할까? 그렇지 않으면 '권력 위임에 대한 책임성'을 부과할 수 없기 때문이다. 비서실은 그런 과정을 거치지 않고 대통령의 자의적 결정으로 임명되고 구성된다. 달리 말하면 그들은 공적 권력을 위임받는 절차나 과정을 거치지 않았다. 그래서 그들이 내각을 통할하고 지휘하는 것을 위법이라 하는 것이다. 게다가 대통령조차 입법과 사법 기능에는 함부로 개입할 수 없다. 그런데도 비서실이 지난 정부에서처럼 여전히 그 일을 하고 있다. 내각과 집권당의 자율성은 보이지 않는다. 비서실장은 대통령 다음의 권력 서열 2위처럼 역할을 하고 정책실장은 국무총리도 아닌데 직접 현장을 방문하며 언론을 이끌고 정책을 지휘한다.

목적이 좋고 선의를 가졌다 해도, 해서는 안 되는 권한 밖의 일을 할 수는 없다. 제도화된 권한이 아니라 제도의 한계를 넘어 권력을 행사하면 어떻게 될까? 시민들의 열정은 권력을 가진 대통령과 청와대로 몰린다. 권한의 합리성이 아니라 힘이 있는 곳이기 때문이다. 마치 전통 시장 근처의 대형 마트처럼 말이다. 그러면 청와대의 기능은 더 커질 수밖에 없다. 그럴수록 여타 정부 조직은 위축되고, 다양한 요구가 표출되어야 할 시민사회의 역할 역시 빛을 잃는다. 내각과 집권당 모두가 청와대만 바라보는 것, 대통령 비서실이 군왕의 대리자처럼 행동하는 것을 민주주의라고 해야 할지 난감할 때가 많다. 억울한 사연을 가진 개인들이 청와대 권력에 호소해 문제를 해결하려고 필사적으로 매달리다가 실망하는 일이 반복되는 것을 '민주정적 상황'으로 봐야 할지, 아니면 '군주정적 상황'으로 안타까워해야 할지 곤혹스럽다.

청와대 정부에 환호하는 사람들은 입법부와 정부 부처의 느리고 복잡한 절차를 대신해 대통령과 청와대가 나서는 것이 왜 문제냐고 말한다. 그들은 '청와대 국민 청원'을 통과한 내용에 따라 정당과 의회가 법을 만들고, 공무원들이 집행하고, 검찰과 법관 역시 주어진 역할만 하기를 바란다. 심지어 국회를 해산하자거나, 입법·행정·사법부를 청와대 밑에 두자는 의견도 있다. 그렇게 하면 모든 일이 일사천리로 이루어질지 모른다. 빠른 결정과 즉각적인 집행은 권위주의의 덕목이다. 다만 절차적 정의는 희생된다. 내각과 정당, 의회 역시 자율적인 기능을 갖지 못한다. 일을 지체시키기 때문이다.

민주주의는 느리게 일하는 것 같지만 그 효과는 오래 지속되는 장점이 있다. 공적 절차를 지켜야 하고 이해 당사자들을 배제할 수 없기에 시간이 걸리지만, 일단 합의에 도달하면 적은 갈등 비용으로 오래가는 변화를 만들 수 있다. 권위주의는 갈등을 억압해서 일을 하고, 자신들을 지지하는 시민들만 통합한다. 민주주의는 갈등을 자유롭게 표출할 수 있도록 하면서 갈등을 완화하는 일을 한다. 당연히 반대하는 시민들까지도 전체 공동체 속에 통합되는 효과를 낳는다. 서유럽 사민주의와 복지국가의 실험에서 보듯이, 정당정치와 노사 관계를 잘 이끌 수 있다면 자본주의적 불평등과 계층 갈등도 다룰 수 있다. 공산주의나 권위주의 군사정권도 할 수 없는 일을 해낸 것은 민주주의였다. 민주주의의 원리와 제도를 존중했기에 그런 큰 사회경제적 변화를 폭력과 적대를 줄여서 성취할 수 있었다.

많은 사람들이 대통령과 청와대를 권력의 센터로 만들어 개혁을 밀어붙여야 한다고 말한다. 그것이 대통령제의 장점이라고 보는 사람도 있다. 하지만 이는 잘못된 상식일 뿐만 아니라 실제로 그렇게 하면 개혁의 성과는 빈약할 수밖에 없다. 대통령이 주도하는 청와대 중심의 개혁은 성공할 수 없다. 대통령제에 대한 우리 사회의 상식 내지 지배적 관점에 반하는 것이니 조금 자세히 살펴보자.

흔히 보수적인 사람들은 분단국가이기 때문에 대통령제를 해야 한다고 말하고, 진보적인 사람들은 개혁을 밀어붙이기 위해 대통령제를 해야 한다고 말한다. 여기에는 대통령제를 강한 정부로, 의회중심제를 약한 정부로 보는 것이 전제되어 있다. 하지만 그런 생각은 실제 사실과 맞지 않는 편견이란 점을 강조하고 싶다. 의회중심제는 분열과 혼란을 가져온다는 주장도 마찬가지다. 이런 편견은 모두 제2공화국을 군사 쿠데타로 무너뜨리고 집권해 강한 대통령제를 제도화하려 했던 박정희 군사정권이 만들었고, 이에 복무한 헌법학자들이 만들어 낸 엉터리 정부 형태론이다.

의회중심제도 얼마든지 강한 정부를 이끌 수 있다. 민주주의 체제가 공고화될수록 의회중심제가 훨씬 더 안정적이면서도 강한 정부로 기능한다. 반면 대통령제는 권위주의적일수록 강하다. 권위주의 체제에서라면 대통령제가 강한 정부를 이끌 수 있다. 박정희 정부가 강했던 것은 권위주의였기 때문일 뿐, 그것을 대통령제였기 때문이라고 보는 것은 인과적으로 맞지 않다. 민주주의 국가를 기준으로 보면, 의회중심제는 '입법부와 행정부 사이의 응집성cohesion'을 정부 운영의 기본 원리로 삼는 반면, 대통령제는 입법부와 행정부 사이에서 권력을 분리separation시키는 효과가 크다. 그렇기에 대통령제 민주주의 국가들은 대통령이 개혁을 주도할 경우 의회와 충돌할 때가 많다.

미국을 포함한 많은 대통령제 국가들의 사례에서 보듯이, 의회와 정당의 뒷받침이 약한 대통령 권력만으로 큰 사회적 변화를 성취하기는 어렵다. 대통령제의 모델 국가인 미국에서 복지국가를 위한 개혁을 할 수 있다고 말하는 정치학자들은 거의 없다. 대통령 부서의 권력을 키우고자 의회와 정당을 우회해 외교적 성취를 추구하고 군사 안보 문제에 매달리는 대통령들도 많았다. 중남미 민주주의 국가들의 정치 분란 역시 대통령과 의회 사이의 갈등이 큰 원인 가운데 하나다. 반면 자본주의의 수정을 포함해 사회경제적으로 큰 개혁을 한 나라들은 대개 의회중심제 국가들이다. 복지국가와 사민주의를 일궈 온 민주주의 국가들이 대부분 의회중심제 국가들이라는 사실이 중요하다. 적대적 이념을 사이에 둔 분단문제를 잘 관리한 것도 의회중심제 국가인 독일이었다.

지금 우리 헌법은 순수한 대통령제도 아니고 순수한 의회중심제도 아닌 혼합형 정부 형태를 뒷받침하고 있다. 부통령은 없고 국무총리가 있으며, 총리는 의회 인준을 받는다. 의원이 내각에 참여할 수 있다는 점에서 의원내각제이기도 하다. 국무회의라고 하는 '내각책임제적' 제도도 있다. 한마디로 말해 우리 헌법은 대통령과 의회가 협력하는 정부 형태를 요청하고 있는 것이다. 그러니 대통령이 큰 개혁을 하고자 한다면 의회중심제적 요소를 적극적으로 활용해야지, 의회와 충돌하거나 의회를 압도하려 해서는 안 된다. 제도와 무관하게 문제를 보더라도 그게 합당한 일이다. 정치적 합의와 사회적 동의의 기반을 넓게 확보하지 않으면 큰 개혁은 어렵다. 대통령이 뭔가 변화를 만들고 싶다면, 집권당을 중심으로 의회에서 합의 기반을 넓히고 내각을 움직여 일을 해야지 청와대를 키우는 방식으로는 생각만큼 일이 잘 풀리지 않는다는 것이다.

대통령이 청와대를 통해 개혁을 밀어붙이는 것이 민주적 덕성을 약화시키는 것은 물론 통합의 효과를 제한하는 문제도 있다. 무엇보다도 지지자들을 성급하게 만들고 시간에 쫓기게 만든다.

'지금 아니면 안 되고, 이 정부가 아니면 안 된다.'는 논리 속에서 지지자들의 욕구는 급하게 과잉 대표되고, 그 밖의 시민 의사를 수용하는 일은 나중으로 미뤄지거나 과소 대표되는 결과도 피할 수 없다. 평등한 참여와 대표의 원리를 실현하는 체제를 민주주의라 한다면, 청와대 정부는 이에 역행하는 측면이 크다.

민주주의에서 시민은 정부가 제 역할을 하는지에 대해 책임을 묻는 '최종적 평결자'이다. 공약을 제대로 실천했는지의 여부에 따라 해임과 재신임의 평결을 내리는 주권자다. 청와대가 중심이 되면 권력관계는 역전된다. 시민은 권력자인 대통령의 선한 결정을 기다리고 그것에 열광하는 수동적 '백성'이 된다.

청와대를 더 키우고 강하게 해야 할까? 열성 지지자들의 요구를 수용하고 해결하는, 특별한 권력 기관으로 만들어야 할까? 그렇게 해서 감당할 수 있다면 모를까, 청와대가 대통령 보좌를 넘어 할 수도 없고 또 해서도 안 되는 일을 지속하면, 내각과 정부 부처, 집권당과 의회 등 민주적 제도와 절차, 기구들이 무기력해지는 딜레마를 피할 수 없다. 이들이 무기력해지면 민주적 정당성의 뒷받침을 받을 수 없다. 합의가 가능한 의제마저도 해결할 수 없는 소모적 갈등 사안이 되고, 사회적으로는 적대와 증오의 감정만 자극한다. 그렇게 되면 세상을 좀 더 자유롭고 평등하고 평화롭고 안전하고 건강하게 만들고자 하는 민주적 사업은 꿈꿀 수 없다. 선출제 군주정처럼 대통령과 적극적 지지자만 보이는 '청와대 중심 정치'가 민주주의라는 기준에서 볼 때 정당화되기는 어렵다.

**집권한 지 얼마 되지 않았다. 전임 정부에서 쌓인 문제를 해결하기에 충분한 시간이 아니다. 특히 이 정부는 대통령 탄핵으로 조기 선거를 통해 집권했고, 조기에 해결해야 할 문제도 많지 않은가? 덕담은 못할망정 비판하기는 이른 시점 아닌가?**

문 대통령이 구악을 일소한다는 관점으로 이전 정부의 문제에 대한 해결사를 자처할 이유는 없다. 자신이 준비해 왔고 또 공약한 일을 잘해 나가는 것이, 과거를 넘어서 시간을 앞으로 끌고 갈 수 있는 최선의 방법이다. 나이든 시민들의 박정희 신드롬을 개선하는 최고의 방법은 뭘까? 박정희를 개인적으로 야유하고 비난하기보다 민주적인 방법으로 경제를 더 잘 운용할 수 있음을 보여 주는 것이다. 박근혜 체제를 넘어서는 방법도 마찬가지다. 민주적 원칙에 맞게 정부를 더 잘 이끌고 공약을 더 열심히 실천해서 성과를 내는 데 헌신하는 것이다. 그래서 박정희식 발전 모델, 박근혜식 청와대로 돌아갈 이유가 없음을 보여 주는 것이 중요하다.

통치의 방법으로 과거 역사를 교정할 수 없다는 것을 이해할 필요가 있다. 과거의 범법 행위는 엄격한 법의 심판을 통해 이루어져야 하고 법이 미비하다면 입법을 통해 접근해야 한다. 시민의 역사의식을 개혁하겠다고 나서거나 통치자가 역사 교육자 역할을 하려는 것도 절제해야 한다. 국민에게 '바른 역사관'을 갖게 하려는 그 어떤 통치 행위도 필연적으로 권력의 남용을 가져온다. 민주정치의 방법으로 다수의 지지를 형성해 바꿀 수 있는 것은 미래이지 과거는 아니다. 이를 통해 같은 잘못을 반복하지 않도록 하는 것이 민주정치가 발휘하는 가장 강력한 변화다. 정치권력의 힘으로 과거를 교정하려 하거나 과거를 둘러싼 역사 논쟁을 일으켜 변화를 도모하는 것은 군주정에서라면 자연스러운 일이다. 흔히 적통嫡統을 기준으로 과거사 논쟁이 시작되고 그에 따른 정변政變과 사화史禍를 반복하는 것이 군주정에서 개혁 정치가 보여 주는 일상적 모습이다. 이런 식의 개혁을 민주주의 정치체제에서 모색한다면 어떻게 될까?

과거에 대한 좌경적 해석을 교정하겠다는 '역사 교과서 국정화 정책'이나, 과거 정권을 지지하거나 복무한 인사를 배제하는 '블랙리스트 정책'에서 우리가 경험했듯이, 그것은 과거 역사를 교정하는 것이 아니라 그 사회의 미래를 해결할 수 없는 분열로 빠뜨린다. 국가 기념일마다 대통령들이 역사 재해석에 나서고, 정권이 바뀔 때마다 그 내용이 당파적으로 달라지는 것을 견뎌 낼 수 있는 사회는 없다. 정치 집단들이 자신들만 독점할 수 있는 역사를 갖게 될 때, 그들은 정당party이 아니라 파당faction이 된다. '파당'은 '깨뜨리다'라는 의미에서 유래된 말이고 '정당'은 파트너십partnership, 참여하다participation와 어원을 같이하는 말이다.

(영국을 기준으로 말하면, 자유주의적인 '휘그적 역사관'과 보수주의에 기초를 둔 '토리적 역사관', 그리고 이들에 대비되는 진보적인 '노동당적 역사관'이 공존하듯이) 정치의 세계에서 역사관은 하나일 수 없다. 그럼에도 과거의 문제나 역사 문제를 두고 정당 간 합의가 불

가능한 것은 아니다. 정치가 역사관 논쟁이 되면 합의의 공간은 줄어들지만, 개선 가능한 실체적 의제로 접근하면 (2005년 여야가 합의해 제정한 〈과거사 정리 기본법〉의 사례에서 보듯이) 얼마든지 해결의 방향을 넓혀 갈 수 있다.● 정치에서 합의 불가능한 사안은 없다. 시민 집단들 사이에 스스로 해결할 수 없는 차이와 적대가 존재하기 때문에 허용된 특별한 활동이 정치이며, 정치의 목적이자 역할은 바로 갈등적인 이해 당사자들조차 따르고 수용할 수 있는 합의와 조정을 해내는 것이기 때문이다. 과거의 문제를 미래의 문제로 전환하고, 누군가의 특수한 문제를 사회 보편의 과제로 이끄는 것은 정치가 발휘할 수 있는 강력한 힘이자 공동체의 발전을 이끄는 에너지가 된다. 전쟁의 문제를 평화의 의제로 만들고, 과거 재난적 사건이 가져다준 상처를 정부의 책임성을 강화하는 계기로 전환할 수 있을 때 그 사회는 앞으로 나갈 수 있다.

정치학의 역할은 덕담하는 데 있지 않다. 미국의 진보적 정치 사상가를 대표하는 셸던 월린Sheldon Wolin은 (자신의 대표작인 『정치와 비전』에서) 정치철학의 역할이란 다른 '각도'에서 문제를 조명함으로써 잘못될 가능성을 '경고'하는 것이라고 했다. (소나 말을 깨어 있게 하려면 그 등짝에 달라붙어 있는 등에가 필요하듯이) 아테네 민주정치의 등에가 되겠다고 했던 소크라테스도 같은 의미

---

● 이 법의 제정 과정에 대해서는 4부에서 살펴본다.

에서 그렇게 말했다. 월린의 급진 민주주의나 소크라테스의 민주주의 비판론에 대해 나로서는 동의하지 않는 부분이 많지만, 철학자나 지식인의 역할이 어떤 것인지에 있어 두 사람에게 배울 것이 많다. 지식인의 역할은 현존하는 힘과 권력에 편승하는 것이 아니다. 신정부에 덕담하는 지식인이 이미 충분히 많은 상황에서 나까지 덧붙일 일은 아니라고 본다.

비판은 공격을 위한 것이 아니다. 복잡한 문제에 대한 생각을 정리하기 위한 가장 좋은 사유의 형식이고, 그래야 사회 전체적으로 정보와 지식의 크기도 커진다. 이견이 억압되면 편향성만 극대화된다. 다른 생각, 다른 느낌을 뜻하는 'dissent', 즉 이견異見은 '민주주의의 친구'이고, '건설적 비판과는 형제자매 사이'다. 비판적 사고가 낳는 선한 효과의 목록 가운데는, 현실의 개선과 사회 발전도 들어 있다. 합리적 비판과 건설적 논쟁 없이 발전은 불가능하다. 그 기초 위에서만 분석적 비판과 더 나은 대안의 모색이 추구될 수 있다.

특별히 어떤 급진적인 비판을 위해 청와대 정부를 문제 삼는 것이 아니라는 말을 하고 싶다. '청와대 문제'야말로 한국의 대통령제가 갖고 있는 여러 특징을 더 깊이 이해할 수 있는 가장 좋은 소재 가운데 하나다. 민주주의의 기초 원리와 규범을 더 잘 실천할 수 있는 근거랄까, 아니면 대안 논리를 발전시키는 데 있어서도 청와대 정부의 문제를 따져 보는 것은 뒤로 미룰 수 없을 만큼 중요하다.

# 청와대 정부란
# 무엇이고
# 왜 문제인가

청와대 정부란 대통령이 임의 조직인 청와대에

권력을 집중시켜 정부를 운영하는 자의적 통치 체제다

시민이 참여하면 좋다가 아니라, 어떤 참여인가가 훨씬 더 중요하다

청와대 정부란
대통령이 임의 조직인
청와대에 권력을 집중시켜
정부를 운영하는 자의적 통치 체제다


청와대 정부란 무엇인가? 정부의 한 형태를 가리키는가, 아니면 대통령의 행태나 스타일의 문제를 가리키는가? 박근혜 정부 때와는 달리 개혁적이고 진보적인 사람들이 청와대 정부를 주도한다면, 그것도 개혁 정부의 한 모델이 될 수 있지 않을까? 적폐 청산도 해야 하는데, 꼭 부정적으로만 봐야 할까?

청와대 정부는 대통령제 민주 정부의 한 퇴행적 형태를 가리킨다. 대통령이 자신을 보좌하는 임의 조직인 청와대에 권력을 집중시켜 정부를 운영하는, 일종의 자의적 통치 체제로 정의할 수 있다. 단순히 개인적 행태나 스타일을 넘는 차원의 문제라는 것이다. 청와대 정부의 다른 얼굴은 의회와 정당, 내각 등 책임 정치의 중심 기관들이 청와대 권력의 하위 파트너가 되는 것이다. 이런 청와대 정부의 원형은 박정희 정부에서 만들어졌다.

1961년 군부 쿠데타로 집권한 박정희 정권은 긴 군정을 통해 새로운 정치체제로의 재편을 준비했다. 그 핵심은 세 가지로 요약할 수 있다.

첫째는 의회중심제의 기반을 없애고 대통령중심제를 위로부터 내리꽂는 것이었다. 지금으로부터 70여 년 전인 해방 직후, 한국 정치의 기틀을 만드는 문제에서 의회중심제와 대통령중심제 사이의 갈등은 컸다. 제헌 의원 다수는 의회중심제를 하려 했고 이승만은 대통령제가 아니면 안 된다고 버텼다. 1948년 제헌 헌법에서 볼 수 있듯이, 그 결과는 대통령 간선제로의 타협이었다. 그 뒤 이승만은 한국전쟁이라는 비상 상황하에서 대통령 직선제를 강압적으로 도입했고, 1954년 개헌으로 국무총리를 없앰으로써 의회중심제적 요소를 제거하려 했다. 그렇기에 4·19 이후 야당이 중심이 되어 제2공화국 헌법이 만들어지는 과정에서 의회중심제로의 회귀는 자연스러운 일이었다. 당시 대통령제는 이승만 독재, 혹은 정당과 의회의 힘을 파괴하고자 그가 과도하게 의존했던 경찰력, 그가 즐겨 동원했던 정치 깡패를 연상시키기도 했다. 제2공화국이 군부 쿠데타로 무너지지 않았다면 대통령제보다는 의회중심제가 한국형 정부 형태로 자리 잡았을 가능성이 높았다. 그런 점에서 1961년 군부 쿠데타는 새로운 전환점이었다. 대통령제와 의회중심제 사이의 긴장 관계를 확실하게 정리한 것은 박정희였다. 1961년부터 1963년까지 지속된 '5·16 군정' 시기 동안 그는 의회중심제를 분열 및 혼란과 동일시하고 한국에는 강력한 대통령중심제가 필요하다는 정치교육에 헌신적으로 매달렸다. 대통령이 중심이 되는 권력 구조를 한국 사회에 안착시킨 것은 박정희였다.

둘째는 청와대 중심의 당청 관계를 만드는 일이었다. 1963년 대통령 선거와 국회의원 선거를 대비해 군정 세력은 공화당이라고 하는, 매우 강력한 정당 조직을 준비했다. 한국 정당사에서 이때의 공화당보다 더 잘 조직된 정당은 없었다. 학자들 가운데는 이 시기 공화당의 조직과 체계가 (해방 직후 활동했던 대표적 좌파 정당인) 남로당 못지않았다고 평가하는 사람도 적지 않다. 그 뒤 힘의 중심은 점점 더 대통령과 청와대로 옮겨지긴 했지만 크게 보면 1969년 3선 개헌 이전까지 박정희 정부의 근간은 (행정부와 강권 기구를 총괄하는) 청와대와 함께 (선거 및 대중적 지지 기반을 조직하고 의회정치와 정당정치를 주관하는) 공화당이라는 양 축에 의해 지탱되었다. 그러다가 집권당이 청와대 정부에 종속적인 존재가 된 데에는 3선 개헌이 결정적인 계기가 되었다. 집권 공화당은 격렬하게 반발했지만, 이를 제압하면서 청와대 정부의 기틀이 완성되었다. 김종필 중심의 공화당 주도 세력이 강압적으로 배제된 것도 이때였다. 한국 정치에서 매우 특이한 정치 용어로 자리 잡은 '3김(김대중·김영삼·김종필)'은 이런 과정을 거쳐 만들어지기 시작했다. 한마디로 말해 이들이 한국 정치의 주역으로 등장한 것은 3

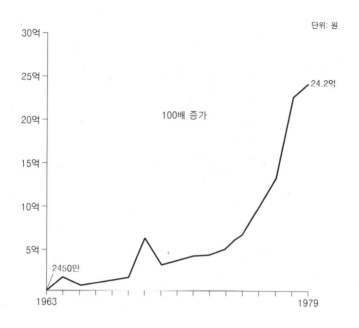

그림 1 | 박정희 시대 대통령 비서실 예산 증가

단위: 원

30억
25억                                            24.2억
20억              100배 증가
15억
10억
5억
2450만
1963                                            1979

선 개헌을 기점으로 청와대 정부가 권위주의 통치의 중심으로 자리 잡게 된 것에 대한 일종의 반작용이었다고 할 수 있는데, 이는 곧 청와대 우위의 당청 관계가 강압적으로 실행된 것과 짝을 이루는 현상이었다.

셋째는 위 두 변화의 필연적 결과로서, 청와대로 상징되는 비서실 권력이 획기적으로 강화된 것이다. 이승만의 청와대(당시 경무대)는 소박했다. 나이든 어른들의 이야기를 들으면 일반 시민들도 버스를 타고 지나면서 경무대 경내에서 산책 중인 대통령을 볼 수 있었다고 한다. 제1공화국 내내 지금 우리가 보는 것과 같은 '대통령 비서실 직제'는 없었다. 따라서 대통령 비서실의 정원 개념도 없었다. 보통은 6명 안팎으로 이루어진 비서관장과 비서관들이 있었을 뿐이다. 장관급 비서실장은 꿈도 꿀 수 없었다. 이를 집권 기간 동안 227명으로까지 늘리고 청와대를 확장 개편해 주요 구성원들을 장차관급으로 격상시킨 것은 박정희 정부였다. 1963년 말 대통령 선거를 마치고 그 이듬해부터 청와대를 운영하게 된 박정희 정부는 1964년 한 해 동안 비서실 예산을 533.9 퍼센트 증대시켰다. 이 예산이 다시 5배 가까이 더 확대된 것은 1969년이었고, 3선 개헌이 그 계기가 되었다. 그 뒤 유신 체제하에서 청와대 예산은 6배 가까이 더 늘었다. 전체적으로 박정희 정부 기간 내내 청와대 예산은 1백 배 늘었다. 그야말로 놀라운 변화였다.

박정희 정부에서 그 원형이 만들어진 이 '청와대 정부'는 그 뒤 달라졌을까? 전두환 정부에서도 청와대는 계속 확대, 강화되었다. 제5공화국 내내 예산은 4.5배가량 더 늘었으며 청와대 인력은 354명까지 증원되었다.

민주화 이후는 어땠을까? 당연히 축소, 재편, 개혁되었어야 할 청와대 정부는 지속되었을 뿐만 아니라 사실상 강화되었다. 청와대 정원이 4백 명을 넘어선 것은 김대중 정부 때였다. 5백 명을 넘어선 것은 노무현 정부 때였다. 예산 규모의 변화는 특히나 놀랍다. 박정희 정부 때는 증가율이 높고 빨랐지만 절대 액수는 25

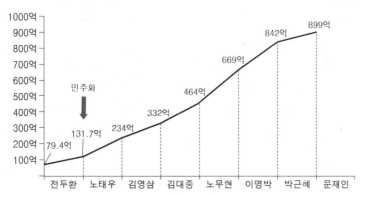

**그림 2 | 민주화 이후 대통령 비서실 예산 증가**

단위: 원

- 전두환: 79.4억
- 노태우: 131.7억 (민주화)
- 김영삼: 234억
- 김대중: 332억
- 노무현: 464억
- 이명박: 669억
- 박근혜: 842억
- 문재인: 899억

억 정도가 최대치였던 데 반해, 1980년대 이후 청와대의 예산 규모는 그와 비교할 수 없을 만큼 커졌다. 1979년 예산 대비 2018년 예산은 40배가 늘었다. 노태우 정부하에서 예산은 2배 가까이 늘었고, 그 뒤에도 매 정권마다 계속 늘어 왔다. 1998년 김대중 정부에서 2018년 문재인 정부에 이르기까지 청와대 예산은 2.6배 증가했다. 인력과 예산의 측면에서 박근혜 정부 시기의 청와대 규모는 그대로 이어지고 있고, (뒤에서 자세히 살펴보겠지만) 청와대 실장과 수석의 영향력은 전보다 훨씬 강해졌다.

대통령 비서실의 규모와 권한이 어떠해야 하는지를 살펴보려면 미국의 백악관을 들여다볼 필요가 있다. 우선 대통령제의 원조라고 할 미국의 경우를 보더라도 백악관의 규모는 우리에 비해 그리 크다고 보기 어렵다. 최초의 대통령인 조지 워싱턴George Washington 은 'Secretary'라고 불린 세 명의 장관으로 일을 시작했다. 토머 스 제퍼슨Thomas Jefferson 국무장관Secretary of State, 알렉산더 해밀 턴Alexander Hamilton 재무장관Secretary of the Treasury, 헨리 녹스Henry Knox 국방장관Secretary of War이 그들이다. 당연히 별도의 비서실은 없었다. 3대 대통령인 토머스 제퍼슨은 전령 1명과 비서 1명을 두었다. 단, 두 사람의 급여는 대통령이 사비로 지출했다. 의회에 서 배정해 준 예산으로 비서의 급여를 준 것은 60년 뒤인 1857년 이 처음이었다. 그때에도 예산은 1명을 고용할 수 있는 2천5백 달러가 고작이었다. 숫자가 3명으로 늘어나는 데는 다시 20년이 걸렸다. 대통령 수석보좌관the president's chief aide 제도는 1900년에 만들어졌는데, 이때에도 2명의 비서관과 2명의 행정 직원, 1명의 속기사와 7명의 추가 직원이 전부였다. 백악관의 규모가 10명 이 상으로 늘어나는 데 1백 년이 넘게 걸린 셈이다. 20세기 스웨덴 에서 수정자본주의와 복지국가의 길을 개척하기 시작한 페르 알 빈 한손Per Albin Hansson 수상이 타자수 한 명의 지원을 받으면서 최고 통치자의 역할을 한 것을 생각하면 사실 이런 일이 이상한 것만은 아니다.

이후 대공황과 두 번의 세계대전을 거치면서 백악관의 규모는 대폭 확대되었는데 지금의 백악관은 그 연장선 위에 있다. 하지만 그렇게 늘어난 백악관의 규모도 우리와 비교하면 생각보다는 놀 랍지 않다. 미국의 대통령 부서presidential branch는 이원화되어 있다. 하나는 미국에만 있는 조직으로 대통령 집행부Executive Office of President, EOP이다. 우리로 비유하자면 국무총리실 조직은 물론 각종 대통령 직속 기구 및 위원회를 포괄하는 기구라 할 수 있다. 다른 하나는 백악관 비서실White House Office, WHO이다. (앞서 말한 대통령 집행부가 직업 관료에 기초를 둔 기구인 데 반해, 이 조직은) 대통령이 임의로 임명할 수 있는 정무직을 주축으로 한 순수 대통령 참모 조직이라 할 수 있다. 한국의 청와대 비서실에 해당하는 조직이 바로 이곳이다.[*] 미국 대통령은 급여를 받는 이들 백악관 스텝의 목록을 매년 의회에 제출한다. 2014년에는 456명이었으며, 2016년에는 472명, 2017년에는 377명이었다.[**] 미국의 진보적 정치학자들은 이 숫자도 지나치게 많다고 생각하며 이 때문에 대통령이 거의 제왕에 가까운 권력을 누리고 있다고 비판한다. 우리보다 인구가 7배 가까이 많고 사실상 세계 경찰 노릇을 해온 나라에서도 백악관 규모가 지나치게 크다는 걱정이 있는데, 그와 비교하면 우리의 청와대 규모는 훨씬 더 심각한 문제로 다가오지

---

[*] 신현기, "민주화 이후 제도적 대통령의 재구조화에 관한 연구," 『한국행정학보』제 49권 제3호(2015 가을), 365-366쪽 참조.

[**] 함성득에 따르면, 백악관 비서진은 1943년 51명에서 1953년 247명으로 급증했고, 1972년 닉슨 시기에 최대로 늘어나 583명이 되었다고 한다. 그로 인해 제왕적 대통령제에 대한 비판이 제기되었고, 그 후 4백 명 안팎으로 줄었다. 부처에서 파견된 1백여 명의 공무원을 포함해도 대략 5백여 명으로 추정할 수 있다. 함성득, 『대통령학』(나남, 1999), 45-46쪽 참조.

않을 수 없다. 2018년 1월 기준 대통령 비서실 정원은 443명, 국가안보실 정원은 43명(NSC 별도 인원 4명을 포함하면 47명), 경호처 486명(소속 기관 인원 46명을 포함하면 532명)이다. 대통령 비서실과 국가안보실 예산은 총 899억 원에 달하고 경호처 예산은 895억 원에 달한다. 1천 명에 달하는 인원이 1년 예산으로 1천9백억 원을 사용하는 것이 지금의 청와대인 것이다. 또한 백악관의 대통령 보좌관이라고 해서 장관급 지위를 갖는 것도 아니고, 입법이나 사법의 역할을 대신하겠다고 나서는 것도 상상할 수 없는 일임을 고려하면, 규모도 문제지만 권력의 크기 또한 우리의 청와대가 비교할 수 없이 크고 강력하다. 백악관 내부에서는 대통령과 보좌관 사이에 논쟁도 있고 갈등도 있다. 그에 비해 청와대에서 대통령과 비서실 사이의 갈등과 논쟁은 상상하기 어렵다. 청와대에는 대통령과 그 분신들만이 있다.

민주화 이후에도 청와대 권력이 개혁되지 않은 것, 문재인 대통령이 더 강한 청와대를 만든 것은 중대한 문제다. 어떤 관점에서 보든 지금 청와대가 대규모의 인적 규모를 유지하면서 장관급 실장과 차관급 수석이 국무총리는 물론 장관을 지휘하는 역할을 하는 것은 특별한 현상이 아닐 수 없다. 사실상 청와대에도 장차관급 내각이 병렬적으로 또 하나 존재하는 셈이다. 비민주주의 정치체제를 연구했던 미국의 정치학자 아모스 펄무터Amos Perlmutter는 권위주의의 핵심적인 특징을 '병렬적 국가 기구'가 별도로 존재한다는 것에서 찾았다. 그런 병렬 기구의 역할은 세 가지다. 하나는 내각과 같은 정부의 공식 기관과 동일한 기능을 하면서 그들을 지휘한다. 둘째는 대중의 직접적 지지를 동원하고 조직한다. 셋째는 잠재적 도전자나 그 그룹이 가진 권력을 통제한다.<sup>●</sup> 그간의 청와대가 이런 역할을 한 것은 부정할 수 없는 사실인데, 그 역할이 여전히 계속되는 것은 불합리한 일이 아닐 수 없다.

한번 생각해 보자. 청와대는 법을 만들 수 없다. 청와대는 법을 적용하는 사법부가 아니다. 청와대는 행정부, 즉 입법을 거친 정책을 구체화하고 실현하는 집행부도 아니다.<sup>●●</sup> 법의 집행은 국무회의를 거쳐 내각이 할 일이다. 그런데도 박근혜 정부 때보다 크고 강한 청와대를 만들었고, 그런 청와대 실장과 수석들이 (앞선 정권은 물론 권위주의 정권 때와 다를 바 없이) 장·차관급의 대우를 받으며 입법·사법·행정의 상위에 서서 지휘하려 한다. 국방·외교·안보·통일 분야의 정책을 주도하는 것도 이들이다. 오죽하면 우스갯소리로 "지금 장관은 청와대 수석들의 행정 보좌관"이라거

---

● Amos Perlmutter, *Modern Authoritarianism* (Yale University Press, 1981)

●● 엄밀히 말해, '행정부'라는 표현은 문제가 있고, 그보다는 '집행부'(the Executive Branch)로 불려야 옳다. 애초 그것은 입법을 거친 이른바 '민주적 합의'를 집행하는 정부 부서를 뜻하기 때문이다. 행정이라는 개념은 지나치게 포괄적이다. 행정은 모든 조직에 존재하는 기능이다. 사적 영역에서의 행정을 가리켜 경영(business administration)이라 한다. 입법부와 사법부에도 행정 기능을 전담하는 기구와 행정 직원이 있다. 정당도 행정 조직과 행정 인력을 갖는다. 그러나 우리의 경우 집행부라는 명칭 대신 행정부라는 표현이 확고하게 자리 잡고 있기에, 이 책에서도 행정부라는 표현을 그대로 쓰되, 대신 그 의미는 집행부에 해당하는 것으로 사용하겠다.

나 "지금 행정부는 입법부를 거친 정책을 집행하는 기관이 아니라 청와대의 뜻을 집행하는 기관"이라고 하겠는가. 법률에 따른 권한도 아니고 청문회를 거친 자리도 아닌데 청와대 비서실과 실장 및 수석들이 그런 권력을 행사하는 것, 그것은 민주주의의 엄격한 요청인 '책임 정치'를 부정하는 일이다.

앞서도 이야기한 것처럼, 청와대의 대통령 비서실은 대통령의 통치권을 대신할 수 있는 기관이 아니다. 대통령을 보좌하는 것, 그게 그들의 일이자 역할이다. 대통령을 대신하는 권력을 보좌진들이 갖는 것? 입법·사법·행정의 상위 기관으로서의 대통령? 과거 권위주의 정부에서는 그것이 일상의 모습이었지만, 민주정이라면 있을 수 없는 일이다. 박근혜의 청와대 정부를 겪고도 다시 같은 유형의 정부를 만든 것은 큰 잘못이다.

청와대 구성원들이 개혁적이고 진보적이라면, 더더욱 민주적으로 정부를 운영하는 일에 헌신해야 한다. 박근혜식 정부와는 다른 방법으로 개혁을 해야 가치가 있고 성과도 있다. '선한 목적으로 정당화되는 나쁜 방법'은 개선하기가 더 어렵다. 박근혜 대통령 때 모두가 비판했던 청와대 권력이 앞으로 더 강해질 것 같아 걱정이다. 대통령제라고 해서 민주적 정부 운영 방식을 따르지 않아도 되는 것은 아니다.

대통령은 군왕이 아니라 정부를 이끄는 민주적 지도자로 이해되어야 함에도 불구하고, 대통령의 역할과 관련해 '군주정에서나 어울릴 만한 통치론'을 말하는 사람이 많다. 그들에게 청와대 정부는 자연스럽다. 박근혜 전 대통령의 잘못을 말할 때도 그들은 '최순실'과 '박근혜'라고 하는 특정 개인과 관련된 문제로 좁혀 말한다. '국정 농단'國政壟斷과 같이, 본래의 의미에도 맞지 않는 이해할 수 없는 표현을 즐겨 사용할 뿐, 청와대 중심의 정부를 만든 것 자체에 대해서는 문제 삼지 않는다. ●

민주 정부라면 청와대가 아니라 내각과 집권당이 대통령의 양날개 역할을 해야 한다. 그 역할을 청와대가 대신하거나, 대통령의 뜻이라며 청와대 실장과 수석들이 내각과 집권당을 이끄는 권력 기관이 되어서는 안 된다. 박근혜의 청와대 정부로부터 교훈을 얻어야 할 것은 바로 이 점이다. 하지만 문재인의 청와대 정부 역시 달라진 것이 없다. 내각과 부처에서는 인사와 정책에 대한 실권이 없다는 것을 알리바이 삼는다. "우리는 잘 모르니 청와대에 물어봐라."는 식이다. 집권당은 "청와대가 정책을 결정하고 사후에 통보하거나 당의 정책과 무관한 정책을 발표할 때도 많다."는 불만을 말한다. 대표적인 사례로 2017년 '8·2 부동산 대책'을 꼽는다. 당시 주무 부서인 국토교통부의 장관은 7월 30일부터 8월

● '농단'이라는 말은 『맹자』의 「공손추」(公孫丑)에 나오는 말이라고 한다. 그런데 맹자가 말한 농단은 "시장 상황에 대한 정보를 독점해 부당한 권리와 이익을 취하는 것"을 뜻하는바, 청와대 핵심 참모진을 비공식적으로 지휘하고 불법적인 인사권을 행사하고, 나아가서는 대통령 권력의 대리자 역할을 하게 한 것 때문에 만들어진 '박근혜-최순실 사태'에 맞는 적합한 표현이라 보기 어렵다. 그런데 이 시대착오적인 국정 농단이라는 표현을 누구나 아무렇게 쓰는 일이 어떻게 유행하게 된 건지 놀랍다.

6일까지 하계휴가 중이었는데, 갑자기 청와대에서 부동산 관련 긴급 발표를 한다는 소식을 전달 받고 급히 돌아와 8·2 대책 발표를 맡았다. 이 때문에 장관이 관련 수석의 대변인 역할이나 하는 자리냐는 구설에 시달렸다. 그 뒤에도 발표 내용 가운데 통계적 미비 사항과 함께 관련 절차를 제대로 밟지 않은 것 때문에 사후 보완책이 이어졌으며, 보유세와 관련해서는 당 정책위원회와 전혀 조율되지 않은 주장이 개진되어 혼선이 발생하기도 했다.

사법 영역과 관련해서는, 국정원과 검찰 등 공안 기구나 사정 기관을 움직여 일하는 방식을 절제해야 하는데도, 청와대 민정수석과 검찰, 국정원(적폐 청산TF)이 문재인 정부 첫해를 주도하는 일이 다시 발생했다. 민정수석은 1969년 3선 개헌을 밀어붙이기 위해 박정희 정부에서 처음 만들어진 대표적인 권력 기관이다. 그 뒤 늘 논란이 되었고 그때마다 폐지와 복원이 반복될 만큼 문제가 많았던 자리였다. 그럼에도 대통령과 청와대는 적폐 청산을 위해 불가피하다고 보는 것 같다. 적폐 청산이라는 목표를 인정한다 치자. 그런데 그것을 위해 적폐 기관과 적폐 방법을 복원한 것은 어떤 결과를 낳을까? 민정수석이 나서서 '권력 기관의 개혁'을 위한 것이라며 국회에 입법을 주문하고, '적폐 청산 진행 상황을 파악'한다는 이유를 들어 검찰과 사법부를 움직이는 것이 온당한 일일까?

적폐 청산이라는 말 자체가 권위주의적이고 전체주의적인데, 그 방법과 언어까지 구체제적 유산을 계승하는 것이라면, 기대와 결과는 크게 불일치할 것이라 예상한다. 지지하는 시민들만 공격적으로 만들 뿐이다. 민주적 시민성을 성숙시키는 일에 정면으로 배치된다는 것이 나의 생각이다. <sup>●</sup>


**그래도 여론조사를 보면 국민 대다수는 대통령을 찬성하고 적폐청산을 지지하지 않는가? 국민들의 뜻에 따라 대통령이 일하고 있고, 이것이야말로 우리가 원하는 대통령의 모습이라고 생각하는 사람들도 있다.**

민주주의자는 '국민'과 '여론'이라는 말을 늘 의심해야 한다. 『여론』*Public Opinion*이라는 책으로 유명한 저널리스트 월터 리프만Walter Lippmann이 말했듯이, 여론은 국민들의 생각 혹은 객관적 사실을 모은 것이 아니라 대개는 권력 효과에 의해 작위적으로 만들어지고 동원되는 구호일 때가 많기 때문이다. 정당정치의 초기 이론을 만든 대가 가운데 하나인 정치학자 키이V. O. Key가 적절히 비유했듯이, 국민 여론이 정확히 무엇인지를 말하는 것은 신의 뜻을 이해했다고 말하는 것만큼이나 무모한 일이다. 언론이나 정치인 가운데 민심民心을 앞세우거나, 마치 자신은 민심을 알고 있는

●  적폐 청산 담론이 누구에 의해 언제 어떤 맥락에서 만들어지고 확산되었는지에 대해서는 이 책의 4부를 참조할 것.

것처럼 말하는 경우가 많은데 이 또한 절제해야 한다.

여론조사를 추종하는 것이 미치는 부정적인 영향은 크다. 무엇보다도 정치가들에게서 신념의 힘과 용기를 앗아가는 대신 다수에 추종적인 정치 기회주의자를 양산할 수 있다. 지식인들 가운데는 여론조사를 자율적 인간 정신을 파괴하는 노예화의 한 형태로 보는 사람도 많다. 오죽했으면 프랑스의 사회학자 피에르 부르디외Pierre Bourdieu가 객관적인 여론은 존재하지 않는다며 여론조사의 좀 더 정확한 정의는 여론 조작이라고 했겠는가?

여론조사 수치가 좋다고 좋은 정책인 것도 아니다. 여론이 나쁜 정책도 얼마든지 좋을 때가 있다. 자주 인용하는 사례지만, 1980년대 초 프랑스 사회당 정부가 추진한 사형제 폐지 정책은 높은 반대 여론 때문에 어려움에 직면한 적이 있었다. 하지만 의회에서 법 개정을 통해 사형제가 폐지된 지 10년이 지나서는 사회당 정부가 가장 잘한 정책으로 꼽혔다. 여론을 등져서라도 해야 할 과제가 있고, 여론으로부터 환호 받는 일만 즐기는 사람은 자신의 정견을 손쉽게 바꾸는 '아첨 정치가'일 때가 많다.

정치학자들은 여론조사를 "주어진 '상황'에서, 주어진 '질문'에, 주어진 '대답 목록' 가운데 선택한 것"으로 정의한다. 상황이 바뀌고, 질문이 바뀌고, 선택할 수 있는 대답의 목록이 바뀌면 결과는 달라진다. 따라서 여론조사가 가진 정보 가치의 가장 큰 문제는 '질적인 빈곤'이다. 이탈리아 정치학자 조반니 사르토리의 표현을 빌려 말하면, 여론조사를 '시민 의사를 보여 주는 지도'처럼 다루는 것은 '주권에 대한 가엾은 묘사'가 아닐 수 없다. 따라서 제한된 용도로 절제해서 사용해야 하는 것이 여론조사다. 여론조사를 즐겨 보도하고 이를 통해 여론을 움직이려는 언론을 '황색저널리즘'yellow journalism의 한 유형으로 비판하는 것은 이런 이유때문이다.

집권 초 높은 여론 지지는 자연스럽다. 대개 신정부가 잘해 주었으면 하는 기대를 부여하는 때이다. 야당이나 반대 세력이 대안이 되지 못하면 반사 효과도 큰 것이 또 여론이다. 2007년 대통령 선거를 앞두고 민주당이 분열을 거듭함으로써 지지자들을 실망시켰을 때의 여론조사가 대표적인 사례다. 당시 조사에서 이명박 후보는 정동영 후보에 비해 거의 두 배 가까운 지지를 받았다. 이는 보수적 성향을 가진 시민이 절대 다수였기 때문이 아니다. 그보다는 민주당과 그 후보를 신뢰할 만한 대안으로 인정할 수 없다고 여긴 민주당 지지자 집단이 무반응으로 일관했기 때문에 만들어진 결과이다. 이어진 실제 선거에서도 이들 다수는 투표에 참여하지 않았고, 대선 결과는 48.7퍼센트(이명박) 대 26.2퍼센트(정동영)로 끝났다.

'조사된 여론'과 '실제 여론' 사이에 격차가 있을 수 있다는 점에 대해서는 늘 신중한 이해가 필요하다. (대통령 지지도와 정당 지지도를 가장 자주 발표해 온) '리얼미터'라고 하는 대표적인 여론조사 기관의 발표 결과만 보더라도 문 대통령 집권 이후 여론조사 응답률은 크게 낮아져 평균 5퍼센트 정도에 불과했다. 그렇다면 문재인 정부 집권 첫해의 높은 여론조사를 '대통령 지지자의 응답이 과다 대표된 반면, 비판적 시민들의 의사가 과소 대표된 결과'로 해석할 수도 있다. 민주당을 지지하는 시민이 50퍼센트 정도 응답한 결과 내지 대통령을 지지하는 시민이 70퍼센트 정도 응답한 결과로 재해석하는 것도 한 방법이다. 나는 이런 해석이, 불완전한 여론조사 수치를 앞세워 일방적인 정부 운영을 지속하는 것보다 정치적으로 훨씬 사려 깊은 일이라고 본다. 최소한 통치자가 여론조사 수치를 곧 국민의 뜻으로 규정해서는 안 된다.

여론조사 수치를 곧 국민의 뜻으로 등치시키는 논리나 주장은 절제되어야 한다. 더군다나 그런 논리로 합리적 문제 제기나 비판을 제압하려는 것에는 동의할 수 없다. 여론조사의 효용을 완전히 부정하는 것은 아니지만, 정치학적인 직관이나 민주주의 이론에서 볼 때 문제가 있다고 여겨지면 '여론에도 불구하고' 이견을 말할 수 있어야 한다. 정치학자만이 아니라 언론도 지식인도 그래야 한다.

대통령이 국민의 뜻에 맞게 잘하는구나라고 판단하는 시민이 많은 것은 좋은 일이다. 다만 그것은 시민들이 자율적으로 판단해서 할 일이다. 박근혜 정부 때 자주 보았듯이, 대통령이 국민의 의사를 규정하고 동원하는 일은 위험하다. 대통령이 나서서 "편향된 시각을 가진 검정 교과서가 많다."며 역사관을 규정하려 한 것도 잘못이지만, 그래서 국민의 뜻에 맞게 역사 교과서를 하나로 국정화하겠다고 했던 것은 위험천만한 일이었다. '국민 여론'을 자신에게 유리한 방향으로 이용하거나, '시대정신' 등의 표현을 자주 인용하는 통치자가 대개 권위주의적인 것은 그 때문이다. 민주주의에서 시민은 동원의 대상도, 아첨할 대상도 아니다. 대통령은 공적으로 약속한 대로 정부를 제대로 이끌어 성과를 내면 된다. 정부가 할 일은 거기까지다. 평가는 시민이 알아서 한다. 정부가 개입해 "이것이 국민의 뜻"이라고 규정하며 자의적인 권력 행사에 나서는 것을 정당화할 수는 없다고 본다.

**여론에 따라 좌우되는 대통령이 아니어야 한다면 대통령은 어떻게 일해야 하는가? "국민의 뜻에 따라 통치한다."는 것이 일종의 동원 정치의 한 양상이라 할지라도 그 이상만큼은 맞지 않은가? 국민과 괴리되어 자신의 뜻대로 통치하면 전임 정부와 같은 문제가 다시 발생하지 않을까?**

국민의 의사는 정치 밖 어딘가에 객관적으로 존재하는 고정된 실체가 아니다. 국민의 의사란 하나가 아니며, 여야를 위시한 여러 정치 집단과 노사 등 다양한 결사체들로 나뉘어 존재한다. 그들 각자가 갖는 이익이나 가치, 열정 등은 같을 때보다 다를 때가 훨씬 더 많다. 그런 수많은 집단들의 의사들 사이에서 갈등과 논쟁, 조정과 타협을 거쳐 불완전하게나마 형성되고 동의된 것이 국민의 의사이다. 또한 국민의 의사를 재형성하기 위해 임기와 선거 주기를 기준으로 끊임없이 반복적인 토론과 조정, 동의가 필요하기도 하다.

국민의 의사와 관련해 가장 중요한 것은 지난 선거에서 표로 나타난 정당/후보 간 지지의 분포에 있다. 여론조사보다 선거 결과가 국민의 의사를 판별하는 데 있어 압도적으로 더 권위 있는 기준이다. 문 대통령이 정부를 운영함에 있어 가장 중시해야 할 국민의 의사는 지난 선거에서 득표한 41퍼센트의 지지율이다. 그것을 잊고 싶어 한 것, 후보 시절의 '협치 공약'에 얽매이고 싶어 하지 않은 것, 그 약속을 높은 여론조사 결과로 덮어 버리고 싶어 한 것, 바로 이런 것 때문에 청와대 정부를 만들게 되었다고 본다.

대통령은 선거 결과를 포함해 다양한 결사체들의 정책적 요구로 나타난 국민의 의사에 기초를 두되, 정부를 통해서 그리고 정부 안에서 일해야 한다. 정부는 거대한 조직과 체계로 이루어져 있다. 정부를 구성하는 요소들의 기능과 역할을 어떻게 조합하고 조정할 것인가를 잘 선택하는 것이 핵심이다. 청와대 정부는 그런 힘든 선택을 회피한 결과다. 국민이 원하는 것을 하면 된다거나, 대통령제이므로 대통령이 알아서 하면 된다는 식의 쉬운 태도가 아니라, '나는 정부의 힘을 이렇게 재조직해서 잘 쓰겠다.'는 것을 말하고 실천으로 보여 주는 일이 훨씬 중요하다.

정부 일에만 신경 쓰고 시민의 요구는 잊으라는 것이 아니다. 정부와 시민을 이분법적으로 보는 것부터 잘못일 때가 많다. 정부의 모든 조직과 기구는 '시민적 사업'을 위해 만들어졌다. 정부를 제대로 움직이는 것이 가장 시민적인 일임을 강조하고 싶다. 내각과 관료제, 집권당을 대통령과 청와대만 쳐다보게 운영할 것인가? 아니면 그들을 시민 속에서 시민을 위해 일하게 할 것인가? 당연히 후자일 것이다. 그것은 '국민과의 직접 소통'을 내세운 공허한 이벤트나 외양 가꾸기보다 훨씬 더 중요한 일이다.

정부가 청와대로 협소해지고, 열렬 지지자들의 여론만 크게 들리게 되면, 시민은 분열되며 정치는 적극적 지지자와 반대자로 양분되는 결과를 피할 수 없다. 문 대통령이 민주적 원리에 맞는 책임 정부가 아니라 청와대 정부를 만든 것이 가져온 폐해는 생각보다 크게 나타날 것이다.

시민이 참여하면 좋다가 아니라,
어떤 참여인가가
훨씬 더 중요하다

정부를 통해 시민적 사업을 하는 것이 민주주의라는 당신의 관점과, 시민의 직접적인 요구가 관철되는 정부를 만들겠다는 청와대의 관점 간의 차이는 크고 논쟁적이다. 과거에는 생각해 보지 않았던 쟁점이다. 아니, 대통령을 탄핵하고 정권을 교체하면 다 좋아질 것이라 여겼으므로 생각조차 할 수 없었던 문제다. 어디서부터 논의의 접점을 찾아야 할까?

지금 우리 사회에서 제기되고 있는 여러 논쟁적 주제들은 이미 2016년 촛불 집회 때부터 등장한 것이다. 당시 논점은 제기되었으나 제대로 따져지지 않은 문제가 있다. '작지만 큰' 논쟁이었다. 논쟁의 한쪽에는 '헌법에서 정한 대로 국회가 대통령의 탄핵에 나서야 한다.'는 입장이 있었다. 이에 반대하는 쪽은 '왜 국회에 맡기는가. 촛불 집회에서 시민이 직접 대통령을 퇴진시켜야 한다.'는 입장이었다.

'국회에서의 탄핵'이냐 '광장에서의 퇴진 투쟁'이냐로 불렸던 이 논쟁은 중요하다. 그것은 곧 민주주의에서 시민의 역할은 무엇이고 정당과 입법부가 중심이 된 정치의 역할은 무엇인가에 대한 질문을 담고 있었기 때문이다. 이 질문과 관련해서도 크게 두 입장이 있었다. 한쪽은 시민의 역할은 문제를 제기하는 것이며, 그것의 해결은 정치가 해야 한다는 생각이었다. 그들은 잘못된 정부를 좋은 정부로 바꿀 방안을 찾는 데 깊은 관심을 가졌다. 다른 쪽은 시민은 주권자이고, 주권자가 나서서 문제를 해결해야 한다는 생각이었다. 따라서 정부에 맡기는 민주주의를 넘어서, 이 기회에 시민이 직접 관여할 수 있는 민주주의로 전환해야 한다고 보았다.

'좋은 정부=책임 정부론'과 '좋은 정부=시민의 직접 정치론'의 흥미로운 논쟁이 시작되었으나, 조기 대선 국면이 도래하면서 더 진전되지 못했다. 당시 나는 여러 글과 강의를 통해 책임 정부론의 중요성을 강조했는데, 그때 한 비판자로부터 반론을 받았다. 간단히 그 논지를 요약하면 두 가지였다. "첫째, 정부는 시민의 자유를 억압하는 강제 기구이다. 둘째, 정부가 아니라 시민의 역할을 더 강조해야 민주주의다."

정부가 '자유의 억압자'일 수 있다는 점에 대해서는 이견이 있을 수 없다. 따라서 '최대 정부/최소 시민'이 민주주의의 길이 아닌 것에 대해서는 합의가 가능하다. 그렇다면 문제의 초점은 이렇게 될 것이다. 시민이 정부의 역할을 어떻게 또 얼마나 대체할 수 있는가? 시민의 참여를 확대하는 길과 정부가 좀 더 책임 있게 되는 길은 양립할 수 없는가?

정부의 역할을 줄이고 그 역할을 민간으로 옮겨 시민이 그 역할을 직접 하게 하자는 '최소정부론'을 따를 수는 없다. 내 관점에서 그것은 신자유주의적 정치관을 정당화시켜 주는 것으로 귀결될 뿐이다. 우리가 필요해서 만든 정부가 기대에 맞게 책임 있는 역할을 하도록 만드는 문제에서 승부를 봐야 한다. '시민이 정부를 대신할 일'이 아니라 '정부를 정부답게' 만드는 것이 중요하다.


**그 비판적 독자가 제기한 문제의 핵심을 다르게 볼 수 있지 않을까? 예컨대 "정부 밖 시민의 힘이 늘 준비되어 있지 않으면 정부의 퇴락을 막을 수 없다. 정부에 대한 외적 제약으로서 사회 속 시민의 힘을 조직하고 동원하는 일을 게을리 할 수 없다."는 논리 같은 것 말이다.**


그런 논변도 분명 있었다. 이렇게 다시 질문해 보자. 시민이 사회에서 의사를 직접 표출하고 모으고 집약함으로써 정부를 공익에 가깝게 행동하도록 제약할 수 있을까? 일견 그럴 듯해 보이지만 다르게 볼 수 있어야 한다. 나는 이 지점이 민주주의론의 핵심이라고 생각한다. 직접인가 혹은 대의/대표인가, 시민이 할 수 있는 일과 할 수 없는 일은 무엇인가와 관련해 민주주의자들의 판단을 살펴볼 수 있는 결절점이기도 하다. 한번 잘 따져 보자.

우선 정부에 대한 사회적 제약과 견제를 가능하게 하는 힘에는 참여 시민의 수나 의지 말고도 소득, 학력, 전통, 이데올로기 등 다양한 요소가 있다. 참여 시민의 수나 의지 역시 이런 힘들의 영향을 크게 받는다. 따라서 시민의 대표들 사이에서 경쟁과 조정의 과정 없이, 정부와 시민사회가 무매개적으로 직접 연결되어 공적 결정을 내린다 해도, 그때 내려진 결정이 반드시 공익에 기여하는 것은 아니다. 다수 약자들의 이익이 희생될 수도 있고, 사회 하층을 위한 재분배 정책보다는 중상층을 위한 개발과 성장 정책이 더 쉽게 채택될 수도 있다. 참여의 크기와 효과의 편향성 사이의 관계가 반드시 긍정적이지만은 않다는 말이다. 혹은 시민 참여 역시 편향적일 수 있다는 뜻이기도 하다. '시민이 참여하면 좋다'가 아니라, '어떤 참여여야 편향성의 효과를 제어할 수 있는가'가 더 중요하다.

2016년 촛불 집회에서 보았듯이, 시민 대다수가 동의할 만한 지극히 보편적인 이슈에서는 시민의 직접 참여와 의사 결집이 공익에 가까운 효과를 낳을 수 있다. 하지만 갈등적이고 분배적인 사안에서는 다르다. 이 사안에서 시민들이 직접 결정한다면, (집값이 떨어질 것을 두려워하거나 자녀가 좋은 학벌을 가질 기회를 중시하는 등) 사회의 지배적 가치에 가까운 결론이 내려질 때가 많다. 그간 여러 지자체에서 실험한 주민 참여 예산제의 사례는 시사하는 바가 크다. 자치단체나 행정 기관이 할 수 없는 일, 혹은 주민 참여 예산제가 아니었으면 할 수 없었을 일에 예산이 배정되고 집행되었을까? 그렇게 보기 어렵다. 관 주도성이 다른 형태로 실현되었다고 보는 것이 실제 현실에 가깝다. 지역사회 안의 갈등적인 사안을 두고 주민들이 스스로 합리적인 조정과 변화를 만들어 갔다고 볼 수도 없다. 그보다는 주민들이 합의하기 쉬운 사안이나 개발 예산, 시설 확충 쪽으로 결론이 날 때가 많았다.

어떤 내용으로 결정이 이루어졌는지의 문제만 중요한 것이 아니다. 갈등적인 사안에서 시민이 직접 참여해 결정하는 상황을 생각해 보자. 어떻게 될까? 이해 당사자 사이의 다툼은 피할 수 없고, 대개 그 싸움은 유사 전쟁에 가까운 양상으로 치닫는다. 2017년에 있었던 서울 강서구의 특수학교 설립을 둘러싼 주민 사이의 극단적 갈등이 대표적이지만 이런 사례는 끝도 없이 많다. 그래서 중간에서 시 교육청과 자치단체, 지역구 국회의원을 포함한 정치의 매개적 역할이 필요한 것이다. 이들이 책임 있는 역할을 방기하고 지역 주민들이 직접 나서면서 큰 갈등과 깊은 상처를 만들었다.

설령 이해 당사자들이 직접 대면하지 않고, 주민 투표나 국민 투표로 결정한다고 해보자. 그때는 이성적이고 합리적인 의사가 모일 수 있을까? 어렵다. 그보다는 정치 밖 사회적 강자들의 가치나 요구가 승리할 가능성이 높다. 재정 관련 문제의 경우 반드시 주민 투표로 결정해야 하는 미국 캘리포니아의 사례는 이를 잘 보여 준다. 증세나 감세 관련 사안 혹은 기업 이익에 영향을 미치는 사안 등에서 누가 승자가 되었을까? 더 많은 공적 지원을 필요로 하는 사회 하층을 위한 결정이 이루어졌을까? 정반대였다. 전기·수도·공교육 관련 예산은 계속 줄었고 자동차에 환경 부담금을 늘리려는 결정은 기업 이익을 대신하는 '주민 투표 기획사'referendum consultancy의 홍보에 밀려 번번이 부결되었다. 기업 측을 대리해 온 대표적인 기획사, '위너 앤 맨더바크'Winner & Mandabach 사社의 주민 투표 승소율은 90퍼센트로 나타났다. •

시민의 다양한 의사가 더 많이 표출되는 사회를 만드는 것은 시작일 뿐, 그것으로 민주주의가 다 되는 것은 아니다. 사회는 기본적으로 불평등한 공간이다. 오래전 이탈리아의 좌파 이론가인 안토니오 그람시Antonio Gramsci가 (파시스트 감옥에 갇혀 생을 마감하며 '옥중 수고'의 형태로 남긴 기록을 통해) 강조했듯이, 시민들의 사회는 이른바 '헤게모니'hegemony, 즉 그 사회의 지배적 가치가 힘을 발휘하는 곳이다. 때로 사회 속에서 집회나 시위를 크게 일으킬 수 있다 해도 그 순간이 지나면 애초의 불평등한 힘은 그대로 위력을 발휘할 때가 많다. 정치는 다르다. 정치는 평등한 시민권의 원리가 작용할 수 있는 공간이다. 따라서 사회 속 여러 집단이

---

• Edward Luce, *Time To Start Thinking: America and the Spectre of Decline* (Little Brown, 2012). 특히 5장, "Against Itself" 부분을 참조할 것.

익과 열정을 불러일으키는 여러 쟁점들은 정치의 공간에서 공적 의제로 다뤄져야 한다. 그래야 변화도 있다. 화내고 소리치는 것으로 끝내는 것이 아닌, 불가역적인 제도 변화를 통해 사회의 불평등한 조건을 달라지게 할 수 있는 곳은 민주정치의 영역이다. 사회적 요구를 정치적 공간으로 상승시키는 동시에 정부의 범위 안팎에서 공공 정책을 주도하는 정치적 부대가 필요한 것은 그 때문이다. 사회에서 개인 시민의 의사를 다 모으면 공익이 된다는 가정은 순진하다. 그런 일이 가능했다면 정치의 독자적인 역할은 필요하지 않을 것이다.

정치가 기능하지 않는다면 시민사회는 강자의 지배가 관철될 수밖에 없다. 그렇기에 이를 제어하기 위해 민주주의 체제는 정치를 인위적으로 1인 1표의 원리 위에 세우고자 했다. 즉 시민 누구나 존엄의 크기, 의견의 가치는 동등하다는 전제 위에서 정치를 제도화하려 한 것이다. 사회적으로나 경제적·문화적으로 동등하게 만들 수는 없지만 공적 결정을 이끄는 정치의 영역만큼은 평등한 시민권을 갖게 한다는 것에서 민주주의는 출발한다. 그런 의미에서 민주주의는 '정치적 평등의 원리'principle of political equality 위에서 운영되는 체제다. 정치 내부로 시민의 의사가 조직되고 투입되게 하는 것, 그것을 정부라는 거대한 체계 내부에서 제도화함으로써 정부가 책임의 제약을 부여받지 않을 수 없게 하는 것, 그 방법을 여러 시민 집단들이 익히고 활용하는 것, 그것이 민주주의다.

**왜 꼭 정치인가? 민주주의를 사회나 경제에서 평등의 원리를 실현하는 것으로 접근할 수는 없는가? 당신의 생각은 지나치게 정치 중심적이고, 시민사회에 대해 비판적이다.**

사회나 경제에서의 '평등화 프로젝트'가 없었던 것은 아니다. 사회주의나 공산주의가 대표적인 예이다. 그들은 사회경제적 불평등 구조 위에 선 정치적 평등은 허구라고 여겼고, 그래서 공장과 거리에서의 사회혁명에 주력했다. 하지만 그들이 혁명에 성공해 직접 정치를 운영하게 되자, 흥미롭게도 그들의 국가는 권위주의화 내지 전체주의화되었다.

'정치론이 없는 민주주의론'은 취약하다. 아니 위험하다. '민주주의 정부론이 없는 사회 평등화 전략'은 한계가 있다. 사회주의나 공산주의 국가들의 실험은 비극으로 끝났다. 인간은 불완전하다. 그런 인간들의 사회도 당연히 불완전하다. 모든 강제를 없앤다고 해도 타인의 이익과 안전을 위협할 인간 집단은 등장할 수밖에 없다. 민주주의자는 모든 강제의 폐지가 아니라 강제의 최소화를 지향하는 사람들이다. 제약 없는 절대적 자유는 없다고 보기 때문이다. 자유 또한 '인간 사회의 불가피한 한계 내에서 최대화할 수 있는 어떤 속성'으로 이해되어야 할 것이다. 그런 속성을 최대화하는 길은 공권력을 만들어 그에 복종하는 것, 대신 그런 공권력에 민주적 책임성을 부과하는 것에 있다. '정부 없는 자연 상태'보다 정부가 민주적으로 기능하는 곳에서 인간의 자유는 더 커질 것이다. 우리의 선택은 현실에서 가능한 최선의 정부로서 민주 정부를 발전시키는 것일 수밖에 없다.

시민의 뜻에 따른 정부를 말하는 것만으로는 부족하다. 민주 정부의 목적은 시민의 자유와 생명, 재산을 지키고 그래서 시민 스스로 행복을 추구할 기회를 최대화하는 데 있다. 하지만 민주 정부라 해도 그 목적을 상실할 가능성은 늘 열려 있다. 권력을 사유화할 정부의 출현 가능성은 상존한다. 따라서 책임성의 고리에 묶어 두지 않으면 안 되는데, 그 핵심은 잘못된 정부를 주기적으로 해고하고 좋은 정부를 재신임하는 것이다. 이 기초적인 책임의 원리를 가장 잘 표현한 것 가운데 하나가 지금으로부터 240년 전 미국인들이 발표한 독립선언문이다. 그때 그들은 이렇게 말했다. "모든 사람은 평등하게 창조되었고, 누구에게도 양도할 수 없는 권리를 부여받았다. 그런 권리를 확고하게 하고자 정부를 만들고, 권력의 정당성을 피통치자의 동의로부터 도출하는 사람들로 정부를 채우게 했다. 어떤 형태로든 정부가 자신의 목적을 상실한다면, 그때 민중은 정부를 교체하거나 폐지해 새로운 정부를 수립할수 있다. 이를 통해 자신들의 안전과 행복을 가장 잘 실현할 수 있도록, 본래의 원리에 기초를 두면서도 피통치자의 동의에 맞는 방식으로 정당한 권력을 재조직할 수 있다." 물론 이것으로 충분하지 않았고 그 뒤 책임성의 민주적 원리에는 더 많은 요소들이 추가되었다. 그래도 여전히 출발점은 여기에서부터다.

2016년 촛불 집회 때 내 의견에 반론을 폈던 사람은 "촛불이

꺼지지 않도록 하는 것이 중요하다."라는 결론을 제시했다. 촛불만 고수하겠다는 것도, 시민적 열정을 광장에 모으는 일에만 열중하겠다는 것도 아니었겠지만, 그래도 그가 꿈꾸는 민주주의의 모습은 동의할 수 없는 것이었다. 그는 매주 토요일에 촛불 집회가 열리는 민주주의가 되기를 바랐다. 그런 촛불 집회가 아테네 식 시민 총회처럼 기능하는 민주주의였으면 했다. 이를 통해 항상적으로 시민 의사를 결집하고 이를 바탕으로 정부에 개혁을 압박하는 민주주의가, 촛불 집회를 촛불 혁명으로 진화시키는 것이라 여겼다. 그래서 나는 이렇게 강조할 수밖에 없었다.

그런 민주주의는 현실이 될 수 없다. 우리 모두가 나설 촛불 집회는 평생에 서너 번 정도면 충분하다. 정치체제의 문제를 또다시 촛불 집회가 아니면 해결할 수 없게 된다면, 그건 민주적 축복이 아니라 비극이다. 이번에는 잘못된 정부를 반대하는 일이 중요했지만, 시민이 늘 촛불을 들고 있는 민주주의를 꿈꿀 수는 없다. 촛불 집회로 좋은 정부를 만드는 일을 대신할 수도 없다. 촛불 집회가 잘하는 것과 잘할 수 없는 것이 있고, 촛불을 내려놓더라도 해야 할 일은 결국 좋은 정부, 책임 정부를 만드는 문제에서 우리가 어떤 진전을 이뤄 낼 수 있는가에 답하는 것이다.

**잘 생각해 보니 그때의 논쟁이 그 뒤에도 직접 민주주의 대 대의 민주주의의 형태로 지속되고 있는 것이 아닌가 싶다. 이 논쟁을**

**이어 가 보자.**

직접 민주주의와 대의 민주주의를 둘러싼 논쟁은 불가피하게 이론적인 논의를 동반하므로 뒤에서 따로 다뤘으면 한다. 본론을 다 이해한 다음, 좀 더 이론적 논의가 필요하다고 느낄 때 읽는 것이 더 효과적일 수 있다. 이론적인 논의가 필요한 또 다른 주제가 있다. 그것은 책임 정부론, 즉 대의 정부를 좀 더 책임 있게 만드는 문제이다. 대의 민주주의와 정부 사이의 관계는 아직 우리 사회에서 제대로 다뤄진 적이 없는, 이제 막 등장한 주제라고 생각한다. 따라서 이 주제가 자세히 다뤄지면 여러 논쟁적 주제도 어느 정도 내실 있게 이해할 수 있을 것이다. 모든 사람이 이론적인 문제까지 다 이해할 필요는 없으며, 우리 현실을 통해 좀 더 풍부하게 살펴볼 이야기도 아직 많이 남아 있다. 바로 그 이야기로 들어갔으면 좋겠다.

# 민주당은
# 정당과 내각이
# 중심이 되는
# 책임 정부의 길을
# 제시했었다

역대 대통령들은 책임 정부를 발전시키지 않았다

대통령 우선주의는 민주주의를 위협하는 권위주의적 쐐기다

내각과 정당, 의회가 중심이 되는 책임 정부론은 2017년 조기 대선의 합의 사항이었다

# 역대 대통령들은
# 책임 정부를
# 발전시키지 않았다

**우리 현실에서 사람들이 정부라는 용어나 개념을 어떻게 이해하고 사용해 왔는지에 대해 먼저 이야기해 보자.**

우선, (지금까지도 그랬지만) 내가 말하는 '정부'는 시민의 주권을 위임받아 정당한 방법으로 법을 만들고 집행하고 적용하는 공권력 전체를 포괄하는 개념으로 사용하고 있다는 데 주목했으면 한다. 민주주의에서 정부란 입법부-행정부-사법부 전체를 포괄하는 개념이다. 정부 운영에 책임감을 갖는 사람이라면, 이 전체 체계 속에서 일해야 한다.

우리의 경우는 어떨까? 오랜 권위주의 체제에서 정부에 대한 인식이 만들어졌으므로 대개는 행정부가 정부로 동일시되곤 한다. 엄밀한 의미에서, 정당을 매개로 입법부와 행정부가 견제와 균형의 원리로 통합되는 '민주적 정부관' 내지 '책임 정부론'이 자리 잡지 못했다고 할 수 있다. 정부라 하면 행정부를 떠올리고, 박근혜 정부나 문재인 정부라는 표현처럼 대통령의 정부를 생각한다. 하지만 대통령제 나라에서도 '오바마 행정부'Obama Administration처럼 대통령 이름 뒤에는 정부가 아니라 행정부를 붙이는 것이 일반적이다.●

　권위주의란 행정부 우위 체제 내지 최고 권력자 중심 체제를 특징으로 하는 반면, 민주주의란 법을 만드는 입법부가 제1의 정부 기관인 체제다. 사실 입법부가 중심이 되는 이런 정부관은 (〈보론 2〉에서 자세히 살펴보겠지만) 자유주의적 입헌주의의 시대, 다시 말해 민주주의 이전부터 자리 잡은 규범이다. 그래서 선진 민주주의 국가들의 경우 시민 생활에 큰 영향을 미치는 전쟁과 조세에 관한 권한(전쟁 선포권 및 예산 작성권 등)은 입법부가 갖는 것이 보통이다. 오래전 장·자크 루소가 강조했듯이, 시민 주권은 입법권에 있다. 행정부에 양도된 것은 주권이 아니라 주권적 결정을

●『페더럴리스트』(후마니타스, 2019)를 번역한 목포대 박찬표 교수는 흥미로운 발견을 이야기해 주었다. 그것은 미국 연방헌법의 제정을 주도했던 사람들이 정부, 즉 'government'라는 단어를 사용할 때 그것이 가리켰던 정부 기관은 대부분 입법부 즉, 미국 의회였다는 사실이다. 그렇기에 우리말로 오바마 정부, 트럼프 정부라고 할 때 거기에 해당하는 영어는 government가 아닌 administration이 되는 것이 자연스러운 것이다.

집행할 수 있는 기능과 권한이다. 그 기능과 권한은 입법권을 가진 주권자에 의해 언제든 회수되고 불신임될 수 있다. 그는 이를 이렇게 표현했다. "정치체의 생명 원리는 주권이다. 입법권은 국가의 심장이다. 행정권은 모든 부분의 운동을 일으키는 두뇌다. 두뇌가 정지되거나 기능이 떨어지는 상황에서도 살아 있을 수 있지만, 심장이 멈추면 그 즉시 모든 동물은 죽는다. …… 주권자가 가진 것은 오로지 입법권이다."

예산이나 전쟁은 너무 중요한 시민적 사안이므로 행정부나 대통령에게 맡길 수 없다거나, 그런 기능은 입법부가 맡아야 한다는 발상 자체가 대부분의 사람들에게는 아마 어색할 것이다. 아직 우리는 이런 입법부 중심의 정부관이 실현된 적이 없기 때문이다. 따라서 청와대를 정부로 동일시하는 일이 방치될 수 있었다. 이제는 달라질 때가 되었다.

**대부분의 사람들뿐만 아니라 대통령들도 같은 생각일 것이다. 입법부를 정부의 중심으로 보고, 의회와 정당을 매개로 균형 있는 정부 행위를 이끌고자 했던 대통령은 없었던 것 같다. 대통령 스스로 '국가수반'이자 '정부 수반'으로서 국가와 정부 전체를 통치한다고 생각했기에 입법부와 야당을 정부 운영의 방해꾼 정도로 취급하지 않았을까 싶다.**

대통령제는 임의적으로 사용할 수 있는 대통령의 권한을 늘리려 하면서 의회나 정당으로부터 부과되는 정치적 책임성으로부터는 자유로워지고자 하는, '매우 강한 제도적 경향성'을 만들어 낸다. 현직 대통령이나 대통령이 될 가능성이 높은 정치인일수록 대통령제의 지속 내지 강화를 바라는 것도 그 때문이다. 그렇기에 많은 정치학자들은 대통령제가 갖는 권위주의적 성향을 제어하는 문제에 깊은 관심을 가졌다. 그것을 제어하지 못하면 대통령제는 민주주의 발전에 우호적인 환경을 만들 수 없기 때문이다. 따라서 정치적 책임성은 대통령제에서 더욱 크게 요구되는 규범이 아닐 수 없다.

대통령제의 퇴행 가능성에 대한 우려는 적어도 정치학 안에서는 하나의 상식이 된 지 오래다. 지금으로부터 70년 전 독일 출신 미국의 정치학자 카를 뢰벤슈타인Karl Loewenstein은 (권력이 입법부는 물론 강력한 사법부로 분립되어 있을 뿐만 아니라 자율적인 주로 분산되어 있는) 미국을 제외하고 대통령제가 안정적으로 작동하기는 어려울 것이며, 특히나 중앙집권화된 나라에서 대통령제를 도입하는 것은 자칫 권위주의적 경향을 심화시킬 수 있다는 점을 경고한 바 있다.● 대통령 개인에 대한 시민의 숭배worship of the presi-

---

● Karl Loewenstein, "The Presidency Outside the United States: A Study in Comparative Political Institutions," *The Journal of Politics* Vol. 11, No. 3, 1949.

dent by citizens 현상에 주목한 데이나 넬슨Dana D. Nelson은 미국조차 대통령의 역할은 결코 민주적이지 않게 되었음을 비판하고 나섰다.[•] 후발 민주주의 국가들에게 대통령제가 아닌 의회중심제를 채택할 것을 강력하게 추천했던, 에스파냐 출신 정치학자 후안 린츠Juan Linz는 대통령제가 정당 발전을 억압하고 승자 독식의 정치 문화를 자극하는 것을 걱정했다. 정당과 의회가 독립된 역할을 하지 못할 때 대통령제가 민주주의 발전에 기여하기 어렵다는 데 대해, 적어도 정치학계 안에서는 매우 강한 합의가 존재한다.

우리 사례를 보자. 민주화 이후 30년이 지나는 동안 7명의 대통령을 배출했지만, 이들 대부분은 입법부를 충분히 존중하지 않았다. 스스로를 입법-행정-사법 모두의 상위에 선 최고 권력자로 여기는 경우가 많았다. 그러다 보니 자연스럽게 청와대를 내각과 정당을 통할하는 제1 권력 기관으로 애용했다. 대통령도 특정 정당의 대표로서 주권을 위임받았음에도 불구하고 당선 즉시 정당으로부터 멀어지려 애썼다는 사실은 권위주의 시대의 정부관, 혹은 권위주의 시대의 대통령관이 여전히 얼마나 강력한가를 보여준다.

흥미로운 역설은, 그간 어느 대통령도 안정된 정부 운영은 물

---

[•] Dana D. Nelson, *Bad for Democracy : How the Presidency Undermines the Power of the People* (Minneapolis, Minnesota: University of Minnesota Press, 2008).

론 안정된 권력을 지킬 수 없었다는 사실이다. 민주적 정부관을 수용하지 않고 청와대를 정부의 중심으로 삼으면 역설적으로 대통령 권력이 약해진다. 사인화私人化된 대통령의 정부 혹은 청와대가 권력의 중심에 선 정부는 일견 강한 것 같아도, 구조적으로는 취약할 수밖에 없다.

내각과 집권당을 통할하는 청와대 수석들의 권력은 법률에 근거한 것이 아닐 뿐더러, 근본적으로 그것은 대통령 개인의 신임에 매달려 있다는 점에서 한편으로는 임의적이고 다른 한편으로는 폐쇄적인 특징을 갖는다. 이들의 최대 관심은 대통령 개인에 대한 지지를 관리하는 데 모아질 수밖에 없다. 이를 위협하는 집권 세력 내부의 불만과 갈등을 차단하는 권력 통제 기능에 전념하게 되는 일도 피하기 어렵다. 이들은 국민을 앞세우고 여론조사에 매달리는 정부 운영을 심화시킨다. 그럴수록 적극적인 반대자들도 거울 이미지처럼 강해지는 악순환을 막을 수 없다. 따라서 대통령에 대한 지지율이 하락하고 집권 세력 안에서 다양한 목소리가 통제되지 않을 때쯤 되면 대통령의 청와대 권력은 고립되고 소외되는 패턴을 밟았는데, 이런 앞선 대통령들의 사례로부터 교훈을 얻을 필요가 있다.


**그런데 일반적으로는 국회나 정당으로부터 멀어져야 대통령이 더 국민적인 지지를 받는다고 생각하는 것 같다. 국회나 정당은**

**여론조사에서 늘 가장 신뢰할 수 없는 기관으로 평가된다. 반정치주의는 대통령이나 행정부가 아니라 입법부를 향한다.**

역설적으로 들리겠지만 그만큼 입법부와 정당이 민주주의에서 중요하다는 뜻이다. 중요하기 때문에 민주주의를 싫어하는 언론이나 재벌, 지식인 등의 사회 강자 집단들은 늘 정당과 의회를 야유하고 비난한다. 의회와 정당의 힘이 커지는 것도 결코 바라지 않는다. 의원 규모도 줄이고 선거도 없애고 정당 공천도 못하게 하기를 바라는 것도 이들이다. 이들은 청와대 권력이나 행정 권력을 통해 이권을 주고받지, 정당이나 의회를 통해 일을 하려 하지는 않는다. 재벌이 대표적이다. 군주정 때처럼 대통령과의 '독대' 獨對를 좋아하고, 국회 청문회에 불려 나가는 일을 가장 싫어하는 그들은 확고한 반정당, 반의회주의자들이다.

지식인이나 시민운동 리더들도 마찬가지다. 그들은 정당에 참여해 책임 있게 발언하고 행위하지 않으며, 정당의 역할을 존중하지도 않는다. 그러나 공공 기관의 장이나 그 주변 행정 관료의 영역에 좋은 자리가 나면 기꺼이 그 일을 맡는다. 그들은 반정치적인 동시에, '전도된 국가주의'를 갖고 있다. 그들은 늘 정당이 아닌 국가를 향한다.

이런 지배적인 사회 분위기 때문에 대통령은 청와대에 입성하는 순간부터 정치로부터 멀어지려고 애쓴다. 청와대의 대통령 참모들은 늘 정당정치로부터 거리를 두는 국가 지도자가 되라고 조언해 온바, 대통령의 반정치주의는 일종의 '대통령병'이 되었다. 내각과 의회, 정당을 피하려 하면 할수록 대통령은 국민에게 직접 호소하려는 욕구를 갖게 되는데, 이는 더욱더 위험한 결과로 이어진다. 박근혜 전 대통령의 사례는 이미 하나의 전형을 보여 준 바 있다.

스스로를 국민과 동일시하면서 입법-행정-사법 모두의 위에 서 있는 것처럼 보이는 청와대와 대통령 권력은 여론이 나빠지는 순간, 그 모든 영화榮華가 물거품처럼 사라지는 결말을 피할 수 없다. 청와대를 매개로 대통령이 국민 여론과 직접 연결되는 채널만 있는 정부, 즉 '대통령-청와대-국민 여론'의 단선 구조는, 정부 밖은 물론 정부 안에서조차 대통령 권력을 뒷받침해 줄 제도적 기반을 스스로 약화시키기 때문이다.

# 대통령 우선주의는
# 민주주의를 위협하는
# 권위주의적 쐐기다

이렇게 반문할 수도 있다. 청와대가 주도하는 정부 운영이 문제라고 치자. 하지만 의회와 정당 그리고 내각이 제 역할을 못하는 것도 사실 아닌가? 내각에 정부를 맡기면 제대로 돌아갈까? 정당들이 민생보다 정쟁에 몰두하고 있는데 청와대만 문제라고 하는 건 부당하지 않은가? 반대로 청와대 정부를 긍정적으로 해석할 수도 있지 않을까? '열심히 일하는 청와대'라고 말이다.

내가 반대하고 비판하는 것은 정확히 바로 그런 정치관이다. 민주화 이후 지난 30년간 한국 민주주의를 지탱시킨 힘을 꼽으라면, 아무리 뭐라 해도 나는 다원적 정당정치와 의회정치가 발휘한 힘 덕분이라고 답하겠다. 그들이 싸우고 갈등하고 경쟁한 것,

1987년 이후 7차례의 대통령 선거와 8차례의 국회의원 총선을 치러 내고 국정감사와 입법, 예산 등의 활동을 해낸 것, 이를 통해 어느 한쪽으로 힘이 쏠려 다시금 권력 독점 체제를 만들 수 있는 가능성을 제어해 온 것은 결코 가볍게 볼 성취가 아니다.● 지난 30년간 한국 민주주의를 위험에 빠뜨린 것은 이들 정당과 의회가 아니라 대통령들과 청와대였다.

유럽의 여러 나라들에서 보듯이, 대통령이 없는 민주주의는 얼마든지 가능하다. 하지만 정당정치와 의회정치가 없는 민주주의는 존재할 수 없다. 투표를 하고 대규모 운동을 조직할 수 있다고 해서 민주주의인 것은 아니다. 그건 권위주의 때도 할 수 있었다. 중요한 것은 정치적으로 대안을 조직할 수 있는가에 있고, 이 일은 정당정치와 의회정치 없이는 실현될 수 없다.

한국 사회는 권위주의에 취약하다. 분단과 전쟁으로 인해 냉전 반공주의가 강하다. 빨갱이가 어떠니 친북 세력이니 종북 세력이

---

● 혹자는 한국의 정당과 의회정치는 늘 싸움만 한다고 탓하는데, 정치에서의 갈등과 싸움은 민주주의의 본질이다. 중요한 것은 의미 있게 제대로 다투고 있는지 그렇지 못한지에 있을 뿐, 싸움과 갈등 그 자체가 문제는 아니다. 다만, 정치가 나빠져 합리적으로 경쟁할 수 있는 기반이 약해지면 비이성적 싸움과 적대가 금방 늘어나는데, 이런 사례는 우리만 있는 것이 아니다. 미국의 경우, 헌법이 만들어진 지 40년이 훨씬 지난 1830년부터 1860년 사이에 의회에서 칼로 찌르고 몽둥이로 때리고 심지어 총을 빼든 폭력 사건이 125건 발생했다. 오바마 정부 시기인 2007년에서 2012년 사이 의사 진행 방해는 385회나 있었다. 이 수치는 2018년 3월 16일 (사)정치발전소에서 있었던 최장집 교수의 강의 자료에서 인용했다. 원 출처는 Steven Levitsky and Daniel Ziblatt, *How Democracies Die* (Crown, New York, 2018), 6장과 7장.

니 하는 이데올로기적 호명이 사회를 이념적으로 양극화시키고 민주정치를 늘 위협해 왔다. 군부는 병영으로 돌아갔지만 그들이 남긴 군사주의 문화는 방송과 언론, 기업 조직 속으로 깊숙이 침윤되었다. 가부장주의를 포함해 획일적 문화를 강요하는 전통이나 분위기도 강하다. 이들 요인은 모두 민주주의가 필요로 하는 다원주의의 기반, 다시 말해 민주주의가 발전하려면 반드시 필요한 자율과 분권, 공존과 협력, 위임과 조정 같은 원리들의 성장을 제어한다.

여기에 덧붙여야 할 것이 강력한 대통령 권력이다. 비상 조치권은 물론 행정 입법권, 개헌 발의권, 국민투표 부의권 등 권위주의 정권을 연상시키는 대통령의 비민주적 권한은 그대로이다. 개혁을 이유로든 안보를 이유로든, 그간 거의 모든 대통령은 힘의 집중을 추구했고 청와대 권력을 키웠다. 차기 대통령 후보를 자신이 원하는 사람으로 세워, 퇴임 이후에도 영향력을 계속 발휘할수 있는 방도를 찾고자 하는 유혹을 견디지 못한 대통령도 있었다. 민주주의 체제 안에 박혀 있는 '권위주의적 쐐기'라고 부를 만한 것이 있다면 단연 청와대를 통해 발현되는 대통령 권력이다. 청와대는 늘 무리를 해서라도 대통령 권력을 확장하려 했고, 그러다 한국 민주주의를 위기에 빠뜨리는 일을 허다하게 했다.

한국의 정당정치와 의회정치는 이런 조건'에도 불구하고' 유지되었고 그 결과로서 민주주의 체제를 지켰다. 여야 어느 한쪽으로 힘의 독점이 추구되면 정치 밖 운동의 힘을 불러들여서라도 다시 정치적 균형을 갖게 했다. 한 가지 요인을 더 꼽으라면 대통령 단임제의 효과다. 최장집 교수만큼 이 문제의 중요성을 강조한 정치학자도 없다.

그에 따르면, 단임제는 5년마다 대통령이 반드시 교체되지 않으면 안 되게 만드는 헌법적 명령으로 작용했다. 정당정치와 의회정치의 발전이 충분치 않은 상황임에도, 하나의 세력이 권력을 독점할 수 없게 만드는 강력한 제약 요인으로 작용했다. 민주화 이후 대통령은 7번째 바뀌었다. 물론 여야 간 정권 교체는 엄밀히 말해 3차례에 불과했다. 하지만 결코 짧다고 말할 수 없는 10년을 주기로 여야가 정권 교체를 이어갈 수 있었던 것도 대통령 단임제 덕분이었다.

대통령 단임제가 없었다면, 청와대를 중심으로 재벌과 관료제의 힘이 쉽게 결합되었을 것이다. 장기 집권을 위한 정치 동맹의 형성도 가능했을 상황이었다. 박근혜 대통령의 사례에서 전형적으로 드러났듯이, 무책임하고 불완전한 한 인격체를 최고 통치자로 뽑는 대통령제, 그런 대통령이 연임하는 한국 정치란 생각만해도 아슬아슬하다. 한국에서 대통령 단임제는 부정적 측면 못지않게 긍정적 측면도 컸음을 무시할 수 없다.

이상과 같은 문제를 고려한다면, 언론과 지식인, 재벌, 시민운동 등 정당정치와 의회정치를 비판하는 외부자들의 관점은 안일하다 못해 무책임하다. 대통령제를 강화하고 대통령 권력을 키워서 문제를 해결하자는 사람들의 관점도 마찬가지다. 정당과 의회의 역할을 줄이거나, 아니면 지금의 국회의원을 모두 해고하고 교수나 언론인, 법률가, 기업 엘리트 등 외부 전문가들로 대체한다 한들 더 나을 것이 없는 건 물론이고, 아마도 재난적인 결과를 만나게 될 것이다.

흔히 말하는 '스펙'이나 개인적 자질을 보면 한국의 정치인들은 선진 민주주의 국가 어디에 내놓아도 못하지 않다. 지금의 국회의원 대부분은 우리 사회 여러 분야의 전문가 집단 출신이다. 1980년대 학생운동을 주도하거나 헌신했던 정의감 넘치는 의원들도 많다. 판사와 검사, 변호사 출신도 계속 늘었다. 학력과 경력도 점점 높아져 왔다. 이들이 '조직으로서의 정당'과 '제도로서의 의회'를 책임 있게 운영하지 못하고 있는 현실을 개인적 자질과 행태 문제만으로 환원해 보는 것은 한계가 있다. 그에 못지않게 그들로 하여금 제 역할을 할 수 없게 만드는 구조 내지 환경적 조건에도 더 많은 관심을 기울여야 한다.

지금과 같은 청와대 정부가 지속되는 한, 이들이 더 나은 역할을 하고 정당정치나 의회정치가 더 발전할 수 있는 여지는 별로 없다. 청와대 정부는 정당정치와 의회정치의 저발전을 필요로 한다. 정당정치와 의회정치의 발전을 억압하는 한편 권위주의적 정부 운영을 지속하게 만드는 가장 강력한 힘은 청와대 정부에서 비롯된다. 그런 의미에서 민주당 의원들 대부분이 개헌 논의 과정에서 대통령의 뜻을 받아들여 대통령 중임제 개헌을 당연시하고, 청와대 입장이 연임제로 바뀌니 또 그대로 따르는 것은 무비판적이고 추종적인 일에 가깝다. 그간 민주당 내에서 의회중심제에 가까운 권력 구조 개편을 주장해 왔던 그 많은 의원들은 다 어디로 간 걸까? 강력한 청와대 정부는 대통령 권력이 강하기 때문만이 아니라 의회와 정당이 할 수 있고 또 해야 할 일을 방기한 결과인 측면도 크다.

문재인 대통령도 국회의원 시절인 2012년 7월 22일 〈연합뉴스〉와의 인터뷰에서 개헌을 연구한다면 내각책임제, 즉 의회중심제를 진지하게 검토해야 한다고 말한 적이 있다. 우선 "앞으로 개헌을 연구해야 한다는 전제하에 말한다면, 대통령제보다는 내각책임제가 훨씬 좋은 제도다. 세계적 대세로 보더라도 민주주의가 발전된 대부분 나라들이 내각책임제를 하고 있다."라고 전제했고, 그 뒤 "대통령제를 해서 성공한 나라는 미국 정도"라며 "미국도 연방제라는, 연방에 권한이 분산됐다는 토대 위에 성공하고 있기 때문에 우리와 환경이 다르다."라고 덧붙였다.

미국식 대통령 연임제와, 유럽 및 일본 등 대부분의 나라들이 채택하고 있는 의회중심제 사이에서 선택하는 문제도 중요하겠지만, 문 대통령이 했던 말 가운데 내가 주목하고 싶은 것은 "개헌을 연구해야 한다는 전제"이다. 헌법을 바꾸는 것이 그렇게 간단치 않은 문제라면 당연히 정당들이 책임 있게 검토하고 연구해 당론을 정하고 이를 기초로 심의, 논쟁, 조정, 협상, 공론화하는 과정을 거치는 것이 무엇보다 중요하다. 어떤 경우든 지금처럼 청와대의 뜻에 아무런 토론 없이 따르는 것은 이해하기 어렵다. 과거 민주노동당 시절부터 진보 정당을 이끌었던 지도적 인사들은 늘 내각제 개헌, 정확히 말하면 의회중심제 개헌을 주장했었다. 이들 역시 침묵과 묵종으로 일관하고 있다. 참으로 안타까운 일이다. 정의당 당원의 한 사람으로서, 정의당이 진보 정당다운 기백을 보여 주었으면 하는 바람을 가질 때가 많다.

더 실망스러운 것은 의회에서 개헌안 합의가 안 되거나 좋은 내용의 개헌안이 나오지 않을 것이라며 대통령이 직접 나서서 개헌안을 발의해야 한다고 주장했던 사람들이다. 행정부와 그 수장이 입법권을 갖는 것에 대해서도 그간 많은 문제 제기가 있었던 마당에 대통령이 헌법의 개정까지 주도하는 것을 어떤 논리로 정당화할 수 있을까? 대통령 중심의 개헌 추진에 앞장서거나 조력하고 나선 사람들 가운데 스스로를 진보적이라 자처하는 지식인들은 대부분 '국가주의적 시민운동'의 관점을 공유한다. 박정희의 방법 혹은 권위주의 시대의 헌법 조항을 이용해서라도 헌법에 좋은 내용을 넣어야겠다는 식이기 때문이다. 그것이 개혁적이고 진보적인 일일지는 몰라도 민주적인 일은 아니다. 더 큰 문제는 그들 대부분은 권력 구조 문제에 대해서는 입을 닫은 채 직접 민주주의라는 이름으로 국민투표, 국민소환, 국민발안 등을 개헌안에 넣고자 한다는 것이다. (직접 민주주의적 제도론의 문제점에 대해서는 뒤에서 따로 이야기하겠지만) 결과적으로 이들은 정당과 의회 중심의 민주주의를 반대하는 역할을 하는 셈이자, 청와대 정부 내지 대통령제 강화를 정당화하는 일을 돕고 있다. 진보적이고 개혁적이되, 민주주의의 원리를 경시하면 선출제 군주정의 문화와 정서를 벗어날 수 없다. 민주주의가 필요로 하는 책임 정부의 발전을 이보다 더 위협하는 일도 없기 때문이다. 오늘의 청와대 정부는 한국 시민운동의 반정치적 민주주의관이 갖는 다른 얼굴에 가깝다.

# 내각과 정당, 의회가 중심이 되는 책임 정부론은 2017년 조기 대선의 합의 사항이었다

**어떻게 하면 청와대 정부 즉, '대통령과 청와대의 협소한 순환 구조'로부터 벗어날 수 있을까? 지금 우리 현실에서 책임 정부의 길을 넓히는 것은 가능하긴 할까?**

사실 그 대답은 생각보다 간단하다. 새로운 일을 생각해 낼 것도 없다. 이미 우리 안에서 제기되고 또 합의에 가까운 동의를 얻은 적도 있다. 대표적으로 2017년 5월의 조기 대선 과정에서 정당 후보들이 공약한 것이 있다. 그때 그 약속대로 하면 된다.

2017년 대선의 승패는 '정당의 힘'에서 판가름이 났다. 당시 5명 후보의 선거 캠프 가운데 정당의 조직적 힘을 가장 잘 활용한 당은 단연 민주당이었다. 다당제의 효과도 보았다. 앞선 후보에 대한 맹목적 견제가 선거를 지배하기보다는 후보들 사이의 입장과 태도가 이슈에 따라 다양한 형태로 분할되었기 때문이다. 양대 후보 사이의 경쟁이었다면, 갈등이 극단적으로 양극화되었겠지만 다당 구도의 물리적 효과는 양극화보다 다원화를 뒷받침했다. 상대 경쟁자를 극단적으로 배제하는 접근보다는 다수 연합을 고려하는 문제가 더 중요해졌다. 그러다 보니 모든 후보들이 "대통령이 되면 국회와 협치하겠다."는 것은 물론 "정당을 중심으로 책임 정치를 실현하겠다."는 공약을 했다. 그 가운데 가장 분명한 입장을 보인 것은 민주당이었다.

**2012년 대선에서 문재인 후보는 의도적으로 정당과 거리를 뒀다. 그때에 비해 2017년 대선에서는 정당과 정당 캠프를 중시한 것은 맞다. '우리는 한 팀'One Team을 말했던 민주당이 집권을 바라보며 제안했던 책임 정치는 의미가 남다른 것 같다. 그때 민주당은 어떤 대안을 말했는가?**

정부 운영과 관련해 지난 조기 대선에서 문재인 후보와 민주당의 약속은 크게 네 가지로 요약할 수 있다.

첫째는 의회와의 협치였다. 핵심은 국무총리 임명을 국회의 동의를 얻는다는 것, 달리 말해 야당과의 협의를 이끌 국무총리를 통해 일을 한다는 것이었다. 국회의 사후 동의를 받는 것이 아니라 먼저 국회의 추천을 받아 대통령이 임명하는 방안도 이야기되었다. 이 문제와 관련해 가장 먼저 적극적인 의지를 보인 사람은 당시 문재인 후보였다. 2016년 11월 1일 그는 "총리 정도는 적어도 국회에서 추천받는 것으로 가야" 한다며 박근혜 대통령이 손을 떼고 거국 중립 내각에 정부 운영을 맡겨야 한다고 주장했기 때문이다. 그 뒤 모든 후보들이 "의회와의 협치에 의한 책임 총리 운영"을 공약했던 것은 그간 사문화되어 있던 헌법 86조 ①항 "국무총리는 국회의 동의를 얻어 대통령이 임명한다."는 내용을 성실히 실천하겠다는 뜻이기도 했다. 요컨대 국무총리를 통해 의회와 협력해 일하는 대통령 상像을 제대로 제시했다고 할 수 있다.

둘째는 국무회의를 중심으로 정부를 운영하겠다는 것이다. 핵심은 대통령이 청와대 비서실이 아닌 국무회의를 통해 일하겠다는 것에 있었다. 이 역시 박근혜 정부에서는 사문화되어 있던 헌법 88조 ①항 "국무회의는 정부의 권한에 속하는 중요한 정책을 심의한다."는 것을 성실히 준수하겠다는 뜻이었다. 나아가 "1. 국정의 기본 계획과 정부의 일반 정책"에서 시작해 "17. 기타 대통령·국무총리 또는 국무위원이 제출한 사항"에 이르는 헌법 89조를 제대로 준수하겠다는 것에 다름 아닌 좋은 공약이었다.

셋째로, 의회와의 관계에서만이 아니라 대통령과의 관계에서도 독립적인 역할을 이끌 책임 총리제와 책임 장관제를 약속했다. 국무회의가 실질적 심의 기관이 되려면 국무총리와 장관의 역할도 달라져야 한다. 그래서 박근혜 대통령 시대의 악명 높은 '청와대의 내각 통할권'을 없애고 의회의 동의를 얻어 임명된 국무총리와 장관이 일상적 행정부 운영을 책임지게 하겠다고 약속했다. 그 첫 출발은 헌법 87조 ①항 "국무위원은 국무총리의 제청으로 대통령이 임명한다."는 내용을 준수하는 것이었다. 넓게 보면 국무총리와 장관이 자신의 정책 분야를 책임지면서 그에 맞는 인사권 등의 자율성을 갖게 하겠다는 의미로 이해될 수 있었다. 청와대의 인사권 독점을 줄이겠다는 이 약속도 적절했다.

넷째는 책임 있는 정당정부를 실현하겠다는 것이었다. "문재인 정부가 아닌 더불어민주당 정부"를 만들겠다는 약속이었다. 이는 정권 임기 말에 정당 이름을 바꾸어 책임을 회피해 온 한국 정치의 악습을 막는 길이자, 여당을 '청와대의 국회 분견대'에 그치지 않고 '정부를 이끄는 명실상부한 집권당government party'이자 백 년 가는 정당 만들기의 첫 걸음이 될 수 있는 공약이었다.

전체적으로 정당과 내각이 중심이 되는 책임 정부의 길을 제시했다고 볼 수 있는데, 민주주의의 기본 원리에 합당한 일이었고, 게다가 87년 헌법의 규범에도 맞는 일이었다. 대통령 권력의 폐쇄적이고 전횡적인 운영으로 말미암아 발생한 촛불 시위의 요구에도 부합하는, 그야말로 한결 같이 좋은 공약이었다.

# 청와대 정부의
# 두 사례

박근혜 대통령은 내각과 정당이 중심이 되는 책임 정부의 길을 무시했다

국가와 국민 담론은 대통령을 권위주의적으로 만든다

적폐 청산과 국가 대개조를 앞세워 정치의 역할을 최소화했다

박근혜 대통령은 자신이 불러들인 국민 동원 정치로 무너졌다

문재인 대통령 1기 정부 운영의 가장 큰 문제는

책임 정부 대신 청와대 정부를 만든 것이다

국민 직접 참여를 앞세워 책임 정부로부터 일탈했다

촛불 집회는 기본권을 실천한 것이지 그로부터 주권이 위임된 것은 아니다

국민과 지지자를 동원하는 정치는 더욱 심화되었다

청와대 정부는 시민의 덕성을 타락시킨다

노무현 정부 때의 〈과거사 정리 기본법〉처럼 해야 했다

# 박근혜 대통령은
## 내각과 정당이 중심이 되는
## 책임 정부의 길을 무시했다

탄핵으로 박근혜 대통령이 불명예 퇴진했다. 권력을 사유화한 것에 대한 문제 제기는 충분히 이루어졌다. 하지만 그것이 정부 운영의 실패와 어떤 관련이 있는지는 별로 논의되지 않은 것 같다. 민주주의 정부론의 관점에서 볼 때 박근혜 대통령의 문제는 무엇이었는가?

가장 큰 잘못은 내각과 정당이 중심이 되는 책임 정부의 기반을 무시한 것이다. 청와대의 내각 통할권은 그 핵심이었다. 비서실장과 수석들의 역할이 정부 전반을 압도했는데, 여기에 검찰이 통치권의 전면에 서는 일까지 일어났다. 청와대가 주도하고 내각이 이에 부응한 블랙리스트 문제는 그 귀결이었다. 이 모든 일은 청와대가 자의적 권력기관으로서 정치 전반을 통제한 것, 이를 견제할 수 있는 정당과 의회의 역할이 정치의 중심에서 배제된 것의 결과였다.


## 앞선 정부들은 달랐는가?

예컨대 김대중 대통령은 의회 내 다수 연합을 통해 내각을 운영했다. 보통 'DJP 연합'이라고 불린다. 내각과 중첩되는 대통령 비서실 기능을 줄이고 민정수석실을 폐지한 것도 이때였다. 노무현 대통령은 청와대의 내각 통할권을 없애고 책임 총리 실험을 했다는 점에서 민주주의 발전에 기여했다. 박근혜 대통령은 이를 역행해 의회와 내각의 자율성을 사실상 부정하는 퇴행적 양상을 보여 주었다. 집권당조차 청와대의 하위 파트너 이상의 기능을 할 수 없게 한 것도 큰 문제였다. 이 점에서는 이명박 대통령 때보다 비교할 수 없이 심했다. 의회와 정당정치를 무시한 것의 다른 짝이 대통령 권력의 남용이다. 그리고 이를 대통령에 대한 높은 지지율, 즉 '콘크리트 지지'를 앞세워 정당화하려 했다.

대통령은 자각적 의회주의자 내지 정당주의자일 때만 민주주의 발전에 기여한다. 이 점을 강조하고 싶다. 국민을 앞세우는 통치 담론은 민주주의를 위협한다. 민주주의에서라면 대통령 역시 특정 정당의 정치 지도자라는 사실은 부정될 수 없다. 한 정당의 대표로서 주권을 위임받았고 그렇기에 그 연장선에서 정부를 이끌어야 한다. 대통령이 스스로를 국가 또는 국민과 동일시하는 한편, 의회와 정당을 무시하는 순간 민주주의는 위태로워진다.

"나는 더 이상 정당들을 인정하지 않는다. 내가 인정하는 것은 오직 독일 국민뿐이다." 1914년 8월 4일 의회와 정당을 비난하면서 독일 황제 빌헬름 2세가 한 말이다. 당시 그에게 정당은 국론을 분열시키는 존재이자 사회집단의 특수 이익을 실현하려는 '대리 정치 세력' 이상이 아니었다. 그는 전체 독일 국민의 꿈을 실현하는 국가를 만들고자 했는데 그 귀결은 독일 국민을 제1차 세계대전으로 이끈 것이었다.

멀리 갈 필요도 없이 우리 안에도 대표적인 사례가 있다. 1971년 선거에서 김대중 후보와 힘겨운 경쟁을 한 뒤 박정희 대통령은 야당에 시달리지 않는 정치를 갈망했다. 그가 볼 때 정당정치는 '국가적 낭비'였다. 남북한 분단 상황이 요청하는 국민적 총화 단결만 위협할 뿐이었다. 이듬해 박 대통령은 "국민의 총의에 의한 국민적 조직체로서 조국 통일의 신성한 사명을 가진 국민의 주권적 수임 기관"이라며 통일주체국민회의를 헌법기관으로 만들었다. 국민이라는 말이 이보다 더 맹목의 대상이 되기도 쉽지 않았는데, 이로써 '더는 반대 받지 않는 국민의 대통령'이 될 수 있었다.

국회와 정당을 국민과 대립시키는 것은 전형적인 권위주의 정치관이다. 국회는 기득권을 위한 정치를 하는 곳이고 대통령은 국민을 위한 정치를 하는 사람으로 등치시키는 것도 마찬가지다. 정당은 분열 정치를 일삼는 불순한 특권 세력이기에 대통령이 나서서 순수한 국민 의사를 온전히 대표해야 한다는 것은 늘 권위주의 통치자들이 애용했던 논리였다. '일민주의'一民主義를 제창했던 이승만 전 대통령이나 '국민 여러분'이라는 호명으로 모든 정치 언어를 이끌었던 전두환 전 대통령 역시 이 점에서는 다를 바 없었다.


## 민주화 이후에는 달라졌을까?


1990년 1월 22일 노태우 대통령은 야당 지도자 김영삼-김종필과 함께 '구국의 결단'을 선언하며 합법적 선거를 통해 구성된 여소야대의 4당 체제를 부정했다. 그 이유를 이들은 공동 선언을 통해 다음과 같이 표현했다. 즉, 4당 체제는 "국민의 선택이라기보다는 인맥과 지연에 따른 정치권의 분열이 가져온 결과(이자) …… 국민의 여론을 조직화하고 국민적 역량을 뭉치게 하기보다 지역적으로 기반을 나눠 국민적 분열을 심화"시켰기 때문이라는 것이다. 이처럼 한 문장 안에 국민을 네 번이나 언급하면서 3당 합당은 이루어졌고 전체 의석의 3분의 2가 넘는 초유의 거대 여당이 탄생했다.

박근혜 대통령 때는 더 심했다. 앞에서도 말했듯이, 박 전 대통령은 국민이라는 정치 언어를 정말 좋아했다. "암흑 속에서 등대를 보고 똑바로 가듯이 국민만 보고 가겠다."는 것은 2011년 12월 19일 한나라당 비상대책위원회 위원장직을 수락하면서 한 다짐이었다. "국회가 이념과 명분의 프레임에 갇힌 채 기득권 집단의 대리인이 돼 청년들의 희망을 볼모로 잡고 있는 동안 우리 청년들의 고통은 나날이 커지고 있다." 2015년 12월 8일 국무회의에서 한 말인데, 야당을 향해서는 무조건 비판만 하는 "순수하지 않은 집단"으로 규정했다. '불순 세력'이라는 군사정권 때의 표현과 다를 바 없는 일이었다.

그 절정은 2016년 1월 18일 경기 성남시 판교역 광장에서 열린 '민생 구하기 입법 촉구 천만 인 서명운동'으로 나타났다. 역사상 처음 있는 '대통령의 국민 서명운동'의 결말은 좋지 않았다. 당시 박 대통령은 "국민들과 함께 서명운동에 동참하겠다. 국회가 그 역할을 제대로 못하니까 국민들이 나서서 바로잡으려고 하는 것" 아니냐며 자신의 강한 의지를 내세웠다. 이튿날 주최 측의 성명은 더 대단했다. "19대 식물 국회의 적폐가 가히 망국적이다. 북괴의 4차 핵실험 앞에서도, 안보와 민생에 관한 입법을 마비시킨 국회의 비정상성 때문에 대통령이 길거리 서명까지 하면서 경제 살리기 입법을 독촉하게 된 것이다."라고 주장하고 나섰기 때문이다. 이처럼 '길거리 서명 정치'까지 하면서 집권당 내 반대 그룹을 국민 배신자로 몰고 야당을 적폐 세력으로 공격하던 박 전 대통령은 4월 총선에서 완패했고 같은 해 말 다른 종류의 거리 정치에 의해 몰락했다.

국민을 앞세운다고 다 민주주의자는 아니다. 권위주의자는 정당과 의회를 우회해 하나의 국민 의지를 만들려 하는 반면, 민주주의자는 그것이 가능하지도 바람직하지도 않다고 본다. 국민은 서로 다른 이해관계와 의견을 갖는 다양한 집단으로 이루어져 있다. 이들 다양한 시민 집단 사이에서 이익의 조정과 의견의 조율을 통해 공익을 증진하는 힘겨운 노력을 회피하지 않는 사람만이 민주주의를 이끌 수 있다. 다원적 시민 의사를 일률화하는 국민 담론이 문제인 것은 그 때문이다.

# 국가와 국민 담론은
# 대통령을
# 권위주의적으로 만든다

대통령이 국가나 국민을 이야기하는 데 과도하게 비판적인 것 아닌가? 국가라는 용어보다 정부를, 국민이라는 표현보다 시민을 더 선호하는 것 같다. 대통령이 국민들의 뜻을 잘 반영해 국가를 안정적으로 통치하는 것을 민주주의라고 할 수 있지 않은가?

"왜 국가가 아니고 정부이고, 왜 국민이 아니라 시민인가?"라는 질문인 것 같다. 이 문제는 중요하다. 이에 대해서는 다른 책에서도 어느 정도 설명했지만,● 이 기회에 좀 더 자세히 따져 보기

---

● 박상훈, 『민주주의의 시간』(후마니타스, 2011), 4장.

로 하자. 이렇게 말해 보자. 우선 '민주 시민' 대신 '민주 국민'이라고 하면 이상할 것이다. '민주 국가'보다는 '민주 정부'라는 표현이 잘 호응한다. 마찬가지로 '책임 국가'보다 '책임 정부'가, '대의 국가'보다 '대의 정부'가, '문재인 국가'보다 '문재인-민주당 정부'라는 표현이 자연스럽다. 그렇듯 민주주의는 정부와 시민이라는 개념에 상응하는 정치체제다.

자주 국가, 독립국가, 주권국가라고 쓰듯이 국가 역시 꼭 있어야 할 정치 용어이지만, 민주주의와 관련된 진술에서는 절제할 필요가 있다. 국민교육, 국민 단체, 국민권보다 시민교육, 시민 단체, 시민권이 민주주의에 상응하는 용어다. 우리 헌법에는 국가와 국민이라는 표현이 150번 정도 등장하는데, 이는 권위주의 반공 국가의 규범성에서 유래한다. 시민의 기본권을 헌법의 앞부분에서 말해 놓고도, 뒤에 가서는 버젓이 '국가 비상사태'나 '사회 안녕', '국가 안보', '풍속을 해친다'는 등의 이유로 기본권을 하위 법으로 제한할 수 있도록 하고 있다. 헌법이 가치 있는 것은 '기본권을 제한하는 입법은 할 수 없다.'라는 입헌주의의 원칙이 지켜지게 하는 보루로 작동할 때다. 전쟁 중에도 기본권은 침해될 수 없다. '영장에 의하지 않고는 구금당하지 않는다.'라는 기본권을 제외하고 나머지 모든 기본권은 전시에도 보장되는 것이 원칙이다.

정부를 뜻하는 government는 '시민이 필요해서 만든 시민의 것'이라는 뜻을 갖는다. 애초 그 말은 공동체를 이끄는 것 혹은 시민의 사회를 이끄는 것을 의미했다. government는 통치라는 뜻으로도 쓰이는데, 그것 역시 공동체와 시민을 이끄는 정치 리더십 혹은 그런 리더십의 집약적 행위를 가리킨다. 당시의 철학자들은 통치 체제가 좋아야 시민 개개인이 좋은 삶을 살 수 있다고 생각 했는데, 그런 뜻에서 옛 철학자들은 공통적으로 '좋은 폴리스polis 가 좋은 데모스demos를 만든다.'라고 했다. 어떻게 보든 정부 내지 통치라는 개념은 민주주의의 기원과 맥을 같이 한다.

국가라는 개념의 역사는 이와 다르다. 국가를 뜻하는 state는 라틴어 'status'에서 유래한 말로 애초에는 '지위'나 '상태'를 뜻 하는 비정치적 용어였다. 그러다가 16세기에 들어와 '배타적인 영향력의 범위를 가리키는 통치의 단위'라는 의미가 덧붙여지기 시작하면서 정치적 의미를 갖게 되었다. 결정적인 전환점은 1648 년 베스트팔렌 조약이었는데, 그 후 국가는 '영토, 국민, 주권'의 세 요소를 가진 국제법적 주체가 되었기 때문이다. 나아가 국내적 으로는 최고 통치자조차 '국가 앞에서' 애국과 충성의 맹세를 해 야 하는 윤리적 실체로 격상되었다. 정부가 정치에 참여할 시민의 자유에 관계된 개념이었다면, 국가는 그 출발과 발전 과정에서 영 토와 주권을 지키기 위해 국민이 절대적으로 복종해야 하는 '자기 보호의 집단적 보루'로 여겨졌다.


**그래도 국가주권과 국민주권의 개념은 중요하지 않을까? 촛불 집회에서도 "대한민국의 모든 권력은 국민으로부터 나온다."라**

는 헌법 1조 2항이 울려 퍼졌다. 국가(국민) 주권을 말하면 국가주의이고, 시민 주권을 말해야 민주주의인 것처럼 보는 것은 편협하다.

국가와 짝을 이루는 주권자는 국민nation이라 하고 그들의 정체성은 법률적 근거를 가진 국적nationality이 기준이 된다. 국가는 국민에게 충성을 요구할 수 있고, 국가에 반하면 간첩죄나 내란죄를 적용할 수 있다. 정부에 대한 권리와 의무는 그와는 사뭇 다르다. 우선 정부와 짝을 이루는 주권자는 시민citizen이라고 부르고, 그들이 가진 권리는 시민권civil rights이라 한다.

정부에 대해 시민은 자발적으로 지지할 수도 있고 자유롭게 비판하고 반대할 수도 있다. 두 용어를 바꿔 적용하면 안 될 때가 있다. 특히나 국가를 정부로 바꿔 쓰고, 국민을 시민으로 바꿔 쓰면 별 문제가 없지만 그 반대는 위험하다. 과거 권위주의 시절의 학생운동을 생각해 보자. 당시 그들은 합법적으로 선출되지 않은 군부 정권에 저항하는 반정부 행위를 했다. 하지만 군부 정권은 이들을 꼭 반국가 행위자로 몰아갔고 가혹하게 처벌했다. 사형 선고를 받은 예도 있다. 반정부와 반국가는 바꿔 쓸 수 없는 큰 차이가 있다.

권위주의 체제의 가장 큰 특징은 국가를 앞세워 복종을 강요한다는 데 있다. 정부는 다르다. 앞서 말했듯이, 정부에 반대하고 비판하는 일은 시민의 자유이고 권리이다. 정부가 자신에게 충성하는 시민에게만 자유와 권리를 허용한다면 이를 반대하는 시민과의 내전은 피할 수 없다. '국민 단체'라는 표현이 가능하다면 이 말은 국가에만 적용될 것이다. '국민권'이라는 표현이 가능할까? 아마 가능하다면 국적을 기준으로나 사용될 수 있는 배타적 권리 개념일 것이며, 이는 민주주의 밖의 문제다.

시민권은 다르다. 시민권은 필요하면 확장할 수 있고, 새로운 권리를 추가할 수 있으며, 새롭게 해석함으로써 더 큰 필요에 부응할 수 있다. 오늘날 시민권의 목록 안에는 여러 가지가 있다. 정부조차 침해할 수 없는 개인의 자유를 가리키는 '자유권'이 있다. 평등한 참정권을 가리키는 '정치권'도 있다. 정부에 사회경제적 분배 책임을 요구할 권리를 가리키는 '사회권'도 있다. 그 밖에 양심적 병역 거부는 물론, 성 소수자처럼 다양한 정체성에 대해서도 시민권을 확대 적용하려는 노력이 계속되고 있고, 앞으로 새로운 시민권은 또 등장할 것이다.

정당과의 관계에서도 국가냐 정부냐의 문제는 흥미롭다. 민주주의는 정당이 정부가 되는 정당정부를 뜻한다. 하지만 전체주의 체제는 대개 정당과 국가가 일체화된 '당-국가 체제'party state로 불린다. 권위주의 체제 역시 국가가 정당을 만들고 이끄는 사례가 많다. 한국의 경우 제1공화국 시기의 자유당, 제3, 4공화국 시기의 공화당, 제5공화국 시기의 민정당은 모두 정권을 장악한 다음에 그 주도 세력에 의해 위로부터 사후에 만들어졌다. 일종의 '국가 정당' 혹은 '국가 파생 정당'이라고 부를 만하다. 그 때문에 한국의 보수정당은 '신한국당', '한나라당', '새누리당', '자유한국당' 처럼 국가와 스스로를 일치시키는 명칭을 좋아한다. 언젠가 독일 학생들에게 강연을 하면서 한국의 정당 이름을 하나씩 들려 준 적이 있는데, 모두들 놀라워했다. 독일당, 미국당, 영국당, 일본당이라는 이름이 해당 나라에서 쓰인다면 그 느낌이 어떻겠는가.

비민주주의 체제에서는 국가를 신성화하고 국가 안보와 국가 이익, 국민의 의무 등을 강조한다. 시민 주권을 부정하면서 그로 인한 정당성의 결핍을 늘 외부로부터의 안보 위협으로 채우려는 권위주의 체제일수록 더 그렇다. 〈국가보안법〉을 앞세워 민주화 요구를 억압하려 한 것도 같은 이유로 이해할 수 있다. 민주화 이후에도 반공을 '국시'國是로 생각하는 사람들은 민주주의 정부라는 표현을 잘 쓰지 않는다. 대신 그들은 반공 국가라는 의미를 담아 꼭 '자유민주주의 국가'라고 쓴다.

박근혜 전 대통령은 시민이라는 말을 몹시 기피한 것으로 유명하다. 연설과 같은 공식적 언어를 사용할 때조차, 국민이라는 표현만 사용했을 뿐 시민이라는 표현을 사용하는 것을 꺼렸다. 적극적인 의미에서 시민을 언급한 적은 단 한 번도 없었다. 언젠가 외국에 나가 영어로 연설을 하면서 'global citizen'이라는 표현을 사용했기에, 청와대에서 이것을 어떻게 우리말로 옮겼을까 궁금했다. '세계 시민'이라 옮겼겠거니 했는데, 찾아보니 '세계인'으로 번역되어 있었다. 이 정도면 거의 '국민'에 대한 지나친 집착 내지 '시민'에 대한 병적인 기피가 아닐까 싶었다. 교과서의 내용도 국가가 정해야 한다는 의미로 '국정화'를 정책으로 내세우거나, 민주화 운동 기념식에서조차 〈임을 위한 행진곡〉은 안 되고 꼭 애국가를 불러야 한다고 고집하는 것도 국가에 대한 맹목적이고 권위주의적인 태도일 때가 많다.

국가라는 용어를 쓰지 말아야 하는가? 그렇지는 않다. 민주주의에 친화적이지 않다고 해서 국가라는 개념을 작위적으로 없앨 수는 없을 것이다. 우리말의 국가에는 나라country/land의 의미도 있고, 정치는 물론 경제와 사회 모두를 포괄하는 일종의 사회 공동체에 가까운 의미도 있다. 관료제의 영향력에 초점을 둘 때는 국가 관료제나 국가기구 등의 표현을 사용하는 것이 자연스러울 때도 많다. 또한 복지국가의 경우에서 보듯이, 비록 그 기원은 독일 비스마르크 시대의 사회국가에 대응하는 개념으로 만들어졌다 해도 이 용어를 복지 정부로 대체하면 어색할 것이다.

따라서 가능하다면 국가라는 표현을 절제하고 정부라는 용어로 대체해 사용하거나, 국가라는 개념을 쓰더라도 '사회로부터 유리된 자율적 기관 내지 맹목적 애국심을 강요하는 윤리적 실체'로 정의하기보다는, 민주적으로 통제 가능한 시민의 도구로 이해되어야 할 것이다. 가능한 한 용어 선택에서부터 주의를 기울이는 노력이 필요하다.

국가가 아닌 정부, 국민이 아닌 시민이라는 말에 친화적인 사회가 되어야 한다. 불가피하게 국가라는 용어를 쓰더라도 정부에 가까운 의미로 사용해야 할 것이다. 그래야 시민은 그야말로 '갑'

이 되고 주권자가 될 수 있다. 민주주의에서라면 정부는 '시민에 의해' 선출되고, '시민을 위해' 일해야 할 의무를 갖게 된, '시민의' 것이기 때문이다. 국정교과서, 국정감사, 국정 담론 등 권위주의적 언어도 줄어야 할 것이고, 대통령에 의해 우리가 '국민 여러분!'이 아닌, '동료 시민 여러분!'My fellow citizen!으로 호명되는 일이 많아야 좀 더 민주적인 문화를 발전시킬 수 있다. 가끔 청와대 사람들과 이야기를 하다 보면, 대통령을 가리켜 '지존'至尊이나 'VIP'라 하고 청와대 대신 'BH'Blue House라며 마치 은어처럼 부르는 것을 보게 되는데, 권력은 숨겨질수록 민주주의를 위협하게 된다는 생각을 했으면 한다. 이 모든 것은 청와대 정부를 퇴행적인 권위주의 정치 문화로 연결시키는 국가주의의 파생물들이기 때문이다.

대통령은 왕도 군주도 아닌 선출직 시민 대표다. 대외적으로는 국가수반이고 국가 지도자의 역할을 하지만, 시민과 마주하는 국내적 상황에서는 어디까지나 정치 지도자이고 집권당의 정치적 대표이다. 이 기초 위에서 정부 수반으로서 역할을 하고 행정부를 이끌어야 대통령은 민주주의자가 될 수 있다. 이를 무시하고 스스로를 국가나 국민과 일체화하려 하거나 정당과 의회로부터 멀어지고자 하면 대통령은 책임 정치를 실천할 수 없게 된다. 그 순간 그는 민주주의를 위협하는 권위주의자나 군주정주의자로 퇴락하고 만다.

# 적폐 청산과
## 국가 대개조를 앞세워
## 정치의 역할을 최소화했다

**적폐 청산은 문재인 대통령이 내건 핵심 과제라 해도 과언이 아니다. 그런데 시작은 사실 박근혜 대통령이었다. 정말 아이러니한 일이다. 박근혜 대통령은 왜 적폐 청산을 앞세워 의회와 야당을 무시하고 국민을 직접 불러들이는 정치를 했을까? 그래서 발생한 문제는 무엇이었나?**

적폐積弊가 뭘까? 한자 뜻으로는 '묵은 폐단'이다. 오래된 말 같지만 그렇지 않다. 옛 기사 검색을 도와주는 국립중앙도서관 대한민국 신문 아카이브를 보면 1890~1950년까지 폐단이라는 용어는 있어도 적폐라는 말은 찾아볼 수 없다. 한국언론진흥재단이 제공하는 기사 검색 프로그램 '빅카인즈'를 통해 보면, 1950년에서 1980년 이전까지 40년 동안 '폐단'이라는 단어는 1,057회 등장하는 반면, 적폐라는 말이 들어간 기사는 10건에 불과하다.

국회가 제공하는 회의록 시스템에 따르더라도 1948년 제헌국회에서 1987년 민주화 이전까지 40년 동안 적폐가 포함된 국회 발언은 15회에 불과했고, 그 뒤 1988년에서 2011년까지도 연평균 4.5회 정도였을 뿐이다. 변화는 박근혜 정부에서 나타났는데, 2012년부터 2017년 사이 연평균 112회, 총 560회나 나타났기 때문이다. 엄밀히 말해 박근혜 대통령의 국가 대개조론과 짝을 이루어 대대적으로 동원된 최첨단 용어가 적폐 청산이라 할 수 있다.

의미의 맥락도 달랐다. 애초 적폐는 구습·구악 같은 보통 말이었다. 집권 초 개혁 드라이브로 여론의 큰 반향을 얻었던 김영삼 대통령이 '30년 적폐 씻어 내기'를 말했지만, 그때도 별 주목은 받지 못했다. 변화는 2014년에 일어났다. 그해 4월 16일 세월호의 비극이 있기 전까지 적폐를 말한 정치인은 홍준표 당시 경남도지사가 유일했다. 그는 자신을 가리켜 '적폐를 해소하고 굽은 것을 바로잡는' 데 진력한 사람으로 자평했다.

그리고 4월 29일 박근혜 전 대통령이 세월호 사건의 원인으로 오래된 적폐를 지목하고 이를 척결하겠다고 밝힌 다음 상황이 달라졌다. 5월 한 달 만에 적폐 청산을 다룬 언론 기사가 1천 건가량 생산될 정도였다. 당시 국가 대개조와 적폐 청산은 동전의 양면처럼 사용되었다. 국가를 국가답게 만들려면 적폐부터 청산해야 한다는 것이다.

주목해야 할 것은, 이를 계기로 적폐가 박 전 대통령의 극렬 지지자들 사이에서 완전히 새로운 정치 언어로 재창조되었다는 점이다. 그 핵심은 '적폐=좌익 정권 10년'이라는 것이었다. 표현 방법도 새로워졌는데, 그것은 '적폐 세력', '적폐 국회'처럼 특정 세력을 인격화해서 지목하는 관형어로 자리 잡았다는 데 있다.

### 청산과 척결 같은 용어가 앞세워지면 어떤 문제를 낳는가?

무엇보다도 그런 용어가 많이 사용될수록 정치의 역할은 축소된다. 정치의 역할이 줄면 정권도 못 지킨다. 국회와 야당을 적폐로 규정할 때, 노조와 사회운동을 척결 대상으로 공격할 때, 정치가 해야 할 갈등 조정 기능은 인정될 수 없었다. 역으로 대통령이 국민에게 직접 적폐 청산을 호소하려는 경향은 커졌고, 이에 미온적인 집권당 내부 세력을 향해서는 '배신자'로 공격했다. 그 절정은 "국민이 나서서 국회를 심판"해 달라는 박 전 대통령의 20대 총선 메시지였다.

이 모든 것이 어떻게 귀결되었는지는 모두가 잘 알고 있다. 총선에서 친박 세력은 몰락했다. 대통령은 정치와 사회 모두로부터 소외되었다. 가능한 것은 청와대 은둔 생활이었다. 그 끝은 자신이 그렇게나 믿었던 국민들로부터 버림받은 것이었다. 박근혜 전 대통령의 사례는 민주주의에서 정치의 역할을 경시하면 어떤 일이 벌어지는지를 보여 준다.

'적폐'는 불러들이지 말았어야 할 정치 언어였다. 척결과 청산이 통치의 목적이 되면 증오와 적대를 자극할 뿐 할 수 있는 협력도, 가능한 조정도, 미래지향적 공존도 어렵다. 적폐 척결에 나서자는 사람들의 심성만 사납게 할 뿐 좋은 변화에 필요한 오랜 준비와 지루한 노력은 경시된다. 더 큰 문제는 소수의 격렬한 찬반 세력을 제외하고 나머지 다수의 사람들을 괴롭히고 밀어낸다는 점이다. 좌경 척결, 종북 척결, 귀족 노조 척결, 적폐 척결과 같은 정치 언어가 겉으로는 뜨거운 힘을 갖는 것 같지만 궁극에는 권력자를 소외시키는 결과를 낳는 것은 바로 이런 이유에서다. 정치의 기능은 사회를 통합하는 방향으로 변화의 가능성을 넓힐 때 빛난다.

**자신이 옳기 위해 상대를 청산할 대상으로 호명하는 정치를 하지 말라고 하는데, 그럼 누가 옳은 일에 헌신할 수 있겠는가? 그래도 정의와 선을 앞세우는 정치가가 더 많아져야 하지 않을까? 적폐 청산이라는 것을 과거의 나쁜 폐단을 종식하기 위한 정의롭고 선한 과제라고 볼 수도 있지 않을까?**

완전한 인간은 현실이 될 수 없으며, 누구든 과오와 오류의 가능성을 숙명처럼 이고 사는 게 인간이다. 우리 모두 완전히 불완전한 존재이며 인간사 또한 확실히 불확실하다는 것, 따라서 타인과 연대하고 이견으로부터도 배워야 한다는 것, 그런 전제 위에 민주주의는 서 있다. 같을 수 없는 차이와 해결할 수 없는 갈등은 민주적 삶의 본질이다. 그걸 없앨 수는 없지만 그 속에서 협력과 공존의 가능성은 얼마든지 키워갈 수 있다.

적폐 청산이라는 용어에는 그런 철학이 들어설 수 없다. 행동의 윤리적 요소가 타자와 반대편의 잘못에서 발원할 때, 자기반성의 윤리성은 없어도 좋은 일이 된다. 사회를 개선하기 위해 가져야 할 책임성과 꾸준한 노력은 경시되고, 쉬운 알리바이를 찾는 적대와 배제의 정치는 커질 수밖에 없다. 요컨대 적폐 청산론은 책임 정부론과 양립할 수 없다.

대통령 스스로 정치 행위자가 아닌, 정치 위의 국가 행위자로 생각하는 경향이 대통령제의 가장 큰 문제다. 권위주의에서와는 달리 민주주의에서 대통령은 국가 지도자가 아니라 정치 지도자다. 국가를 대신하는 지도자로서 정치에 지시하는 존재가 아니라, 그 스스로 정치가로서 변화를 이끄는 책임을 가져야 한다는 말인데, 박근혜 전 대통령만큼 이를 경시한 사례도 드물다. 재임 기간 내내 의회, 야당과 함께 일하기보다는 스스로를 국가 지도자로 잘못 여기고 정치 밖에서 정치에 대고 지시하고 요구만 했다. 급기야 의회와 야당을 적폐로 본 것은 치명적인 잘못이었다. 민주주의는 '법에 의한 통치'의 원리 위에 서 있고, 그런 의미에서 '시민 주권의 제1부서'는 대통령이 아니라 입법부라는 사실을 부정했기 때문이었다.

다원주의의 중요성을 생각해야 한다. 박정희 정권 때의 '구악 일소'나 전두환 정권 때의 '사회 정화'처럼 박 전 대통령이 '적폐 청산'을 앞세운 것은 전체주의적 열망을 자극하는 일이 되었다. 구악 일소, 사회 정화, 적폐 청산과 같은 말들의 특징은 반대할 수 없다는 것이다. 만약 반대의 기미라도 보이면 '그럼 구악을 그대로 두란 말이냐', '사회를 정화하는 것에 반대하는 거냐', '적폐 청산에 반대하는 거냐'처럼 나오게 된다. 다른 생각, 이견, 비판을 억압하는 권위주의적 기능을 한다.

'반대할 수 없는 옳은 말'은 하나의 옳음만 정당화하는 정치 언어다. 그런 점에서 다원주의를 억압하는 부정적 효과를 키운다. 민주주의 정치 언어는 다르다. 성장이냐 분배냐 혹은 안보 우선이냐 평화 우선이냐를 둘러싼 진보와 보수 사이의 갈등처럼, 서로 다른 가치를 두고 경쟁할 수 있고 또 그렇게 해서 사회를 통합하는 효과를 갖기 때문이다. 정치의 역할이란 갈등과 적대를, 나눌수 있고 조정하고 타협할 수 있는 공적 의제로 전환해 다루는 데 있다. 다름과 반대가 허용되지 않는 용어나 개념은 좋은 정치 언어가 될 수 없다.

정치가 적폐 세력과 적폐 척결 세력의 싸움으로 정의되면, 나머지 세력은 적폐 옹호 세력, 방조 세력으로 단순화되기 마련이다. 자신과 가장 가까웠던 세력부터 배신자로 공격하게 되는 일이 벌어진다. 독일을 대표하는 정치사회학자 막스 베버Max Weber는

'자신이 옳기 위해 도덕적 심판의 구도를 불러들이는 일은 정치적 범죄행위'라고 말한 적이 있다. 그런 경계심이 규범화돼야 민주주의는 발전한다.

# 박근혜 대통령은
# 자신이 불러들인
# 국민 동원 정치로 무너졌다

**'정치 지도자'로서의 역할을 등한시한 박근혜 대통령이 '극렬 지지자'를 동원하는 데에는 열정을 다했다. '박사모'와 같은 극렬 지지자를 앞세우는 정치도 문제 아닌가?**

대통령이 적극적인 지지자를 앞세워 정치를 압박하려 한 것 또한 하지 말았어야 할 일이었다. 국민 소통을 강조했다지만, 실제는 자신을 지지하는 국민 여론을 증폭시키는 채널만 열었다. 더 큰 문제는 그 반향에 있었다. 합창에 비유한다면 대통령에 대한 적극적 지지자와 적극적 반대자의 강한 목소리만 들리는, 양극화 정치의 극단적 심화를 낳았기 때문이다.

주변이 적극적 지지자로 채워지면 대통령은 소외된다. 한국 정

치사에서 매우 특별한 일로 기록될 대통령 탄핵과 새누리당 붕괴
는 촛불 시위 이전에 이미 박 전 대통령이 추종 세력을 앞세운 정
치를 한 것에서 비롯되었다. 2016년 4월 20대 총선 결과는 이를
잘 보여 주었다. 하지만 총선 후에도 박근혜 정부와 친박, 극렬 지
지자들은 스스로 절제하지 못했고, 더 강한 국민 직접 정치를 향
해 나아갔다.

국민 동원 정치는 결국 극렬 지지자에 의존하는 정치로 이어진
다. 국민과 지지자를 앞세우는 정치의 귀결은 대의 민주주의를 부
정하는 반反정치주의일 수밖에 없다. 의회와 정당을 파당적 이익
만 얻으려는 사악한 정치 집단으로 몰아붙이거나, 국민 뜻을 배신
하는 자들로 공격할 때 통치자의 민주적 규범은 존립할 수 없다.

박 전 대통령이 '국민 직접 정치'에 나서자 지지자들은 본격적
인 직접 민주주의 정치 운동에 뛰어들었다. 어버이연합, 자유총연
맹, 재향경우회 등 190여 개 보수 시민 단체가 2015년 10월 '국
회개혁범국민연합'을 결성한 것이 대표적인 예였다. 이들은 '국회
의원 국민소환 및 국민에 의한 국회해산제 도입' 등 직접 민주주
의적 요구를 내건 정치 운동을 시작했다. 2015년 가을부터 2016
년 8월까지 전국적으로 1천만 명 이상의 서명을 받았다며 이들이
요구하고 나선 정치 개혁론은 국민에 의한 국회해산제, 국민소환
제, 의원 불체포특권·면책특권 폐지, 지자체장·의원 정당 공천제
폐지, 의원에 대한 무노동 무임금 적용, 특별감찰관제 실시, 국회
의원 정수 감축, 국회 선진화법 폐지 등 의회주의와 정당정치 부

정론으로 가득했다.•

　스스로를 국가와 동일시하고 '국민을 위한, 국민의 대통령이고자 하는데 국회와 정당이 도와주지 않아서 일이 안 된다.'는 생각은 군주의 태도이지 정치가의 자세는 아니라는 사실을 박 전 대통령은 자신의 실패를 통해 잘 보여 주었다.

---

• 김성희, "문재인의 민주주의 신념은 왜 변했나?," 〈프레시안〉 2017년 11월 17일자.

# 문재인 대통령 1기 정부 운영의 가장 큰 문제는 책임 정부 대신 청와대 정부를 만든 것이다

**문재인 정부는 어떤 문제가 있는가?**

두말할 것 없이 가장 큰 문제는 청와대 정부를 만든 것이다. 청와대가 국민 여론을 직접 이끌고자 한 것, 청와대가 권력의 중심에 자리 잡은 것, '청와대 수보 회의(수석 보좌관 회의의 약자)'라는 신조어가 만들어지고 내각 통할권이 부활된 것은 큰 문제였다. 분명 공약과 다른 길이었다.

대선 기간 동안 문재인 당시 민주당 후보는 이렇게 약속했다. "의회 및 야당과 협치하는 대통령이 되겠다. 책임 총리와 책임 장관을 중심으로 정부를 운영하겠다. 청와대 사수대 같은 집권당이 아니라 책임 정치의 보루가 되는 더불어민주당 정부를 만들겠다." 그런데 당선 후에는 후보 시절의 약속과는 아주 다른 정부를 만들었다.

내각과 관련해서도 후보 시절 약속을 다시 볼 필요가 있다. 당시 문 후보는 "일상적인 국정 운영에 대해서는 책임 총리를 비롯한 내각이 담당하고, 총리와 장관이 하나의 팀으로 공동 책임을 지도록 하는 연대 책임제를 구현하겠다."고 말했다. 그런 공적 약속도 지켜지지 않았다.

정당정부는 또 어떤가. 공약은 멋졌다. "정당이 생산하는 중요한 정책을 정부가 받아서 집행하고 인사에 관해서도 당으로부터 추천받거나 당과 협의해 결정하는, 그렇게 해서 문재인 정부가 아니라 더불어민주당의 정부 …… 이것이 바람직하다고 보고 저는 이미 이렇게 공약을 했다."는 것이 문 후보가 언론에 나와서 한 말이었다. 하지만 이는 공허하게 사라진 약속이 되었다.


**당선된 후 정치관이랄까 민주주의관이 달라진 것인가?**


분명한 것은 공약과는 정반대로 정부를 만들었다는 점이다. 그 결과 민주당의 전통에서 볼 때 다소 특별한 대통령이 등장하게 되었다. 앞선 민주당 대통령들과 비교해 보자. 김대중과 노무현 대통령 역시 국민을 앞세울 때가 많았고 집권당과 갈등할 때도 있었지만, 기본적으로는 의회주의자였고 정당주의자였다. 김대중은 박정희 정권이 국민투표를 통해 3선 개헌을 하고 유신 체제로 전환하려는 것에 항의해 싸웠다. 노태우 정권이 임기 중에 국민투표로 재신임을 묻고자 한 것을 무산시킨 것도 김대중이었다.

노무현의 꿈은 지역이 아닌 가치 중심의, 제대로 된 정당정치를 해봤으면 하는 것이었다. 다당제와 연합 정부도 구상했고, 그에 맞게 선거제도를 고치자며 끊임없이 야당에 제안했다. 행정 수도 이전을 국민투표로 판가름 내자는 주장이 있었지만 받아들이지 않은 것도 노무현이었다. 국가가 국민을 동원하는 일은 사회를 분열시키고 정치의 기능을 파괴한다는 것이 김대중과 노무현의 공통된 생각이었다.

## 국민 직접 참여를 앞세워
## 책임 정부로부터 일탈했다

**문재인 정부는 노무현 정부를 계승한 정부가 아닌가? 문재인 대통령도 노무현 대통령으로 인해 정치를 시작하고, 대통령 후보로 나섰던 것 아닌가? 문재인 대통령 지지자들도 노무현 대통령 지지자들과 겹친다. 그런데도 문재인 대통령이 다른 민주주의를 지향한다고 보는 이유가 무엇인가?**

정당과 의회가 중심이 되는 정치 노선을 '간접 민주주의'라 비판하면서 '국민의 직접 참여'를 확대해야 한다는 확신을 갖고 있다는 점에서, 문 대통령은 김대중·노무현의 정치 노선으로부터 벗어났다. 누가 뭐라 해도 정당과 의회정치에 대한 존중은 우리나라 야당, 즉 민주당 계 정당의 지난 70년 역사를 관통하는 중심

노선이었다. 그런데 이를 부정적으로 보고 청와대를 통해 국민과 직접 대면해 정치하겠다는 것은 민주적 정치과정을 무시해도 좋은 것으로 만든다.

국민투표, 국민 발안, 국민소환, 국민 청원, 국민 공론 결정, 국민 참여 예산제 등은 문 대통령의 새로운 민주주의 노선을 상징한다. 국민이 직접 참여해서 입법을 주도하고 정책을 결정하고 예산을 집행할 수 있다면, 사실 여야가 중심이 되는 정치는 필요 없을지 모른다. 그러나 그런 민주주의가 실현된다면 결과는 참혹할 수밖에 없다.

국민소환제를 한다고 생각해 보자. 그 대상은 누가 될까? 대형 보수 교회들이 나서서 '동성애 합법화 반대'를 이유로 〈차별금지법〉을 찬성하는 의원들부터 닦아세울 것이다. 국민들이 편을 나눠 서로가 혐오하는 의원들을 소환하기 위해 여론을 최대한 동원하려는 일은 피할 수 없다. 국민 발안이나 국민 청원은 어떨까? 지배적인 가치를 동원하는 쪽이 승자가 될 것이다. '청와대 국민청원'이 대표적인 예인데, 주요 청원은 청소년 보호 없애라, 여자도 군대 보내라, 여성가족부 장관 쫓아내라 등 가부장적이고 남성위주적인 편견으로 채워져 있다.

무매개적인 국민 참여를 강조하면 할수록, 지지자와 반대자 모두를 사납게 만든다. 누군가를 향해 처벌하라, 척결하라, 구속시켜라 같은 '유사 공안 담론'이 공론장을 피폐하게 만드는 것도 문제다. 대의 정치 과정에 대한 신뢰가 낮아, 국민의 지지를 바탕으로 대통령이 직접 나서야 한다는 것이 청와대 쪽 생각인 것 같다. 하지만 그렇게 문제를 보면 안 된다. 정당과 의회가 중심이 되어 일을 풀어 가는 것이, 일견 잘 안 될 것 같고 복잡해 보여도 결국에는 사회 통합에 기여하고 더 오래 지속되는 변화를 만든다.

정치라는 매개 없이 시민이 자유롭게 열정을 표출하는 상황을 옛 철학자들은 자연 상태state of nature라고 불렀다. '정치의 역할이 배제된 시민들의 사회'라고 이해해도 좋다. 어떤 철학자도 그런 상황에서 더 나은 공동체를 만들 수 있다고 보지 않았다. 홉스는 만인에 대한 만인의 내전 상태를 만날 것으로 보았고, 로크나 루소 역시 혼란과 불안정을 피할 수 없다고 생각했다. 그들이 하나같이 발전시키고자 한 것은 공적 질서를 가능케 할 '주권 이론'을 확립하는 일이었다.

문 대통령도 나름의 주권 이론이 있는 것 같다. 촛불 시민의 명령에 따라 그들의 주권적 요구에 맞게 정치를 하겠다는 것 말이다. 하지만 엄밀히 말해 그것은 정치의 기능을 최소화하고 대통령이 시민과 직접 결합해 일을 하겠다는 뜻이고, 그 가운데에서도 촛불 집회에 참여한 시민 혹은 그 가운데 자신을 지지하는 시민과 일하겠다는 것과 같다. 민주적 주권 이론과는 거리가 먼 생각이 아닐 수 없다.

# 촛불 집회는
# 기본권을 실천한 것이지
# 그로부터 주권이 위임된 것은 아니다

**촛불 시민을 주권자로 보고 그들의 요구대로 정부를 운영하겠다는 것이 왜 문제인가? 그것이 민주주의 아닌가?**

그렇지 않다. 그것은 주권을, 시민 개개인이 소유하고 있는 배타적 권리로 오해한 것에 불과하다. 누구도 침해할 수 없는 개인 권리를 가리키는 것은 기본권일 뿐, 주권은 개개인에게 나눠질 수 없다. 주권이란 침해 불가능한 자율적 권리를 가진 시민들이 통치를 수용하는 것, 좀 더 정확히 말해 시민 스스로 피통치자가 되는 상황을 받아들이는 '절차적 정당성'을 가리키는 개념이다. 정부를 운영할 통치권은 촛불 집회가 아니라 대통령 선거에서 위임된 것이고, 그 정당성을 보장해 준 것은 여야를 달리 지지하는 시민 모두가 참여한 합법적 선거라는 절차에 있었다.

주권은 시민 개개인의 소유물이 아니라 그들의 전체 의사다. 집회에 참여한 개인은 기본권을 가진 존재이며, 주권은 집회 참여 여부와 상관없이 전체 시민의 총의를 모으는 정치 과정을 통해 발생한다. 주권은 합법적으로 위임된 통치권을 가리키는바, 민주주의에서라면 그것은 법을 만들고 집행할 권한을 시민으로부터 일정 임기 동안 한시적으로 위임받은 선출직 대표들에게 주어진다. 대통령, 여야 정당, 의회가 바로 그 중심에 있다. 이들 사이에서 주권의 내용이 합당하게 따져지고 조정되어 공공 정책으로 실천되는 그 긴 과정을 우리는 민주주의라고 부른다.

문 대통령의 민주주의관이 갖는 문제는 바로 이 지점에 있다. 민주주의자라면 응당 최선을 다해 노력해야 할 정당정치를 회피하는 것은 물론, 이를 '간접 민주주의'라는 말로 낮춰 말하는 것은 잘못이다. 간접 민주주의는 과거 권위주의 체제에 봉사했던 법학자들이 정당정치를 조롱하고 국민투표를 합리화하기 위해 즐겨 동원한 용어였다.

여론의 지지가 좋을 때야 이런 민주주의관이 왜 문제인지 드러나지 않을 수 있지만, 여론조사 결과가 나빠지면 그때는 어떻게 될까? 주권을 야당에게 넘겨줄 것인가? 시민 전체의 총의로 주권의 향방을 합법적으로 결정한 것은 지난 2017년 조기 대선과 2016년 20대 총선 결과라는 사실을 중시해야지, 국민 여론에 따라 주권이 유동하는 것으로 이해하는 것은 곤란하다. 기본권과 주권의 혼동은 민주주의에 대해서도 잘못된 이해를 가져왔다.

현재 우리 민주주의에서 기본권과 주권의 문제를 제대로 따져 말한다면 이럴 것이다. 먼저 기본권을 중시한다면, 〈국가보안법〉을 포함해 시민 개개인이 자유롭게 생각하고 행동하고 결사할 수 있는 권리를 억압하는 법·제도부터 고쳐야 한다. 정치적 의견이 다르면 권리를 침해해도 좋다고 생각하는 '블랙리스트 정치'를 하지 말아야 한다. 주권을 중시한다면 전체 시민의 의사가 제대로 집약될 수 있도록 선거제도를 개선하는 것이 훨씬 가치 있는 일이다. 개헌을 하더라도 전체 시민 의사를 충분히 모을 수 있는 과정과 절차를 중시해야 한다. 그것이 국민과 국민 주권을 수백 번 외치는 것보다 훨씬 낫다. 시민 주권은 통치자의 필요에 따라 함부로 소비될 일이 아니라, 입법부를 중심으로 소중히 아껴 쓸 때 힘을 갖는다. 국민주권을 앞세우고 직접 민주주의를 말하며, 의회와 정당의 역할을 경시하는 일은 민주주의의 원리와 충돌할 때가 많다.

**대통령이 직접 민주주의를 말한 다음, 많은 지지자들은 국민이 직접 나서서 개헌도 하고, 정당 개혁도 직접 민주주의적으로 하자고 하며, 여야 중심의 민주주의도 국민 직접 참여 체제로 전환해야 한다고 주장한다.**

오늘날 민주주의와 민주주의가 아닌 나라를 복수정당제의 허용 여부로 구분한다는 사실을 부정하는 사람은 없다. 이해 당사자들에게 집회 및 결사의 자유를 보장하는 문제 역시 민주주의의 기초 요건이다. 입법부가 아닌 대통령의 포고령이나 행정명령으로 법이 만들어지고 집행된다면 그 체제를 권위주의라고 하지 민주주의라고 하지 않는다. 경쟁하는 정당과 자율적 결사체, 의회야말로 현대 민주주의의 제도적 요체이다.

정당과 의회 및 이해 당사자들의 역할을 냉소하면서 일반 시민이 직접 개헌하고 입법하고 정책을 만들고 부적격 공직자도 쫓아내도록 하자는 직접 민주주의론은, 그런 점에서 정치의 기능을 최소화하는 대신 민간 자율에 맡기라는 신자유주의의 반정치 담론만큼이나 민주주의를 위협한다. 게다가 행정부를 책임지는 최고 통치자가 이를 불러들인다면 그건 더욱 심각한 문제이다.

그들의 정당화 논리는 모두 촛불 혁명, 촛불 시민의 명령, 촛불 정신에서 시작된다. 2016~17년 촛불 집회를 과도하게 이상화하거나, 헤겔식의 '절대정신'처럼 해석하는 것은 지나친 일이다. 촛불 정신, 촛불 민주주의 등 의인화되고 종교화된 해석은 우리가 실천하고 있는 민주주의를 경시하게 하며, 결과적으로 진짜 할 수 있고 또 해야 하는 여러 민주적 과제들을 못 보게 만든다. 촛불 시민과 비非촛불 시민의 구분 역시 대통령 지지자와 비지지자를 분열시키는 데 기여하는 효과만 낳는다.

촛불 민주주의라는 이름으로 직접 민주주의를 호명해 내는 것도 생각할 점이 있다. 누구나 인정하듯이, 분명 촛불 시위와 같은 자유로운 집회와 결사의 행위는 침해될 수 없는 기본권의 하나다. 그렇다면 고대 아테에서와 같은 직접 민주주의 체제에서라면 어떨까? 촛불 집회는 허용될 수 있을까? 어렵다. 모두가 참여할 권리를 갖는 시민 총회장 밖에서 누군가 그에 대항해 집회를 조직하고 저항하는 일은 사실상 직접 민주주의 체제에 대한 도전일 수밖에 없기 때문이다. 자유로운 집회와 결사의 자유는 물론, 합법적으로 뽑힌 정부에 대해 비판과 반대를 조직할 자유는 현대 대의 민주주의에서 비로소 가능하게 된 기본권이며, 대의 민주주의 체제가 아니라면 촛불 집회는 합법적인 권리가 되기 어렵다.

**신고리 6호기 공사 중단을 둘러싼 공론 조사를 두고도 직접 민주주의 논란이 있었다. 대의 민주주의를 대체할 숙의 민주주의의 실험이라고 말하는 사람도 있다.**

숙의 민주주의를 직접 민주주의로 보는 것은 엄청난 오해다. 숙의 민주주의는 참여의 질을 높이기 위해 고안되고 발전된 대의 민주주의 프로젝트의 하나다. 『선거는 민주적인가』●라는 책을 통해 '직접 민주주의와 구별되는 대의 민주주의의 원리'를 자세히

---

● 이 책의 원제는 '대의제 정부의 원리'(The Principles of Representative Government)이다.

설명하고 있는 베르나르 마넹이 대표적인 숙의 민주주의 이론가다. 숙의 민주주의론을 발전시키는 데 기여한 이 정치학자들은 자신들의 이론을 직접 민주주의로 보는 것을 '난센스'라고 일축한다.● 참여자들의 숙의 능력이 그 결과를 좌우한다는 점에서 다소 엘리트 편향적인 성격을 띠는 것을 숙의 민주주의의 한계로 지적하는 정치학자도 많다. 또한 숙의 민주주의론은 민주주의에 대한 이론 전체에서 아직까지는 극히 주변적인 위치를 차지하고 있다. 그런데 한국에서 손쉽게 유행이 되고, 근거 없이 오해될 수 있다는 사실이 놀랍다.

정당과 의회 중심의 숙의를 좀 더 넓히는 데 기여하는 보완적 접근으로 숙의 민주주의를 이해하지 않고, 대의 민주주의를 대체하는 프로젝트로 여긴 것은 위험한 일이 아닐 수 없다. 그런데 그런 일이 신고리 6호기 문제를 두고 실제로 일어나고 말았다. 문 대통령의 지시로 해당 부처와 정당, 이해 당사자들을 배제한 '순수 시민' 공론장을 만들었고 또 그곳에서 공적 결정이 이루어졌다. 책임 정치의 가치나 규범은 실종되고 말았다. 주권의 위임은 공약을 매개로 이루어지는데, 그런 공적 약속이 무효화되는 일이 사후적으로 얼마든지 가능해진다면 어찌될까? 그것도 권력을 장악한 통치자가 자의적으로 공론조사위를 만들어 공약을 뒤집을

---

● 이에 대해서는 데이비드 헬드(David Held)의 『민주주의의 모델들』(후마니타스, 2010) 가운데 9장 "숙의 민주주의와 공공 영역의 옹호"를 참조.

수 있다면 선거와 공적 약속, 책임정치는 무슨 의미를 갖겠는가? 그로 인해 발생한 예산의 낭비와 권한의 남용은 어떻게 정당화되는가? 대체 이 모든 일을 누가 책임져야 하는가?

시민이 토론해서 결정했다는 것을 상찬하는 것은 정당과 의회는 물론 정부의 존재 이유를 회의하도록 만드는 효과를 낳는다. 구속력 있는 공적 결정은 어디에서 내려져야 할까? 민주주의 이론에서는 정당을 시민의 정치조직이라 하고 의회를 시민의 총회라고 하는데, 정당과 의회를 시민과 상관없는 것으로 본다면 대체 시민은 누구란 말인가? 선거에서 특정 정당 후보를 지지하거나 참여를 독려한 시민이나 당원은 시민이 아니고, 정당과 무관해야 시민인가? 의회와 무관해야 시민 총회인가? 공론화위원회를 통해 최종적 결정권을 행사한 것으로 상찬된 그 '순수 시민'은 대체 누구인가? 공론화위원회의 사례는 시민이 토론해서 결정했다는, 일종의 비정치적 알리바이를 동원해 대선 때의 공약을 임의로 파기할 수 있는 자의적 정부를 출현시켰다는 점에서 비극적이기도 하고 희극적이기도 하다.

# 국민과 지지자를 동원하는
정치는 더욱 심화되었다

대의 민주주의를 부정하는 것이 아니라 그 기초 위에서 국민이
직접 투표로 결정하는 것 등 직접 민주주의 방식을 차용한 다양
한 형태의 제도를 도입하는 것은 어떤가? 그런 식으로 시민들의
참여를 활성화하면 정치의 의식과 수준이 더 높아지지 않을까?
참여를 넓히면 대의 민주주의의 한계를 보완할 수 있지 않을까?

우선 지방자치 차원의 주민 투표나 주민 소환, 주민 참여 예산,
주민 발안 등의 제도를 채택하고 있는 사례는 있지만, 중앙정부나
전국적 차원에서 국민소환이나 국민 발안, 국민 참여 예산제를 실
시하는 경우는 매우 드물다. 전국적인 국민투표 역시 개헌과 같이
지극히 특별한 사안에서만 사용되는데, 독일이나 미국은 개헌 때

에도 국민투표를 하지 않는다. 세계적으로 지방자치 차원의 주민 투표나 주민 소환, 주민 참여 예산, 주민 발안 등의 제도가 도입된 것은 주로 1990년대 이후다. 진보적 사회운동의 요구만이 아니라, '권력을 민간에게 돌려줘야 한다'는 신자유주의의 정치론 역시 이 과정에서 큰 역할을 했다.

지방자치 차원에서 그런 제도들이 기대와 달리 실제로는 실망스러운 결과를 낳은 경우가 훨씬 많았다. 우리도 약 80건 정도 주민 소환이 시도되었다. 하지만 지역사회 안에 아주 큰 갈등과 분란만 낳았을 뿐 그 가운데 개표까지 제대로 이루어진 경우는 2건 정도밖에 없다. 그나마 소환이 이루어지지도 못했다. 주민 참여 예산제 역시 '주민의 자발적 참여와 능동적 결정'으로 이루어졌다고 보기는 어렵다. 지방 행정 기관이 원하는 예산을 주민 참여라는 형식만 빌어 배정하는 것에 그치는 경우가 가장 많았다. 선거용 선심 예산 내지 일종의 선거 운동의 효과를 얻기 위한 사례도 적지 않았고, 주민이 참여해서 결정하는 경우도 개발 예산처럼 지역의 부동산 가치를 높이는 방향의 '쉬운 합의'가 지배적이었다.

더 중요한 것은 주민이나 국민의 직접 투표, 국민소환과 같은 것들을 직접 민주주의 제도라고 정의하는 정치학자들은 많지 않다는 점이다. 그보다는 국민 동원식 민주주의plebiscitary democracy 혹은 우파 포퓰리즘right-wing populism을 위한 제도로 보는 것이 일반적이다. 물론 그 같은 제도들을 일부 정당이나 사회운동, 나아가 언론이나 헌법학자들이 직접 민주주의 제도라고 부르고 사용해 왔다는 사실을 무시할 수는 없겠다. 하지만 그런 제도들이 좋은 의도에서 주장되거나 실제로 좋은 결과를 낳은 것도 아니다.

최근의 사례는 유럽의 극우 정당들인데, 2017년 독일 총선에서 제3당으로 올라선 '독일을 위한 대안'AfD이 내건 슬로건이 대표적이다. 그들은 '스위스처럼 직접 민주주의를!'을 내걸고 정치 분야 공약은 모두 국민투표, 국민소환 등의 제도를 도입하자고 주장했다. 비단 독일만이 아니다. 영국과 오스트리아, 네덜란드 등의 극우 정당들 역시 지금의 민주주의를 간접 민주주의라고 비판하며 국민투표제를 위시한 직접 민주주의 제도 도입을 주장하고 있다.

이 기회에 간접 민주주의라는 용어의 문제도 따져 보자. 간접 민주주의는 정치 이론에서는 사용되지 않는, 일종의 통속어다. 우리의 경우 이 말이 대대적으로 사용되기 시작한 것은 1975년 2월 15일에 실시된 유신헌법 국민투표 때였다. 당시 야당과 재야 세력을 중심으로 반대 운동이 확대되자 박정희 정권은 유신헌법 찬반을 국민투표에 부치자며 공세적으로 나왔다. 그러면서 헌법학자들을 동원해 국민투표제를 '간접 민주주의를 보완하는 직접 민주주의' 제도라는 논리를 펼치게 했다. 실제로 국민투표가 이루어졌는데, 결과는 압도적 찬성이었다.

국민투표든 주민투표든 그것을 제아무리 직접 민주주의적이라고 미화해도 실제로는 '동원된 참여'를 벗어날 수 없다. 따라서 이를 직접 민주주의 혹은 직접 민주주의 제도라고 부르는 것에 나는 동의하지 않는다. 국민의 직접 투표로 결정하는 방식을 직접 민주주의라고 한다면, 어떤 민주주의든 직접 민주주의다. 그런 식이면 시민이 직접 자신의 대표를 투표로 결정하는 대의 민주주의도 직접 민주주의다. 시민이 직접 투표로 결정하는가의 여부로 문제를 단순화하면 직접 민주주의라는 개념은 별 가치를 가질 수 없다. 직접 민주주의는 국민에게 직접 투표하게만 하면 되는, 그런 '하찮게 다뤄질 민주주의'가 아니다. 제도적으로 독립된 통치 집단이나 정부가 없는 민주주의를 지향한다는 점에서, 생각할수록 놀라운 정치 이론과 매우 특별한 제도 원리를 갖는 것이 직접 민주주의다.

과거든 현재든 직접 민주주의론자들이 확고하게 추구했던 이상은 공적 사안을 시민이 직접 참여하는 총회에서 결정하는 것이다. 시민 총회에 영향을 미칠 수 있는 집단과 조직, 결사는 인정되지 않는다. 직접 민주주의에서도 공적 업무를 담당하는 공직자 내지 시민 대표는 필요하지 않을까? 당연하다. 다만, 시민 총회에서 결정된 법을 집행하는 공직자들 역시 독립된 행정 조직을 만들지 못한다. 관료제는 인정될 수 없으며 시민이 번갈아 행정관·평의원·배심원 역할을 맡아야 한다. 이때 중요한 것은 공직을 맡는 것이 권력 효과를 낳지 못하게 하는 데 있다.

핵심은 두 가지다. 하나는 공직 선발 제도로서 선거제를 없애는 데 있다. 아테네에서는 그 역할을 수행할 시민을 추첨으로 뽑았다. 선거로 동료 시민의 지지를 동원해 대표가 되는 것 역시 권력 효과를 갖기 때문이다. 공직이 권력이 될 가능성을 최소화하는 두 번째 방법은 상근직 공직을 없애는 것이다. 고대 아테네의 직접 민주주의에서는 같은 공직을 연임할 수 없었고, 임기는 1년 이하로 짧았다. 모든 시민 회의 의장의 임기는 하루였다. 상임 의장이 생긴다면 그도 권력을 가질 수 있기 때문이다.

규모의 문제도 중요하다. 직접 민주주의에서는 사회 규모의 확대도 최대한 억제되어야 한다. 규모의 증대는 기능 분화와 전문화를 낳고, 그것은 곧 소수의 전문가 집단을 필요로 하기 때문이다. 대부분 직접 민주주의론이 자치 도시나 코뮌과 같은 작은 지역 단위와 쉽게 결합되는 것은 그 때문이다.

직접 민주주의의 또 다른 특징은 시민의 정치 참여를 의무로 여긴다는 데 있다. 고대 아테네의 경우 참여가 법으로 강제된 것은 아니었지만, 참여하지 않는 시민은 비난받았다. '바보 멍청이'라는 뜻의 영어 'idiot'는 고대 그리스어 'idiōtēs'에서 유래한 말로 당시에는 참여하지 않는 시민을 가리켰다. 제도론, 권력론, 시민론, 통치론 등 어떤 기준에서 보든 대의 민주주의와는 너무나 다른 전제와 원리로 움직이는 것이 직접 민주주의다. ●

---

● 『사회계약론』 3권에서 루소는 직접 민주주의를 '행정관을 겸하는 시민이 그렇지 않은 시민보다 많은 체제'라고 정의하면서, 그것이 가능하려면 네 가지 조건이 필요하다고 말한다. 첫째는 국가의 크기가 작아야 하고, 둘째는 행정 업무가 지극히 단순해야 하며, 셋째는 신분과 재산이 평등해야 하고, 넷째는 사치하지 않고 검소하게 살아야 한다는 것이다. 그러면서 그는 "다수가 통치하고 소수가 통치받는 것은 자연적

직접 민주주의와 관련된 이야기를 정리해 보자. 오늘날과 같은 대규모 국민국가에서 직접 민주주의를 실천하기 어렵다는 것은 누구나 알고 있는 사실이다. 전문화와 기능 분화를 만들어 내고 확대시키는 행정 관료제하에서도 어렵고, 대다수의 사회 구성원을 시장체제에 결속시켜야 하는 자본주의 산업사회에서도 어렵다. 그 밖에 현대사회가 갖고 있는 수많은 특징들도 앞서 살펴본 것과 같은 직접 민주주의의 제도와 원리를 구현하는 것을 제약한다. 직접 민주주의 강령을 앞세웠던 독일 녹색당의 사례는 시사하는 바가 크다. 그들은 연방의회에 입성하고 연정에 참여하게 된 다음 해당 강령을 개정할 수밖에 없었다. 결국 2002년 강령 개정을 통해 대의 민주주의를 적극적으로 표방했다.●

분명 2천5백 년 전 아테네에서 구현되었던 직접 민주주의는 대단한 일이었다. 누구도 이를 부정하지 않는다. 그것이 노예제

---

질서에 반하고" 나아가 "내전이나 내란에 취약하다는 점"을 들어 직접 민주주의에 반대한다는 뜻을 분명히 했다. 그는 고대 로마나 당시의 제네바와 같은 공화정 혹은 호민관과 감찰관이 일상적으로 기능하는 '선출직 귀족정'을 지지했다. 루소는 또한 당시의 영국 대의제도 경멸했는데, 그것은 지극히 소수의 유권자만 투표에 참여할 권리를 가진 채 군주와 귀족 일부가 독점하는 통치를 정당화하는 것에 불과한 체제였기 때문이다. 루소에 열광했던 '루소 사후의 혁명가들'의 생각과는 달리 루소는 혁명을 싫어했고, 여성들의 정치 참여에 대해서는 반대했으며, 남성 민중들이 일 년에 한 번 정도 정치체제가 나아갈 방향에 대해 자신들의 의사를 표출할 기회를 가지면 그것으로 충분하다고 여겼다.

● 김영태, "독일 녹색당의 기본강령 변화와 독일의 정당경쟁구조,"『한국정당학회보』 제6권 제1호, 2007년, 193-215쪽.

사회라고 하는 해당 시기의 역사적 제약 속에서 여성과 노동자를 배제한 채 남성 중산층 시민들만이 할 수 있는 현실적 최선을 추구한 실험인 것은 맞다. 하지만 지금의 눈으로 볼 때 그것은 민주주의가 아니다. 소수의 적극적 시민이 직접 참여해 공적 결정을 이끌게 하기 위해 다수가 배제되는 정치를 어떻게 민주주의라고 할 수 있겠는가. 그뿐만 아니라 그때와는 전혀 다른 조건에서 이를 고집하는 것은 시대착오일 때가 많다. 지금은 지금의 조건에 맞는 민주주의 발전론이 필요할 뿐, 직접 민주주의론을 가져와야 할 일도 아니고 국민투표나 국민소환 같은 엉뚱한 제도를 직접 민주주의로 포장할 일도 아니다.

**주제를 바꿔 보자. 정치가 지나치게 양극화되고 사회가 적대적인 의견으로 분열되면서 정치 이야기를 하고 싶어 하지 않는 사람이 늘고 있다. 공적 세계로부터의 퇴거라고나 할까? 시민사회도 위축되었다. 시민운동에 대한 후원도 줄고 비판 언론도 사정이 나빠졌다. 문 대통령을 지지하지 않는 시민들로서는 살기 어려운 세상이 되었다. 심지어 문 대통령을 지지하지 않으면 반민주주의자, 적폐 세력처럼 취급될 지경이다. 이런 일이 왜 발생하고 있는지 모르겠다.**

대통령에 대해 비판적 의견을 말하는 일이 위협받는 사회는 불행하다. 대통령 개인의 특별한 수호자 집단들이 정치에 과잉 동원되는 것은 좋지 않다. 그들은 대통령이 정치를 잘 이끌어 좋은 성과를 내기를 바라는 보통의 지지자들과 다른 종류의 사람들이다. 오로지 대통령만 의견의 자유를 향유하고 나머지 그와 갈등하는 의견은 없어도 좋다고 본다는 점에서, 근본적으로는 일당제주의자들이다.

이들의 과도함이 점점 더 심해지고 있다. 처음에 그들이 박근혜 대통령의 잘못된 통치를 비판할 때까지는 문제가 없었다. 민주당 대통령 후보 경선에서 다른 후보들을 심하게 공격할 때도 선거의 한 과정이려니 했다. 하지만 집권 이후에는 달라져야 했다. 과거 노무현 대통령을 비판했었다는 이유로 진보 언론을 '한경오'(『한겨레』, 『경향신문』, 〈오마이뉴스〉)로 묶어 '돈 없는 조중동'으로 야유하고 '몽둥이가 약'이라며 굴종을 강요한 것은 도를 지나쳤다. 이로 인해 권력으로부터 자유로운 독립 언론의 가치와 기반은 심각하게 위협되었다. 사실이나 진실 여부와 상관없이, 문 대통령에게 불리하다 싶은 그 어떤 보도 행위도 용납하지 못하겠다는 태도 역시 독단적인 일이었다. 2017년 12월 문 대통령의 중국 방문 때 발생한 기자 폭행 사건에서 그들이 보여 준 태도는 많은 사람들을 놀라게 했다. 기자 폭행 사실을 거론하면 대통령의 방중 성과가 무시된다는 논리는 이성적 한계를 넘는 일이었다.

'문빠'는 물론 몇몇 친문 국회의원들이 대통령의 높은 지지율을 이유로 의회 해산을 주장하고 야당의 존재 자체를 부정하려 한 것도 지나쳤다. 대통령을 지지하는 여론조사 수치가 높다고 야당을 없앨 수는 없다. 시민의 지지를 다시 물어 의회의 정당 분포를 바꾸고 싶다면, 다음 총선을 잘 치를 준비를 열심히 하거나, 국회 해산이 가능한 제도를 만드는 일이 먼저일 것이다. 그러려면 의회 중심제로 바꾸거나, 흔히 이원집정부제 내지 준대통령제로 불리는 프랑스식 정부 형태로 개헌을 해야 할 것이다. 문 대통령의 뜻에 따라 미국식 대통령제에 가깝게 개헌을 하고자 하면서, 그런 정부 형태에서는 제도적으로 불가능한 의회 해산을 말하는 것은 앞뒤가 맞지 않는 일이다.

열렬 지지자들에게만 불평등한 발언권이 주어지는 민주주의는 민주주의가 아니다. 민주주의란 정당하게 선출된 정부에 일정 기간 주권을 위임하는 대신 자유롭게 비판하고 반대할 권리를 시민이 향유하는 체제를 뜻한다. 한 사람만이 자유를 누리는 체제는 전제정이라 한다. 그렇게 하면 앞선 박근혜 정부와 다를 바 없게 된다. 문 대통령은 정의롭기에 예외라 여기거나, 설령 전제정이라 해도 '선한 전제정'은 괜찮다고 본다면 그건 큰 문제가 아닐 수 없다.

존 스튜어트 밀을 포함해 많은 철학자들이 강조했듯이, 자유의 최대 적은 선한 전제정이다. 나쁜 전제정은 비판하기 쉽지만 의도의 선함이 수단의 나쁨을 정당화한다면 개선하기가 더 어렵다. '박사모' 현상이 박근혜식 통치의 산물이듯이 문빠 문제 역시 대통령이 키운 측면이 있다는 점을 생각해야 한다. 앞서도 말했지만, 청와대 정부는 끊임없이 여론 정치를 불러들이고, 적극적 지지자를 동원하려는 욕구를 가질 수밖에 없기 때문이다.

# 청와대 정부는
# 시민의 덕성을 타락시킨다

**결국 박근혜식 청와대 정부와 크게 다르지 않다는 결론인데, 동의하지 못하겠다는 사람이 많을 것이다.**

박근혜식 통치란 무엇인가? 청와대를 권력의 중심에 놓고 행정명령으로 일하는 방식을 가리킨다. 의회와 야당을 무시한 것은 물론이고 집권당조차 수동적 하위 파트너로 삼는 것이 그 짝이며, 그로 인한 정당성의 부재를 '국민 명령'으로 밀어붙이는 방식이다. 국민이 주체가 되는 정치 개혁을 하겠다거나, 노동 개혁을 위해 국민이 나서야 한다는 것은 박 전 대통령이 즐겨 쓴 말이었다. 검찰을 앞세워 '좌익 정권 적폐 청산'을 추진하고 정부에 비판적인 인사들을 블랙리스트로 만들어 배제한 것도 목적의 선함으로 용인되었다. 이 모든 일을 위해 여론 지지율을 높이는 것이 우선시되었고 박사모의 역할도 필요했다. 국민이 원한다는 것을 보여주어야 했기 때문이다.

문 대통령은 달랐어야 했는데, 어디서부터 잘못된 것인지 그렇게 되지 않았다. 무엇이 문제였는지를 묻는다면 이렇게 답하겠다. 청와대 정부를 복원한 것, 지금의 여러 문제는 그것으로부터 시작되었다. 실장과 수석으로 대표되는 비서실 조직은 내각을 통할하고 집권당을 압도하는 힘을 갖는 반면, 그 어떤 책임도 지지 않는 자의적 권력 기구다. 애초부터 그럴 요량이었다면 미국처럼 차라리 그들을 장관으로 세우고 청문회를 거치게 했어야 했다. 실제로 민주당의 변재일 의원이 그런 법안을 발의한 적도 있다.

굳이 수석 보좌관 조직이 필요했다면 집권당의 정책 라인을 들여왔어야 했다. 그랬다면 중소벤처기업부 장관을 포함해 인사청문회에서 논란이 되었던 여러 부적격 인사들을 누가 추천했는지를 전혀 알 수 없는 무책임한 인사 정책은 없었을 것이다. 대선 공약과 반대로, 집권하자마자 사드를 추가 배치하고, '북한에 대한 극한 압박'을 주장하는 등의 이해할 수 없는 일은 제어되거나 최소한 왜 그래야 했는지에 대한 설명은 들을 수 있었을 것이다. 정책 전환이 설명 없이 이루어지면 정부는 시민의 것이 아니라 통치자의 것이 되고 만다.

청와대가 입법부도 아닌데 직접 민주주의라며 입법 청원을 받고, 사법부도 아닌데 적폐 청산을 앞세워 도덕의 심판장을 주도하는 것은 좋지 않다. '부역자 척결'이라는, 말만 들어도 끔찍한 '유사 반공주의'를 부추기는 일은 해서는 안 된다.

**종북 척결, 좌파 청산, 부역자 등은 민주주의에서라면 사라져야 할 용어들인데, 다른 형태로 유사한 담론이 문 대통령의 열렬 지지자들을 통해 양산되고 있다.**

청와대는 '보이지 않는 권력'을 상징한다. 정책이든 인사 문제든 왜 그런 결정이 있었는지를 둘러싸고 설設만 난무하는 것이 청와대 정부다. 합리적 논쟁도 없고, 이유를 알 수 없는 결정이 내려지면 아무도 말을 하지 않는 조직이다. 집권당 내부도 똑같다. 박근혜 정부 때처럼 집권당을 청와대 사수대로 만들지 않겠다고 했지만 그 약속은 지켜지지 않았다. 집권당의 자율성은 여전히 없어 보인다. 대통령이 그런 청와대 정부에 의존하는 통치를 할수록, 여야와 대면해 정치를 하는 일을 회피할수록, 목소리 큰 지지자를 불러들일수록 사회는 양극화된다.

여론 지지 하나에 의존하는 정치는 위험하다. 지지율이 낮아지는 순간 변호의 기회조차 주어지지 않는다. 민주주의는 이런저런 이견이 공존하는 다원주의 위에서만 작동할 수 있는바, 지금의 다당제 내지 다양한 시민 의견을 전제로 공동체를 잘 이끌어 성과를 내는 일을 무시하고 목소리 큰 지지자만 우대하는 정치를 할 수는 없다. 적대와 분열을 최대화하는 '양극화된 양당제'로 돌아갈 뿐이다. 민주주의를 생각한다면 그건 피해야 할 일이다. 민주당과 한국당이 정치를 양분하는 미래는 한국 민주주의의 길이 될 수 없다. 그것은 시민들을 정치적 내전으로 내모는 길이다.

좀 더 근본적인 질문을 해보자. 좋은 정치란 무엇일까? 앞서 말한 대로 아리스토텔레스는 '시민이 잘 통치하고 잘 통치 받는 일을 번갈아 하는 것'을 이상적 민주 정치의 모습이라 보았다. 통치자가 늘 같다면 민주주의는 아닐 것이다. 통치자일 때든 피통치자일 때든 서로 협력할 수 없다면 인간 사회는 적대와 분열을 피할 수 없다. 여야가 통치의 역할을 번갈아 하는 현대 민주주의에서도 다르지 않다. 정권 교체가 없다면 민주주의는 아닐 텐데, 여당일 때 야당 시절을 잊고 야당이 되어서 여당일 때를 망각한다면 좋은 정치는 없다. 그런 의미에서 지금의 야당이 과거 여당이었을 때 '좌익 정권 10년 적폐 청산'을 외쳐 놓고 이제 와서는 야당 탄압이라 항변하는 것도 우습지만, 반대로 지금의 집권당이 과거의 집권당처럼 적폐 청산을 내걸고 통치하는 것을 개혁적이라고 평가하기는 어렵다.

좋은 정부, 좋은 통치란 무엇일까? 옛 철학자들의 대답은 한결같다. 시민들이 좀 더 자유롭고, 평등하고, 안전하고, 건강하고, 평화로운 삶을 영위할 수 있는 공동체를 가꿔 가는 것이다. 그 위에서만이 시민 개개인의 도덕적 자율성이 커질 수 있다. 자유주의의 사회적 기반을 확장하고자 했던 존 스튜어트 밀 역시 같은 생각을 말했다. 그는 '구성원 자신들의 덕성과 지성을 증진시키는' 정부를 높이 평가했다. 그렇기에 그는 언론·출판·집회·결사의 자유만이 아니라 사상과 취향의 자유 역시 억압되지 않아야 공적 토론의 질을 높여 좀 더 나은 진리 위에 사회 공동체를 세울 수 있다고 주장했다.

한번 생각해 보자. 적폐 청산론은 민주적 토론의 질을 높이는데 기여할까? 시민의 민주적 덕성을 고취시키는 데 기여할까? 정치가 전-현직 대통령 사이의 싸움으로 협소화되는 것을 좋다고 볼 수 있을까? 맹목적 지지자들 사이에서 적대적 언어가 양산되는 일은 어떤가? 청와대와 함께 검찰과 같은 권위주의적 생리를 가진 강권적 국가기구들이 앞세워지는 것을 어떻게 생각해야 하는가? 어떤 측면에서 보더라도 민주적 책임 정부와는 거리가 크다.

# 노무현 정부 때의
# 〈과거사 정리 기본법〉처럼 해야 했다

**문제는 대안이다. 어떻게 해야 달라질 수 있을까?**

적폐 청산처럼 권위주의적 용어가 아닌 민주주의적 정치 언어를 쓰는 일부터 시작해야 한다. 예를 들어 적폐 청산이라는 표현 대신 '강권적 국가기구들에 의한 정치 개입과 시민 사찰 행위 조사'로 정의한다고 해보자. 그러면 이를 조사하고 처벌하고 재발되지 않게 하는 일은 여론 동원에 의존하는 '갈등 쟁점'이 아니라 입법을 통해 불가역적 개선을 하는 '합의 쟁점'으로 접근할 수 있다. 그러면 의회와 정당이 중심이 되어 법을 만드는 일을 시작할 수 있다. 좋은 정치는 이런 것이다. 낭만적으로 들린다고 할지 모르겠지만, 정치는 그보다 훨씬 더 어려운 사안도 다룰 수 있다.

2003년 집권한 노무현 정부는 일제강점기와 한국전쟁기, 그리고 권위주의 시기의 인권유린과 폭력, 학살, 의문사를 조사할 수 있도록 일찍부터 입법 논의를 시작했다. 그 어려운 이념 갈등 문제를 해결하는 데 정치가 나섰다. 지금 정부 같았으면 그런 일은 적폐 야당 때문에 꿈도 꿀 수 없는 일이라 손사래 쳤겠지만, 그때는 달랐다. 팽팽한 논쟁 끝에 여야 합의로 법안은 상임위에 상정되어 심의가 이루어졌고, 수많은 갈등과 조정을 거쳐 2005년 5월 극적인 합의로 〈진실·화해를 위한 과거사 정리 기본법〉이 국회를 통과했다.

시간은 걸렸다. 하지만 여야 사이의 갈등과 합의를 통해 만들어진 이 법 덕분에 그 뒤 4년여에 걸쳐 불행한 과거사를 하나하나 정리할 수 있었고, 역사의 시간을 앞으로 이끌 소중한 토대를 만들었다. 여야 합의로 만든 법에 근거한 것이기에 소모적인 이념 갈등 또한 최소화할 수 있었다. 그 연장선에서 지금도 할 일이 많다. 우선 이 기본법을 다시 보완해 '과거사 정리 위원회 2기'를 이어가야 할 것이다. 강권적 국가기구들의 불법적 정치 개입을 제어할 수 있는 새로운 입법 노력을 늦기 전에 시작해야 한다.

지금과 같은 검찰 중심의 적폐 청산이라면, 누가 그 지속성과 공정성을 보장할 것인가? 검찰에게 새로운 권력 자원을 쥐어 주는 것 이상, 과연 얼마나 좋은 결과를 낳을 것인가? 강권적 국가기구를 민주적으로 통제하는 것이 목적이어야 할 텐데, '과거 정권 부역자'를 구속하고 처벌하고 감옥에 보내는 것이 맹목적 욕구가 되는 정치는 과연 누굴 위한 걸까? 정치의 기능을 활성화하는 일이 시급하고, 갈등적인 사안일수록 입법을 통해 해결해 가는 것이 필요하다.

자유한국당을 없애자고 공격하고, 국민의당이나 바른미래당 역시 다를 바 없다며 야유하는 것을 진보적이라 여기는 사람을 가끔 보는데, 그건 삐뚤어진 진보의 모습이라 할 수는 있어도 공정하고 당당한 일은 아니다. 싫든 좋든 민주주의에서라면 그들 역시 시민 주권을 나눠서 위임받은, 정당한 대표 기구다. 그들과 공정하게 논쟁하고 그들보다 객관적으로 실력이 나음을 보여 주는 것이 그들의 위세를 줄이는 최고의 민주적 방법이다. 공격과 야유는 사나운 야당을 강화시키는 부정적 에너지를 키우며, 결과적으로 양극화된 양당 체계를 부추긴다.

정치가 여야 사이의 선과 악의 대결 구도가 되는 일은 다원주의와 정당정치만을 파괴하는 것이 아니라 민주주의 자체에 재난적 결과를 가져온다. 민주주의는 야당이 있는 체제이고, 집권당은 야당을 다루는 실력만큼 민주주의 발전에 기여한다. 그 길을 찾아가야 할 때다.

**그러려면 어떻게 해야 할까?**

대안이 없어서 이렇게 된 것이 아니다. 할 수 있고 하겠다고 한 것을 스스로 뒤집고 하지 않아서 생긴 문제들일 뿐이다.

# 책임 있는
# 정당정부의 길을
# 가고자 한다면

청와대 정부가 아닌 민주당 정부여야 한다

책임 총리-책임 장관제를 실천해야 한다

의회정치의 기본 규범을 세워야 한다

시민은 더 자유로워져야 하고 정당과 의회는

책임 정치를 실천해야 하며 대통령은 책임 정부를 지향해야 한다

## 청와대 정부가 아닌
## 민주당 정부여야 한다

약속과는 달리 청와대 정부로 돌아간 선택이 낳은 부정적 결과는 크고 심대하다. 앞서 박정희 정부 때의 청와대 정부에 대해서는 이야기한 바 있으니 그 이후의 청와대를 보자.

우선 전두환 정부는 박정희 시대 청와대 권력에 대한 비판 여론을 의식해 청와대 권력을 축소하려 했다. 유신 체제하에서 8명까지 두었던 특별 보좌관제를 폐지했고, 수석 비서관의 직급을 장관급에서 차관급으로 낮췄다. 물론 이는 집권 초 잠깐이었을 뿐 그 뒤 지속적으로 청와대 권력은 강해졌다. 민간 정치인들을 견제하고 민주화 운동을 억압하기 위해 사정수석과 법무수석을 신설했고 결국 청와대 예산과 인력도 대폭 확대했다.

민주화 이후는 어땠을까? 당연히 축소, 재편, 개혁되었어야 할 청와대 정부는 그런 방향으로 변화되었을까? 문제의 초점은 당연히 여기에 있을 것이다. 결론부터 말하면 그렇게 되지 못했다. 노태우 정부하에서 변화는 없었다. 민주화의 요구에 부응하려 경호실과 안기부 권한은 축소했지만 대신 청와대 비서실 권한은 강화했다. 당정 관계를 통제하는 정무수석의 역할이 커졌고, 공직 기강 확립을 빌미로 사정수석을 부활시켰다.

'작은 정부와 일하는 청와대'를 표방하고 등장한 김영삼 정부에서는 어땠을까? 청와대 규모가 전처럼 크게 늘어나지는 않았다. 사정수석과 정치특보를 폐지해 스스로 권력을 제한하기도 했다. 다만 정책기획수석을 신설하고 내각의 정책 기능과 중첩되는 수석실은 늘었다. 그래도 청와대 인력 규모를 축소하고 집권 기간 내내 늘리지 않는 정도의 노력은 했다. 예산 증가율도 그 전만큼 크지는 않았다.

'작고 효율적인 정부'를 앞세웠던 김대중 정부 때는 어땠을까? 처음에는 비서실 조직을 축소했다. 김영삼 정부 때의 1실장 1특보 11수석 체제는 1실장 6수석으로 축소되었다. 행정부 편재와 비슷한 수석실도 폐지했으며 부처와 내각 중심의 국정 운영을 강조하기도 했다. 민정수석을 없앴고 그 기능은 낮은 직급에서 다루게 했다. 사정 기능도 없앴다. 청와대 검사 파견제도 폐지했다. 다만 정책 기획 및 홍보 기능은 강화되었다. 다만 폐지된 기능의 일부는 임기 중후반으로 가면서 부활했다. 2000년에 들어서 민정수석을 복원하는 것을 시작으로 결국 1실장 2특보 8수석 체제로

마무리했다. 그래도 전체적으로 보면 청와대 기능과 권한은 이때 많이 줄었다.

　노무현 정부 역시 출발은 유사했다. 내각과 부처를 관할하는 수석제는 폐지했다. 그 결과 수석은 6명으로 줄었다. 대신 미국식 보좌관을 도입했다. 부처나 내각에 대한 관할권은 줄였지만 홍보 기능을 대폭 확대했다. 공보수석을 홍보수석으로 확대 개편했고, 국민참여수석과 시민사회수석을 신설했다. 이 과정에서 청와대의 예산은 물론 규모가 크게 확장되었다. 김대중 정부 임기 말 청와대 규모가 405명이었다면 노무현 정부 마지막 해에는 531명으로 늘었다. 비슷한 규모의 경호실 인력을 고려하면 1천 명 안팎이 청와대에 근무하기 시작한 것은 이때였다. 이명박 정부 마지막 해 청와대 비서실이 그보다 1백여 명 적었던 것을 생각하면 노무현 정부가 얼마나 큰 청와대를 만들었는지 실감할 수 있다.

　'작은 정부'를 표방했던 이명박 정부에 들어와 청와대의 권한 과 규모는 다시 줄었다. 인사수석실이 폐지되고 대신 그 기능은 인사기획관으로 축소되었다. 정책실장과 홍보수석, 시민사회수석 도 폐지했다. 대신 국정기획수석을 신설해 4대강 사업 등 주요 정 책 과제의 추진을 맡겼고, 부처의 차관을 '대통령 사람'으로 채워 통제했다. 애초 폐지했던 정책실장을 집권 2년 만에 부활하는 등 일부 변화도 있었다. 그래도 청와대 규모를 처음부터 끝까지 456 명으로 제한한 것은 특징적이었다.

　박근혜 정부는 대통령 비서실과 경호실을 분리하는 것을 제외하고 앞선 청와대 구조를 거의 그대로 이어갔다. 적어도 초기에는 그랬다. 인사수석 없이 출발했고, 폐지된 지 6년 만에 인사수석실이 부활한 것은 집권 2년차에 들어서였다. 전체 청와대 비서실 인력의 규모를 443명으로 줄이고 집권 5년 동안 전체적으로 예산을 거의 늘리지 않은 것도 특별했다. 그 밖의 큰 변화는 없었다. 다만 부처와 내각에 대한 통제는 더욱 강해져, 이른바 '청와대의 내각 통할권'이라는 특별한 현상이 심화된 것은 특징적이었다. 검찰과 국정원을 동원해 권력을 통제하고, 소수의 측근과 비공식 라인에 의존한 점도 물론 중요한 특징이었다.

문재인 정부 집권 첫해 청와대는 어땠을까? 문재인 대통령은 처음부터 청와대가 중심이 되는 정부 운영을 목표로 삼았다. '청와대 축소'라는 기존 정부들의 기조를 이어받지 않겠다며 매우 분명하게 '일하는 청와대'를 내세웠다. 그 결과 박근혜 정부 초기 청와대 인력 규모를 20퍼센트 감축할 계획을 발표했던 것과는 대조적으로 문재인 정부는 기존 청와대의 예산과 규모를 그대로 이어받았다. 국가안보실 인원을 제외하면 443명으로 정원은 동일하지만 이를 포함하면 오히려 증가가 주목된다. 국가안보실을 포함해 박근혜 정부 시기 대통령 비서실 전체 정원은 5년 내내 469명이었던 데 비해, 문재인 정부의 2018년 비서실 전체 정원은 490명으로 커졌기 때문이다.

2018년 대통령 비서실의 예산 변화도 살펴볼 만하다.[*] 전체적으로 예산은 2퍼센트 증액되었다. 그 가운데 인건비 예산안은 전년 대비 8.5퍼센트가 늘었다. 역대 인건비 증가율이 2014년 1.7퍼센트, 2015년 2.2퍼센트, 2016년 5.4퍼센트, 2017년 3.5 퍼센트였던 것에 비해 적지 않은 수치다. 주요 사업비 예산은 거의 변화가 없었다. 다만 그 가운데 정보화 예산이 31.6퍼센트 증액되었는데, 그 내용은 청와대 홈페이지에, 자체 제작한 뉴스 콘텐츠를 업로드하는 데 필요한 비용이다. 다시 말해 청와대에서 영상 뉴스를 내보내겠다는 것이다. 국정 평가 관리 예산은 68.5퍼센트 증가되었는데, 그 세목 가운데 가장 큰 증가 항목은 청와대 관람객 기념품, 대통령 친서 발송, 대통령 메시지 운영 등을 위한 비용으로 175.4퍼센트가 늘었다. 그 다음은 여론조사 및 국정 성과 콘텐츠 제작 등을 위한 비용으로 24.5퍼센트가 증가했다. 요컨대 2018년 청와대는 2017년에 비해 좀 더 많은 인력을 보강하는 동시에 자체 뉴스 제작 및 여론 동원 관련 활동을 강화하겠다는 뜻을 밝힌 것이다.

규모보다 중요한 것은 기능과 권한이다. 이는 청와대 비서실 조직 편재를 봐도 금방 알 수 있다(〈그림 3〉). 우선 비서실장의 역할이 커졌다. 비서실장 직속으로 "국가 재원 배분을 기획·점검"하는 것을 목적으로 재정기획관을 신설했다. 예산 기획과 관련된 통제권을 기획재정부에만 맡기지 않고 청와대가 행사하고 싶다는

---

● 국회운영위원회, "2018년도 대통령비서실 및 국가안보실 소관 예산안 검토 보고서" (2017. 11).

**그림 3 | 문재인 정부의 청와대 비서실 및 국가안보실 직제**

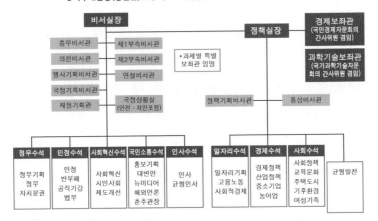

## 대통령비서실 개편 기구도

●기구 : 2실장(장관급)10수석 · 보좌관(차관급)41비서관 ●정원 : 443명

**비서실장**

| 총무비서관 | 제1부속비서관 |
| 의전비서관 | 제2부속비서관 |
| 행사기획비서관 | 연설비서관 |
| 국정기록비서관 | 국정상황실 (안전 · 치안포함) |
| 재정기획관 | |

*과제별 특별 보좌관 임명

**정책실장**

**경제보좌관** (국민경제자문회의 간사위원 겸임)

**과학기술보좌관** (국가과학기술자문회의 간사위원 겸임)

| 정책기획비서관 | 통상비서관 |

| 정무수석 | 민정수석 | 사회혁신수석 | 국민소통수석 | 인사수석 | 일자리수석 | 경제수석 | 사회수석 |
|---|---|---|---|---|---|---|---|
| 정무기획 정무 자치분권 | 민정 반부패 공직기강 법무 | 사회혁신 시민사회 제도개선 | 홍보기획 대변인 뉴미디어 해외언론 춘추관장 | 인사 균형인사 | 일자리기획 고용노동 사회적경제 | 경제정책 산업정책 중소기업 농어업 | 사회정책 교육문화 주택도시 기후환경 여성가족 | 균형발전 |

## 국가안보실 개편 기구도

●기구 : 2차장(차관급)8비서관 ●정원 : 43명(현 파견근무 일부전환 포함21명 증원)

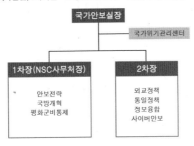

**국가안보실장**

국가위기관리센터

**1차장(NSC사무처장)**

안보전략
국방개혁
평화군비통제

**2차장**

외교정책
통일정책
정보융합
사이버안보

출처: 『연합신문』(2017/05/11).

강한 의지로 읽혔다. "전반적인 국정 상황에 대한 점검 기능 강화"를 위해 국정상황실을 신설했다. 대통령을 위한 행사와 이미지 관리 기능을 전담하는 행사기획비서관도 신설되었다. 비서실장이 관할하는 수석실 가운데도, 이전 정부들의 경우 집권 초기에는 여론을 의식해 주저했던 민정수석실과 인사수석실을 처음부터 가동했다. 특히 민정수석실은 공직 사회의 기강을 바로잡으며 고위 공직자의 인사 검증, 직무 관찰 등의 업무를 담당하고, 나아가 인사 검증 권한을 기반으로 검찰 인사에 영향력을 행사하며 5대 사정 기관(검찰, 경찰, 국가정보원, 국세청, 감사원)을 총괄하는 막강한 권한을 갖게 되었다. 민정수석이 "촛불 혁명을 완수하라는 국민의 뜻"을 실현하는 일에 사명감을 갖는 것이나, 입법부와 사법부 위에 스스로의 위상을 세우려 하면서 국회 운영위 참석은 피하려 하는 대신 개헌안을 주도하려는 것은 분명 이례적인 일이 아닐 수 없다.

박근혜 정부에서 폐지되었던 정책실을 복원하고 장관급 정책실장을 임명한 것도 주목할 만하다. 그 밑에 직속으로 차관급 경제보좌관과 과학기술보좌관을 두었고, 이와 함께 같은 차관급인 일자리수석과 사회혁신수석, 국민소통수석을 두었다. 주택도시비서관, 통상비서관, 사회적 경제비서관, 지방자치비서관, 균형발전비서관도 신설되었다. 경제보좌관은 "거시 경제 운용 방향 설정과 점검 등을 담당하고 헌법 기구인 국민경제자문회의 간사위원을 겸하게" 했다. 과학기술보좌관은 "범부처적 4차 산업혁명 대응과 과학기술 발전 전략을 담당하고 헌법 기구인 국가과학기술자문회의 간사위원을 겸하게" 했다. 사회수석실이 관할하는 범위도 상당하다. 산하 비서관을 기준으로 보면 사회복지, 교육 문화, 주택도시, 기후 환경, 여성 가족 분야 정책은 모두 사회수석실이 관장한다. 그 밖에 부동산 및 의료 복지, 국정 교과서, 문화계 블랙리스트, 미세 먼지, 몰래카메라 대책, 탈원전 등도 모두 사회수석실이 관할해 왔다. 한마디로 말해, 내각과 부처가 자율성을 가질 수 있는 구조가 아니다.

비서실과 별도의 대통령 직속 기관인 국가안보실의 변화도 특별하다. 무엇보다도 그 규모가 놀랍게 커졌다. 기존 1차장 5비서관 체제에서 2차장 8비서관 체제가 되었고 정원도 22명에서 43명으로 늘었다. 외교·안보는 물론 통일 분야까지 내각이 아닌 청와대가 주도할 수 있게 된 것은 이런 변화의 필연적 결과라 할 수 있다.

이상과 같은 이유로 집권 첫해 동안 청와대 실장들과 수석들의 영향력은 정부 전체는 물론 사회 전체의 관심을 집중시킬 만큼 압도적이고 강한 것으로 나타났다. 민주화 이후의 일곱 정부 가운데 집권 초부터 강한 청와대를 내세운 것은 문재인 정부가 처음이다. 앞선 정부들 대부분이 집권 초에는 여론의 눈치를 보다가 시간이 지나면서 청와대 권력을 강화했다는 점을 생각하면 아마도 역대 최강인 청와대의 출현을 보게 될지도 모른다. 이런 방향의 변화를 긍정적으로 볼 수 있을까? 앞서 다양한 방법으로 설명했듯이 그렇지 않다. 청와대를 포함한 공적 기관과 그것의 권위는 모두 대통령의 것도 아니고 참모들의 것은 더더욱 아니기 때문이다. 그럼 어떻게 해야 하는가? 복잡하게 말할 것 없이, 선거 때 공약한 대로 해야 한다. 이 문제에 대해서는 다른 여지가 있을 수 없다.

대통령 후보로서 문재인의 공약만 보면 비교적 일찍부터 안정적인 정부론 내지 제도론이 있었다. 2017년 1월 7일 『경향신문』과의 인터뷰에서 문재인 후보는 자신의 구상을 이렇게 표현했다. "정당이 생산하는 중요한 정책을 정부가 받아서 집행하고 인사에 관해서도 당으로부터 추천받거나 당과 협의해 결정하는, 그렇게 해서 문재인 정부가 아니라 더불어민주당의 정부 …… 이것이 바람직하다고 보고 저는 이미 이렇게 공약을 했다." 이틀 후인 2017년 1월 9일 〈SBS 8시 뉴스〉가 초청한 후보 릴레이 인터뷰 때도 똑같은 표현을 썼고, 같은 달 23일 '광주 전남 언론 포럼'이 주최한 대선 주자 토론회에서도 마찬가지였다.

이런 정부관이 이때 처음 나타났던 것은 아니다. 2012년 9월 16일, 18대 대통령 선거 민주통합당 후보 수락 연설을 통해 문재인 후보는 5대 과제 중 하나로 '새로운 정치'를 제시했다. 그 핵심 내용은 '책임 총리제와 정당 책임정치 실현'에 있었다. 당시 윤후덕 후보 비서실장은 그 내용을 상세히 설명하면서 "당이 청와대의 뜻을 입법화하는 '통법부'의 기능이 아니라, 실제로 대정부 관계에서 정책을 주도하고 정부를 끌고 가는 역할을 맡기겠다는 구상"이라고 설명했다. 당을 '청와대 사수대' 내지 '청와대의 뜻에 따른 통법부'가 아닌 '책임 정치의 보루가 되는 집권당'으로 이끌고 싶다는 정부관을 꽤나 일찍부터 고수했음을 알 수 있는 대목이다. 그렇기에 2017년 5월 10일 총리 후보를 지명하면서 "일상적인 국정 운영에 대해서는 책임 총리를 비롯한 내각이 담당하고,

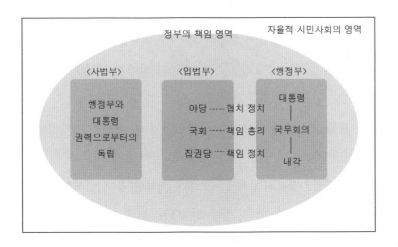

총리와 장관이 하나의 팀으로 공동 책임을 지도록 하는 연대 책임 제를 구현하겠다."는 약속이 하나도 어색하지 않았다.

이런 정부론 내지 제도론은 1987년 개정된 민주 헌법의 정신 과도 잘 상응한다. 헌법 86조 ①항은 국무총리는 "국회의 동의를 얻어" 임명되어야 함을 말하고 있다. 헌법 87조 ①항은 장관을 포 함한 국무위원들이 "국무총리의 제청으로" 임명되어야 함을 규정 하고 있다. 헌법 88조 ①항은 국무회의 권한을 규정하고 있는 데, 그것은 "정부의 권한에 속하는 중요한 정책을 심의"하는 데 있다. 헌법 89조는 17개 절에 걸쳐 그 구체적인 사항을 적시해 놓고 있다.

이상과 같이 헌법 정신에도 맞고 대통령 후보 때의 공약에 부

그림 5 | 청와대 정부의 구조와 체계

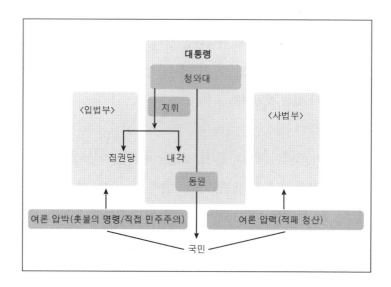

합하는 정부를 만들었다면 그것은 앞서 살펴본 '책임 정부'에 가까운 모습이었을 것이다. 책임 정부와 그와는 배치되는 청와대 정부를 도해한다면 〈그림 4〉 및 〈그림 5〉와 같을 것이다.

협치 정치, 책임 정치의 길 대신 무망한 여론조사 결과에 의존하는 정치, 적폐 청산을 앞세운 도덕론적 심판 정치, 반정치적이고 반의회 및 반정당적인 직접 민주주의 동원 정치, 여야 관계는 물론 시민사회를 분열시키는 양극화 정치를 지속할 수는 없다. 지난 공약에 맞게 방향을 전환해야 한다.

공약으로 말했던 책임 정부를 만든 것이 아니라 앞선 정부와 별다르지 않은 청와대 정부를 만들게 된 이유는 무엇일까? 정당 책임정치나 책임 총리제의 약속과는 달리, 실제로는 강력한 청와대를 만들어 밀고 가야겠다고 처음부터 생각한 것일까? 아니면 다른 생각이 있는 것일까?

대통령의 생각이 어떤지는 모르겠다. 하지만 지난 상황을 지켜보면서 일정한 흐름을 객관화해서 말해 볼 수는 있겠다. 일단 2016년 20대 총선에서 2017년 19대 대선 사이의 정국을 이끈 가장 강력한 힘이 촛불 집회였다는 사실에 이의를 달 사람은 없을 것이다. 이 과정에서 민주당에는 크게 세 흐름이 있었다. 한쪽 끝에 이재명의 '적폐 청산 촛불 혁명론'이 있었다면, 다른 쪽 끝은 안희정의 '대연정 협치론'이 있었고, 문재인 후보는 그 사이에 있었다.

애초 문재인 후보는 정당과 의회 중심의 대안을 말했다. 국회에서 국무총리 임명을 주도해 거국 중립 내각을 만들자는 것이 그 핵심이었다. 이 대안이 실현되려면 여야는 물론, 국회와 대통령 사이에서도 상당한 의견 조정이 있어야 했지만, 여야 어느 쪽도 조정자의 역할을 하려 하지 않았고 대통령은 일방적으로 총리를 임명하는 것으로 대응했다. 정치적 조정의 기회가 사라지자 문재인 후보는 뒤늦게 촛불 집회에 합류하게 되었는데, 그 뒤부터 조기 대선 국면까지 상황을 전체적으로 보면 매우 흥미로운 변화가 눈에 띈다.

우선 촛불집회에 적극적으로 합류하면서 문 후보의 말에서 적폐 청산론이 강해졌다. 하지만 선거 캠프는 진보와 보수 인사를 모두 아우르는 '사실상의 대연정 캠프'를 지속적으로 확대해 갔다. 4월 초 경선을 마치고 나서도 양상은 유사했다. 더불어민주당 정당 캠프에서는 적폐 청산을 후보의 공식 슬로건에서 폐기하고 "나라를 나라답게"로 한다고 발표했다. 하지만 진보적 개혁을 요구하는 집단을 만나는 자리나 열광적 지지자가 모인 거리 현장에서 문재인 후보는 적폐 청산을 계속 말했다. 선거 막바지까지 득표 확대의 필요 앞에서는 늘 통합과 협치를 말했고, 개혁을 약속해야 할 대상을 만날 때는 적폐 청산과 촛불 혁명을 말했다.

2017년 5월 1일 문재인 후보는 〈시비에스〉CBS 라디오 인터뷰에서 '대통령이 되면 야당 당사를 방문할 생각이 있는가'라는 질문에 "선거가 끝나고 나면 그런 것은 다 잊어버리고 어떤 야당하고도 협치를 해야 한다. 당연히 대화해야 한다. 야당 당사를 방문하는 것은 말할 것도 없다. 선거 끝나면 자유한국당도 예외가 아니다. 함께 협치해야 할 대상이라고 본다."라고 말했다. 5월 8일 '대국민 호소문'에서도 비슷한 내용을 말했다. "누구도 거스를 수 없는 개혁과 통합의 도도한 흐름을 만들어 달라. …… 국민들의 단합된 힘이 없으면 첫걸음부터 흔들린다. …… 국민 모두의 대통령답게 일하겠다. …… 야당 당사부터 찾아가 다 손잡고 함께 가겠다."고 강조했다. 5월 9일 투표 당일에도 "선거가 끝나면 이

제부터 우리는 하나"라며 "경쟁한 다른 후보들과 다른 정당들을 저부터 껴안고 서로 협력하는 정치를 하겠다."고 밝혔다.

투표를 앞두고 집중적으로 약속했던 이런 말들을 다시 상기해 보면 집권 초 빠른 속도로 청와대 정부를 완성하고, 적폐 청산과 촛불 혁명 완수론을 치고 나간 것이 의아해 보일지 모르겠다. 하지만 문재인 후보 시절 협치를 약속했다 하더라도 그것은 어디까지나 통치 행태론의 차원이었을 뿐, 그와 관련해 어떤 제도적 변화나 개선을 약속한 적은 없었다. 따라서 적폐 청산에 나서는 개혁 대통령과, 협치 내지 통합 대통령 가운데 어느 쪽이 진짜 모습이냐를 묻는다면 전자에 있었다고 볼 수 있다.

물론 다른 해석도 가능하다. 집권 초에는 강한 개혁 드라이브를 통해 구악을 일소한 다음 국민 통합에 나서겠다는 단계론이 그것이다. 초기 '친문'으로 불리는 이들 가운데 이렇게 설명하는 사람이 있었다. 조기에 적폐 청산을 완수하고, 그러고 나서 협치 정치로 전환하겠다는 식이다. 그럴 수도 있을 것이다. 하지만 그보다는 청와대 중심의 개혁이 익숙하고 또 쉬운 선택으로 여겨졌기 때문이라고 보는 것이 더 합리적일 수 있다. 청와대는 문 대통령 자신이 다른 누구보다 잘 아는 곳이다. 민정수석을 한 정부에서 두 번이나 하는 기록을 세우고 비서실장까지 한 경력은 누구도 갖기 어렵다. 청와대는 단순한 곳이다. 대통령 권력으로 일하는 조직이기에 대통령 권력이 강하면 일이 쉽고 약해지면 일이 안 되는 일차원적 기구다. 반면 정당과 의회를 통해 일하는 것은 힘들고 복잡하다. 차이와 이견, 갈등 속에서 일해야 하므로 정당과 의회 정치는 자율적이고 창의적인 접근이 필요한 세계다. 역할과 기능의 위임이 전제되어야 성과를 낼 수 있는 곳이다. 그러나 문 대통령처럼 국회 경험은 물론 정치의 경험이 짧은 경우 현실의 정당과 의회정치를 긍정적으로 이해하기가 쉽지 않다.

요컨대 지금까지 전체적인 상황 전개를 보면, 정당과 의회, 내각을 통해 일하는 책임 정치론, 책임 정부론은 문 대통령 개인의 확고한 판단이나 정치론이라기보다, 선거를 뒷받침했던 당과 선거 전문가 내지 국회의원들의 요청을 수용한 것일 가능성이 높다. 반대로 청와대와 대통령 중심의 개혁 운동론 내지 개혁 군주론은 자신에게 잘 맞고 편한 통치론일 가능성이 높다. 대통령 지지율을 맹신한 것, 혹은 높은 지지율 수치가 만들어 낸 착시 효과 또한 청와대 정부를 심화시킨 원인이라 할 수 있다. 그렇지 않고는 집권 첫해 동안 문 대통령의 선택은 잘 설명되지 않는다. 2018년 3월 대통령의 개헌안 발의에 대해 청와대 안팎 어디에서도 이의가 제기되거나 재고가 논의되지 않았다는 사실은 청와대 정부의 문제를 집약해서 보여 주는 사례라 생각한다. 청와대의 실장과 수석, 비서관들이 어느덧 집단 편향성을 스스로 강화하는 심리적 문제를 공유하고 있는 것이 아닌가 한다. 정치를 지지자와 반대자 사이의 '유사 전쟁'으로 여기는 것 같은 분위기가 역력하다. 여론 대책이나 야당에 대한 대응 논리에 골몰하는 것이 청와대를 지배하는 심리 상황이 되면, 앞으로도 청와대에서는 한목소리만 나올 것이다.

**청와대 정부가 문제의 핵심이라면, 청와대 권력을 스스로 축소하는 조치가 필요할 것 같다. 변화나 전환의 시작점이 어디여야 한다고 보는가?**

청와대 실장과 수석제의 폐지다. '청와대 수보 회의'라는 말이 사라지는 정치를 하는 것이 시작이다. 청와대 상황실과 부속실, 의전 및 연설 담당 등 최소 기능을 제외하고 내각과 기능이 겹치는 수석실은 폐지해야 한다. 그 빈자리를 채워야 할 것은 당이다. 그래야 당도 성장하고 발전할 수 있으며, 그래야 민주정치가 활성화된다. 민주화를 왜 했겠는가? 청와대가 중심이 되어 정부를 운영하려 한다면 권위주의 체제를 그대로 두고 대통령만 잘 뽑는 것이 낫다. 청와대 정부는 권위주의에 맞는 모델이지 민주 정부에 맞는 모델이 아니다.

**정책실과 수석제를 폐지하면 정부 정책을 전체적으로 지휘하고 관장하는 대통령의 능력이 약해지지 않을까?**

그 반대다. 청와대 정책실 대신 당의 정책위원회가 중심이 되어 대통령이 국무회의와 내각을 지휘할 수 있도록 뒷받침하는 것, 이런 접근이 훨씬 낫다. 정당정부의 원리를 실현할 수 있을 뿐만 아니라 실질적 성과 역시 훨씬 클 것이다.

청와대는 정책을 만드는 곳이 아니다. 정책 운영도 잘 할 수 없다. 국회 상임위원회 활동 경험만큼 정부 운영에 필요한 정책적 지식을 더 잘 익힐 수 있는 곳은 없다. 당연히 정당이 청와대보다 정책을 훨씬 더 잘 알고 잘 실천할 수 있다.

문 대통령이 의회나 정당의 역할을 신뢰하지 않는 것은 큰 문제가 아닐 수 없다. 앞서도 말했지만 의회와의 협치나 집권당의 역할을 말하면서도, 그에 합당한 제도 변화나 실천으로 뒷받침된 적은 없었다. 의회와 정당을 믿지 못하기 때문에 문 대통령은 스스로 '강력한 개혁 군주'의 역할을 자처해 왔고 청와대를 앞세울 수밖에 없었다. 의회와 정당은 물론 사법부의 독립적인 역할이 커지는 것도 억제해 왔다. 국민 여론을 동원해 이들 기관에 대한 간접적 압력을 행사하는 것이 그 방법이었다. 요컨대 청와대 정부가 아니고서는 개혁을 밀어붙이고 실현할 방법은 없다는 판단이 문 대통령의 확고한 권력관으로 자리 잡았다. 이런 개혁관, 권력관을 벗어날 수 있는 정부관이 들어서야 한다고 본다.

## 비서실장과 정무수석의 역할은 어찌해야 할까?

당 대표를 포함한 당 지도부가 맡아 줘야 한다. 그렇지 않으면 집권당은 왜 있는가? 대통령의 정무 보좌는 집권당 지도부의 역할이다. 비서실장을 두더라도 차관급 이하로 그 직위가 낮아져야 한다. 그래야 당도 내각도 자율적인 목소리를 낼 수 있다.


**국가안보실장은 어떨까? 국가안전보장회의NSC 의장인 대통령**
**을 보좌하기 위해 필요하지 않을까?**

있을 이유가 없다고 본다. 국가안보실은 2013년 박근혜 정부
때 안보 기능을 강화하겠다며 신설했는데, 안보 관련 특별 기구
가 계속 커지고 있는 것은 걱정이 된다. NSC 권한 강화도 생각해
볼 일이다. 애초 NSC는 박정희 정부 때 만들어져 오랫동안 존재
해 왔지만 유명무실한 기관이었다. 그런데 이 기구도 점점 강화
되고 커졌다. 안보 관련 기구는 책임성을 묻기가 어렵다. 국가 위
기나 비상 상황을 이유로 '정치의 중지'를 요청할 수 있는 기구들
이다. 내각의 외교·안보·통일 관련 부처들이 역할을 맡아야 문민
통치의 원리가 실현될 수 있다. NSC가 꼭 필요하다 해도 별도의
국가안보실을 둘 일은 아니라 본다. 상임위원장을 노무현 정부
때처럼 통일부 장관이 맡게 할 수도 있다. 그러려면 통일부 장관
이 권한을 행사할 수 있게 해야 한다. 장관을 믿지 못한다면 믿을
만한 장관을 앉혀야 하고, 이를 뒷받침할 수 있도록 집권당의 외
교와 군사 분야 정책 장악력을 높여 가야 한다. 외교와 군사, 안보
분야 국회 상임위의 역할도 커져야 한다. "전쟁은 너무 중요해서
장군들에게 맡겨 놓을 수 없다."는 것은 제1차 세계대전 당시 프

랑스 수상이었던 클레망소Georges Clemenceau가 한 말이다. 군사와 안보 분야를 그 분야의 전문 관료들이나 국정원 그리고 비서 권력이 독점하게 하면 안 될 텐데, 그들에 대한 문민 통제는 대통령의 힘만으로도 어렵다. 당연히 당과 의회의 역할이 커져야 한다. 2018년 평창동계올림픽 때 미국 정부가 트럼프 대통령의 딸 이방카Ivanka Trump를 특사로 파견한 적이 있다. 이 때문에 미국의 지식인들과 언론으로부터 비판을 받기도 했다. 하지만 미국의 특사단에는 상원 정보위 소속 제임스 리쉬James Risch 의원이 있었다. 반면 우리가 보낸 대북 특사단의 경우 청와대와 국정원이 주도했으며, 내각과 의회는 사실상 역할이 없었다. 민주정치의 시간이 왜 거꾸로 가는지 알 수가 없다.


## 인사수석도 폐지해야 하는가?


완전한 인사 파일, 완벽한 인사 검증이 가능하다고 믿는 접근으로는 해결이 어렵다. 인사혁신처 등 이미 있는 정부 부처의 역할을 살리고, 총리와 장관의 인사권을 확대하며, 정당이 인사 충원과 경력 사다리의 많은 부분을 맡아 주면서 서서히 개선할 문제다.

## 개혁의 주도자로 나선 민정수석은 어떤가?

민정수석이 개혁을 주도할 수는 없다. 문재인 정부하에서 민정
수석의 권한은 입법, 사법, 행정 각 부에 가이드라인을 제시할 만
큼 막강하되 책임은 전혀 없는 권력이 되었다. 민정수석실을 둔
것 자체가 잘못이라고 볼 수도 있다. 민정수석은 1969년 3선 개
헌을 위해 처음 만들어졌다. 3선 개헌 통과 후 폐지되었다가 다시
부활한 것도 1972년 유신 체제로의 전환기 때였다. 박정희 정부
하에서 권력 통제 기능을 위해 만들었던 수석실을 고수할 이유가
없다. 민정 기능이 굳이 필요하다면 김대중 정부 때처럼 직급을
낮추고 권력 통제 기능은 없애야 한다.

문 정부하에서 민정수석이 청와대 국민 청원을 주도해 온 것도
문제지만, 대통령 개헌 발의권을 주도한 것은 관용의 한계를 벗어
난다. 박근혜 전 대통령이 개헌을 발의했다고 가정할 때, 내용이
좋다면 수용할 수 있을까도 생각해 볼 문제지만, 권력 통제가 본
래의 기능인 민정수석이 나서는 것은 있을 수 없는 일이기 때문이
다. 박근혜 청와대의 우병우 민정수석이 개헌안을 발표했다고 가
정해 보라. 용인될 수 있는 일일까? 그때와는 달리 지금의 민정수
석은 진보적이고 개혁적이라서 정당화될 수 있을까?

제 아무리 의도가 좋다 해도 그런 방식의 개혁과 진보는 부정
적인 효과를 낳을 수밖에 없다. 대통령의 개헌 발의권은 이승만의
고집으로 헌법에 들어왔고, 박정희의 유신 헌법에서 다시 부활한

조항이다. 이승만과 박정희의 방법으로 민주주의를 운영할 수 없다면 문 대통령의 개헌 발의 추진은 절제되었어야 했다. 더 근본적으로 권력 기구 감찰 기능을 왜 청와대 비서실이 가져야 하는지도 생각해 볼 일이다. 앞선 정부에서 그 기능을 폐지한 적도 있는데 굳이 되살릴 이유가 있을까 싶다. 대통령 가족을 포함해 친인척 감찰 기능이 필요하다면 청와대 특별 감찰관 같은, 이미 있는 제도를 활용하면 된다. 1년 가까이 이 자리가 공석으로 비어 있는 것부터가 직무유기라 할 수 있다.

### 그래도 대통령 입장에서는 지금의 수석 체제가 도움이 되지 않을까?

그렇지 않다. 지금처럼 청와대 수석실에 과도하게 집중된 정부 운영은, 책임 정부의 규범성은 물론 효율적인 정부 운영을 어렵게 하고, 대통령의 업무가 과부하되는 부정적 효과만 커진다. 정부라고 하는 거대 복합 구조를 선용할 생각을 왜 못하는지 모르겠다. 자율과 위임이 책임 정부의 효율성을 담보하는 원칙으로 자리 잡아야 대통령의 능력 역시 더 활기차게 발휘될 수 있다.

지금이야 청와대를 대통령이 자유롭게 다룰 수 있는 것처럼 보이지만, 시간이 지날수록 대통령으로 하여금 정치의 공간으로 다가가는 일을 제어하고 어렵게 하는 쐐기 역할을 청와대 비서실이 하게 된다. 청와대는 구조적으로 반정치적일 수밖에 없다. 그래야 권력이 커지기 때문이다. 청와대 비서 권력을 제어할 수 없게 되면, 대통령은 정치와 사회로부터 고립된다. 거기에서 끝나지 않는다. '청와대를 통한 대통령 권력'은 결국 작동하지 않게 되는데, 그때 쯤 되면 비선秘線을 찾게 되고 또 의존하게 된다. 민주화 이후 지난 6명의 대통령 모두 집권 말기를 지배한 것은 비선 세력이었고, 그 때문에 측근은 물론 자식들도 감옥에 가야 했다. 박근혜의 청와대 정부만큼 이를 드라마틱하게 보여 준 사례도 없다. 대통령과 청와대가 폐쇄 회로의 처음과 끝이 된 박근혜 정부를 경험하고도 같은 일을 반복해서는 안 될 것이다.


**이와 관련해 가장 먼저 떠오른 것은 문재인 대통령이 야심차게 추진한 '청와대 국민 청원'이다.**


청원은 헌법 26조에 적시되어 있는 기본권의 하나다.● 모든 공적 기관은 청원의 창구를 갖는다. 그것이 책임 정부의 기본이다. 우리의 경우도 기본권인 청원권을 실현할 수 있는 제도와 절차는 꾸준히 확대되어 왔다. 현행 〈청원법〉에 따르면, 청원의 내용

---

● 헌법 제26조는 다음과 같이 적시해 놓고 있다. "① 모든 국민은 법률이 정하는 바에 의하여 국가기관에 문서로 청원할 권리를 가진다. ② 국가는 청원에 대하여 심사할 의무를 진다."

은 해당 기관의 권한에 한정된다. 권한에 합당한 청원이 접수되면 해당 기관은 청원자에게 이를 통보해야 하고 처리 결과도 서면으로 알려줄 의무가 있다.● 입법 청원은 〈국회법〉 9조와 〈국회청원 심사규칙〉에 근거해 국회가 받는다.●● 행정부 관련 청원을 받는 대표적인 기관으로는 〈국민권익위원회〉가 있다. 지방자치단체들도 〈지방자치법〉 8절 73조에 따라 해당 권한에 한해 청원을 받는다.

이런 방향에 맞게 청원권이 실현되어야 할 것이다. 그런데 지금의 '청와대 국민 청원'은 〈청원법〉의 취지와도 맞지 않을 뿐만 아니라 다른 문제도 있다. 우선 기존 공공 기관들의 청원 기능을 오히려 무력화시키는 결과를 낳는다. 청와대가 할 수 있고 해야 하는 합법적 권한과 관련된 청원을 받아야 하는데, 사실상 모든 것을 청원 받기 때문이다. 행정부에 국한된 것도 아니고 입법부는

● 〈청원법〉은 청원의 대상 기관과 청원 사항 및 청원을 불수리하는 사항에 대해 적시하고 있는 동시에 청원 방법을 제6조에서 다음과 같이 적시하고 있다. "① 청원은 청원인의 성명(법인인 경우에는 명칭 및 대표자의 성명을 말한다)과 주소 또는 거소를 기재하고 서명한 문서(〈전자정부법〉에 의한 전자문서를 포함한다)로 하여야 한다. [개정 2007.1.3 제8171호(전자정부법)] [시행일 2007.7.4] ② 다수인이 공동으로 청원을 하는 때에는 그 처리결과를 통지받을 3인 이하의 대표자를 선임하여 이를 청원서에 표시하여야 한다." 제9조 3항은 '청원의 심사'에 대해 다음과 같이 적시해 놓고 있다. "③ 청원을 관장하는 기관이 청원을 접수한 때에는 특별한 사유가 없는 한 90일 이내에 그 처리결과를 청원인에게 통지하여야 한다. [개정 2014. 12.30] [시행일 2015.3.31]"

●● 국회를 상대로 한 입법 청원은 '일반 의안'으로 처리됨으로써 다른 어떤 공적 기관에서 채택된 청원보다 비교할 수 없을 만큼 높은 위상을 갖는다. 민주화 이후 3,441건의 국회 청원이 접수되었고 그 가운데 43건이 채택되었다.

물론 사법부와 관련된 것도 청원 대상에 포함된다. 단지 일정 기간에 일정 건수의 추천만 받으면 된다는 식이다. 이런 식이면 다소 특별한 '진정'이나 '민원', '정책 제안'이라고 할 수는 있어도 헌법과 법률에 의해 뒷받침되는 청원과는 아무런 관련이 없다.

청와대 국민 청원으로 문재인 대통령과 청와대가 흥행에 성공했다고 말하는 사람들이 있다. 문제를 흥행으로 보는 것은 시민을 소비자로 다루는 발상의 결과다. 청원 내용의 적합함이 기준이 아니라 추천 수 20만 건이 기준이 되면 이 숫자를 채우기 위해 흥분을 동원할 요소가 게임을 지배한다. 이벤트를 만들고자 하는 욕구가 지배하는 장이 되는 것이다. 민주주의는 평등한 참여를 지향한다. 시민 가운데 선호 강도가 강한 사람들의 열정이 지배하는 정치는 배타적 게임에 가까울 뿐 평등한 참여를 진작하는 민주주의는 아니다.

초기 청와대 국민 청원 참여자들 가운데 다수는 대통령을 위해 일하는 데 삶의 보람을 느끼는 사람들이었다. 정부 행위에 대한 평가자나 책임 추궁자로서의 시민보다는 추종자로서의 시민이 주도했다. 그 가운데 유명 인사들도 주목받으려 청원에 나섰고, 사업가도 이를 활용하려 했는데, 이 모든 것은 대통령의 막강한 권력에서 발원한다. 다른 정부 기구와 입법부, 정당을 희생하는 대가로 청와대를 더 강하게 만드는 일이 되었을 뿐이다. 시간이 지날수록 반대자나 비판자들도 똑같이 할 것이다. 그러면 의견의 양극화는 더욱 심화될 수밖에 없다.

복잡한 절차나 조정 과정 없이 대통령과 청와대의 결정으로 일이 곧바로 추진되어야 한다고 보면, 전체주의가 민주주의보다 낫다. 선한 대통령, 정의감 있는 청와대에 권력을 집중하고 인원과 예산을 더 배정하고, 청와대가 적폐 청산을 지시하면 곧바로 해당 혐의자를 체포하고 처벌할 수도 있다. 청와대의 비서실장이 담당 정부 부처나 내각 대신 임의적으로 외교도 하고 수석들이 경제를 운용할 수도 있다. 아예 언론도 만들고 국민과 직접 소통할 수도 있다. 그러나 아이가 숙제를 빨리 못한다고 부모가 대신한다거나, 돈으로 취직자리든 결혼 배우자를 알선해 주기보다, 각자가 스스로 긴 노력을 통해 자신의 인생을 책임 있게 살 수 있도록 하는 것이 더 낫듯이 민주주의도 그런 것이다. 청와대가 주도하는 민주주의는 일종의 형용모순이다.

　시민성을 사납고 조급하게 만들고, 열렬 지지자들로 하여금 '적폐 청산의 전사'를 자처하게 해서 좋아질 일은 없다. 이 모든 것은 새로운 형태의 군사주의를 자극할 뿐이다. '권력자를 향한 국민적 지지의 동원'이라는 청와대 정부의 역할은 이미 사회를 분열시키기 시작했고, 그 길은 더 심화되고 있는바, 더 늦기 전에 '청와대를 위한 청와대의 통치'라는 폐쇄 회로에서 벗어나지 않으면 안 된다고 본다. 이 길로 가다가는 내각과 집권당, 의회정치 대신 청와대를 키우고 그 주변에 대통령위원회를 늘려 일하려는 유혹에 더 깊이 빠져들 수밖에 없다. '청와대 정부' 다음은 (대통령 직속 자문 위원회들이 양산되는) '위원회 정부'가 올 가능성이 높다.

# 책임 총리-책임 장관제를
# 실천해야 한다

**방향 전환의 큰 축은 정당정치와 의회정치의 활성화일 텐데, 내각과 의회에 대한 접근은 어떻게 바뀌어야 할까?**

정당들이 실체적 차이는 없으면서, 여당은 집권하면 여느 여당과 다를 바 없이 그저 여당스럽게 행동하고, 야당은 권력을 잃으면 그 당이 어떤 당인지와 상관없이 그저 야당스러워지는 것은 개선되지 않으면 안 되는 낡은 정치의 모습이다. 여기까지는 모두가 동의할 수 있을 것이다. 그런데 이 문제와 관련해 여야 협치, 의회협치와 같은 애매한 규범적 언어만 상투적으로 언급할 뿐, 의회 내 다수 연합이 정부를 이끄는 문제를 둘러싸고는 아무런 논의가 없다. 안타까운 일이다.

아마도 대통령은 청와대가 주도해서 개혁을 추진하고 정당들은 그에 맞게 의회에서 개혁 연합을 만들어 뒷받침해 주어야 한다고 생각하는 듯하다. 집권 첫해 동안 의회와 정당이 청와대를 지지해 주고 참여해 주기를 요청한 적은 있어도 정부 운영과 정책의 주도권을 야당은 물론 의회나 집권당에 나눠주거나 공유할 의사는 밝힌 적이 없기 때문이다. 대통령과 청와대가 주도하고 사후적으로 국회와 정당들의 평가를 받겠다는 것까지가 대통령이 허용할 수 있는 최대치라고 여기는 것 같다.

앞서도 말했지만, 대통령이 없는 민주주의는 가능해도 정당정치와 의회정치가 없는 민주주의는 존재할 수 없다. 입법부를 움직이는 정당들 사이에서 다수의 의지를 모으고 제도화하려는 노력을 무시해도 좋은 것처럼 정부를 운영하는 대통령은 민주주의자가 될 수 없다. 집권당이 의회 과반수가 안 된다면, 연합 정치에 적극적으로 나서야 한다. 흔히 여소야대로 불리는 '소수당 정부'minority government가 되면 의회에서 다수파 연립 정부coalition government를 만들어 정부를 운영하는 것이 '민주적 명령'에 가까운 일로 이해되었으면 한다.

**선거 연합이나 정책 연합과 달리 연립 정부란 정확히 무엇인가?**

의회 내 다수 연합이 정부를 이끄는 것을 가리킨다. 지속성이나 상호 구속성이 약한 선거 연합이나 정책 연합과는 다르다. 연정은 양극화된 정당정치의 부정적 측면을 개선하는 데 좋은 효과를 갖는다. 우리 안에도 연정의 효과를 생각해 볼 사례가 없지는 않다. 경기도 연정의 '작은 사례에서 보여 준 큰 효과'를 생각해 볼 수 있다.

2014년 지방선거 직후 남경필 지사가 민주당에 연정 차원에서 부지사 자리를 제안한 것에 대해, 당시 민주당 측이 '연정이라면 단순히 자리를 나누는 것이 아니라, 정책 협약이 우선이어야 한다.'라고 대응하면서 시작된 경기도 연정 실험은 생각할 점이 많다. 당시에는 '연정의 결과가 좋을수록 그 정치적 과실은 경기지사의 몫이 될 것'이라며 반대하는 주장도 있었지만, 결과적으로 그 혜택은 민주당과 경기도민에게 돌아갔다.

경기도 민주당 도의원들이 주최한 '연정 경험 평가 토론회'에 참여한 적이 있다. 민주당 경기도 의원은 물론 시민 단체 대표들과 지역 언론들은 연정 경험을 긍정적으로 평가하는 데 인색하지 않았다. 그들은 경기도 연정이 가져온 세 가지 변화를 이렇게 표현했다. 첫째, 공무원들이 도의원을 바라보는 기존의 태도를 무시나 경시에서 존중으로 바꾸는 데 기여했다. 둘째, 민주당 도의원 사이의 토론과 협의를 활성화함으로써, 과거 무정형의 개인 의원 집합소 같았던 당의 문화와 실력을 크게 성장시켰다. 셋째, 질의나 하고 주민 대상 선거운동에 신경 썼던 의원들에게 도정을 이끌고 통치하는 것의 가치와 중요성을 일깨웠다. 연정은 그저 정당들

끼리 연합하는 데 그치는 것이 아니라 정당 내부는 물론 양극화된 여야 정치를 바꾸는 데도 큰 기여를 할 수 있다.

정당 간 정책 연합 및 선거 연합은 물론 연립 정부를 운영하는 것이 민주정치의 상수로 여겨져야 한다. 이는 지난 20대 총선에서 만들어진 다당제를 안착시키는 효과도 갖는다. 19대 국회에 비해 20대 국회가 소수파 정부임에도 국회에서의 협의 및 합의가 어느 정도 가능할 수 있었던 데는 다당제의 긍정적 효과가 컸다. 하나의 야당이 무조건 반대할 수밖에 없는 상황에서 벗어나, 복수의 야당 가운데 누가 좀 더 주도권을 갖는가를 두고 야당 사이에 경쟁 상황이 만들어졌다. 이것은 집권당에게 다양한 기회 조건을 가져다줬다. 연정과 연합 정치는 이런 다당제 정치를 좀 더 적극적으로 제도화하는 길을 열어 준다.


**여전히 연정 개념은 낯설고 대통령제에서 잘 운영될지 확신이 서지 않는다. 오히려 책임성의 소재가 모호해질 것이라고 문제를 제기하는 사람도 많다.**


과거에는, 대통령제가 제도적으로 양당제와 정합성을 가지며 다당제나 연정과는 부정교합처럼 여기는 시각이 많았다. 이와 관련해 먼저 생각할 점은, 헌법상 우리의 정부 형태는 순수 대통령제가 아니라 대통령과 의회의 공동 통치를 권고하는 혼합형 정부 형태라는 점이다. 이에 대해서는 앞서 자세히 살펴본 바 있다. 사실 오늘날 대부분의 정치제도는 순수형보다 혼합형이 더 많다. 제도는 우리가 필요해서 만들고 도입한 것이므로 제도 그 자체의 논리에 지나치게 제약될 필요는 없다. 그 점에서 '제도는 필요에 맞게 운영되는 것'이라는 실천적 관점을 가질 것을 권유하고 싶다.

개인적으로 나는 대통령제는 물론 양당제를 선호하지 않는다. 다원주의적 민주주의 발전에 우호적인 환경을 제공하지 않기 때문이다. 게다가 약자들의 이익과 목소리가 공정하게 대표되지 못한다는 점에서 사회 통합을 위해서도 긍정적이지 않다. (다양한 사회집단들의 요구에 민감성을 갖는) '반응적 책임성'의 기준에도 잘 부합하지 않는다.

아렌트 라이파트Arend Lijphart라고 하는, 네덜란드 출신의 정치학자가 있다. 그는 영미식 민주주의 모델에서처럼 두 정당이 번갈아 집권하는 양당제에서 경쟁성도 높고 책임성도 높다는 전통적 제도주의와 다른 관점을 발전시킨 것으로 유명하다. 제2차 세계대전 이후부터 2010년에 이르기까지, 30개 이상의 안정된 선진 민주주의 국가들에 대한 조사를 바탕으로, 그는 양당제하에서 하나의 정당이 정부를 책임지는 '다수제 모델의 민주주의'majoritarian model of democracy 국가들에서보다, 여러 소수 정당들도 연정을 통해 정부 운영에 참여하는 다당제 국가들의 '합의제 모델의 민주주의'consensual model of democracy에서 사회적 성과가 더 크게 나타났음을 실증했다. 비록 경제 성장에서는 의미 있는 차이를 보이지 않지만 사회·경제적 평등, 정치 참여, 부패 감소 등에서는 비례대표제와 연정을 특징으로 하는 합의제 민주주의 국가의 성과가 체계적으로 높았다는 것이다.

우리 학계나 정치권에서 라이파트의 연구는 지나치게 제도 중심적이고 정태적인 모델로 소개되었다. 하지만 그는 자신의 합의제 민주주의론이 갖는 핵심은 정치 엘리트들이 주도하는 '권력 공유'power sharing 과정에 있다고 말한다. 여러 이익과 가치로 분열되어 있는 사회에서 정치의 적극적 역할을 통해 합의를 만들어 가는 민주주의를 강조한 것이다. 이들 민주주의 국가에서 선거를 한다고 해보자. 시민들의 선호가 적게는 5개 안팎, 많게는 10개 안팎의 정당들에 대한 지지로 나뉘는 '분열된 사회'divided society의 모습을 뚜렷하게 보여 준다. 그 뒤 정당과 정치 엘리트들이 나서서 몇 개의 권력 공유 연합을 만들고 정책을 조정해 사회를 통합한다. 바로 이것이 핵심이다. 그리고 이 과정이 원칙의 훼손을 동반한 타협적 길이 아니었다는 사실을 특별히 강조해야겠다. 그보다는 영미식 웨스트민스터 모델과는 다른 종류의 민주주의를 발전시켰기 때문이다. 중간적 타협이 아니라 종류가 다른 민주주의를 발전시켰다는 점, 이것이 중요하다.

우리 사회에서는 대부분 제도의 문제를 법률의 문제로 접근하는 경향이 강하다. 제도를 바꿔 정치 환경을 바꾸고 행위자들을 외적으로 규율하는 것만 생각하며, 제도를 바꿀 수 있는 정치적 조건에 대한 관심은 덜하다. 사회·경제적으로 훨씬 더 평등하고 안정되고 통합된 민주주의의 길을 좀 더 동태적으로 이해할 수 있는 핵심 개념은 비례대표와 같은 선거제도에 있는 것이 아니라, 갈등하는 여러 시민 집단의 정치적 대표들이 참여해 공적 권력을 공동 운영하는 것, 즉 공동 통치co-governance에 있다고, 나는 본다.

연정은 바로 그 공동 통치를 핵심에 두는 정치적이고 실천적인 접근을 특징으로 한다. 이런 접근이 뒷받침되어야 선거제도도 비례대표제로 바꿀 수 있다. 이런 관점이 들어와야 노사 사이에도 (흔히 노사정 3자 협력체제 내지 코포라티즘 체제라고 불리는) '좀 더 튼튼하고 통합적인 경제 체제를 위한 공동 통치 체제'를 발전시킬 수 있다. ● 제도 개혁에 과도하게 의존하는 법적 접근보다, 아니 제도 개혁을 위해서도 관련 당사자들이 교섭과 협상을 핵심으로 하는 공동 통치적 과정에 참여하는 것이 중요하다.

문제를 이렇게 보면, 연정과 책임성의 관계에 대해서도 다시 생각하게 된다. 전통적 제도주의는 양당제와 대통령제의 짝에서

---

● 2018년 초 독일의 연정 협상 과정에서 독일 금속노조가 내건 '일과 삶의 조화' (Work & Life Balance) 제안이 관련 이해 당사자들 사이에서 합의된 것은 이런 관점에서 이해할 수 있다. 그 결과 독일 남서부 지역에서부터 노동시간을 기존의 주당 35시간에서 주당 28시간으로 줄이는 움직임이 시작되었는데, 거기에는 정부와 경제에 대한 특별한 이해 방법이 전제되어 있다. 즉, 민주주의에서라면 정부는 물론 경제 역시 집권 세력 및 사용자의 전유물이 아니라 관련 이해 당사자 모두의 공동 관심사이자 이들이 교섭과 협상을 통해 움직여 가는 것으로 이해하는 것이다. 따라서 지금보다 나은 실현 가능한 대안에 합의할 수 있으면 언제든 새롭게 바뀌어서 운영할 수 있다는 생각이 자연스러운 것이다.

책임성이 더 잘 실현되고, 다당제와 의회중심제의 짝에서 대표성이 더 높게 실현된다고 보았다. 연정을 할 때보다 한 정당이 정부를 번갈아 맡을 때 당연히 책임성이 더 높다고 이해해 왔다. 다당제하에서 연정을 실시하면 투표자가 지지하는 정책이 결국 타협되고 중화될 수밖에 없으므로, 정책적 효능감도 떨어지고 투표 참여의 유인도 약해진다는 것이다. 하지만 그런 관점은 제2차 세계대전 이전까지만 설득력이 있었다. 이후 영미식 양당제 모델보다 대륙식 다당제 모델의 성과가 더 주목되면서 제도론의 논리 구조도 달라지지 않을 수 없었다. 더 이상 대표성과 책임성은 서로 반대의 효과를 갖는 배타적 가치가 아니며, 대표성이 높아야 책임성도 높아진다는 주장이 얼마든지 가능해졌기 때문이다. 실제로도 양당제와 대통령제에서보다 다당제와 의회중심제에서 정치 참여의 열정과 규모가 훨씬 더 크게 나타났다. 앞서도 지적했듯이, 복지국가나 수정 자본주의 나아가 사회민주주의적 가치의 수용 역시 연정이 일상화되어 있는 다당제적 의회중심제 국가에서 더 잘 실현되었다. 그런 의미에서 대표성이 높아야 책임성도 높아진다고 볼 수 있다. 유권자의 정치적 효능감은 물론 정치 참여의 유인 역시 다당제이면서 연정을 통해 이루어지는 권력 공유 체제에서 더 커진다.

물론 다당제와 연정의 짝보다는 양당제와 단독 정부의 짝이 정권 교체를 통해 좀 더 확실하게 책임성을 추궁할 수 있기는 하다. 대통령제도 그런 장점은 있다. 정권이 바뀔 때마다 전임 정권에 대한 강력한 처벌을 반복할 수 있기 때문이다. 그러나 10년을 주기로 여야 정권 교체를 이어 온 우리 정치에서, 사후적 책임성이 약해서 문제라고 말할 수 있을까? 오히려 양극화된 양당제 때문에 사회의 계층적·이념적 대표성의 범위가 좁아서 문제인 것은 아닐까? 게다가 총선 결과 다당제와 여소 야대의 사례가 더 자주 나타난다면, 대통령제와 다당제, 연정에 대해서도 적극적으로 생각해야 한다고 본다.

노무현 대통령도 야당에 대해 대연정을 제안한 적이 있다. 집권당을 배제한 채 언론에 대고 갑작스럽게 선언하듯 제안한 것이 잘못이었지만, 연정 논의를 공식화하는 계기는 되었다. 정당 간 경쟁과 연합은 민주정치의 본질이며 그렇기에 의제와 수준에 따라 다양한 접근이 가능하다. 특히 대통령제에서도 연정의 사례가 적지 않다는 점을 고려할 필요가 있다.

이 분야 국내 연구자들의 조사에 따르면,● 1996년부터 2009년 사이에 대통령제를 채택하고 있는 63개 민주주의 국가를 분석한 결과 소수 여당의 출현 빈도는 442번이었다. 그 가운데 연립 정부를 구성한 사례는 전체의 56.6퍼센트인 250번이나 있었다. 조사 대상의 사례에서 연정의 긍정적인 효과는 뚜렷하게 나타났다. 예컨대 표현의 자유와 책임성, 정부 효율성, 법의 지배 등에

● 홍제우·김형철·조성대, "대통령제와 연립정부: 제도적 한계의 제도적 해결," 『한국 정치학회보』 46집, 1호(2012).

있어서 연정의 사례는 과반 여당의 단독 정부보다 통치 효과가 나은 것으로 나타났다.

이들 사례가 주로 남미 대통령제 국가들이라는 한계가 있고, 따라서 그 효과를 과장해서는 안 되겠지만, 적어도 대통령제라서 연정은 비현실적이라는 주장은 사실이 아니고, 맞는 논리도 아니다. 우리 현실에 맞는 한국형 연정을 한다면 어떻게 할 것인가의 문제가 우리 앞에 있을 뿐이다. '야합'이라거나 '자리 나눠 먹기'에 불과하다거나 하는 식으로 비난하고 부정할 일이 아니라, 필요하다면 책임 있게 적극적으로 나서는 것이 훨씬 더 중요하다.

**결선투표제나 비례대표제처럼 다당제를 뒷받침하는 선거제도 없이 연정은 어렵다는 의견도 있다.**

그렇다면 그런 선거제도를 도입하는 것이 중요하지 '제도적 제약 조건 때문에 못한다.'고 말하는 것은 정치가 아니다. 정치란 긴박한 필요성에 맞게 현실을 변화시키는 '가능성의 예술'이다. 사후적으로라도 선거제도를 바꿔 연정이라는 정치적 선택을 뒷받침하게 하면 되는 일이다.

**'권력을 나누는 야합'으로 폄훼되어 온 기존의 정당 연합 및 공동 정부 경험도 연정을 긍정적으로 보기 어렵게 한다.**

앞서도 지적했듯이, 다른 관점에서 볼 필요가 있다. 1990년 3당 합당은 거대 여당의 독주와 호남 고립이라는 두려움을 낳았지만, 결과적으로는 군 개혁 등 다른 방법으로는 큰 갈등 비용을 치를 수도 있는 일을 가능하게 해주었다. 거대 집권당의 독주라는 걱정에도 불구하고, 2년 뒤 1992년 총선은 야당의 승리로 이어졌다. 더 중요한 것은 뒤이은 김대중 후보의 집권을 막지 못했다는 점이다. 1998년의 DJP 연합 역시 마찬가지다. 총리직과 경제 분야 일부를 소수 보수정당에 맡겼음에도 생산적 복지 및 〈기초생활보장법〉 등 한국형 복지국가의 길을 열기 시작했고, 이념적 갈등이 클 수도 있는 대북 포용 정책을 추진하는 데 도움이 된 점도 있다.

요컨대 지지자들의 의사를 묻는 민주적 절차 없이 이루어졌다는 점에서 3당 합당이나 DJP 연합은 문제가 있었다. 그런 사실을 인정하지만 이 때문에 다양한 정치 연합과 연정 자체를 부정할 이유는 없다고 본다. 입법을 위해서든, 제도 변화를 위해서든 정당 간 연합은 이미 활성화되어 왔다. 정부 운영에서도 정당 간 연합은 필요할 수밖에 없고 점점 더 그 중요성은 커지고 있다. 더 넓은 관점에서 보면 오히려 연합 정치나 연립 정부의 노력 없이 청와대 중심의 단독 정부를 고집했던 이명박, 박근혜 정부의 사례가 더 부정적이었다는 점을 생각해야 한다. 그간 진보 정당에서도 늘 '야권 공동 정부'를 공약으로 제시해 왔다는 점에서 이제 연정은 한국 정치에서도 당당한 의제가 되었다.


## 연정은 어떻게 이루어지는가? 연정에도 기본적인 원칙이 있을까?


연정이란 의회 내 다수 연합을 구성하는 정당들이 관직과 정책을 교환하는 것을 가리킨다. 어떤 연정도 이것이 핵심이다. 따라서 연정의 중심 공간은 내각이고, 그 수단은 장관직이라는 사실을 부정할 수 없다. 연정의 한쪽 한계선은 국회 의석을 기준으로 최소 과반을 형성하는 것이다. 다른 쪽 한계선은 정체성이 다른 두 거대 1, 2위 정당이 주도해 최대 과반을 형성하는 데 있다. 전자를 최소 연정, 후자를 대연정이라고 하는데, 그 사이에서 주어진 정당정치의 조건에 따라 창조적으로 선택할 수 있다.

연정을 위해서는 필요한 정치 규범이 있다. 최소 기준이든 최대 기준이든, 의회에서의 다수 연합 형성의 내용에 맞게 내각을 구성하는 것이 기본일 텐데, 이로 인해 분명한 정치 규범이 자리 잡아야 한다. 그것은 향후 한국 정치에서 '소수파 정부' 내지 '분점 정부'divided government의 사례는 사라지게 하자는 것이다. 이것은 분명 새로운 전통이다. 다수의 의지에 맞게 법을 만들고 정부를 운영하는 것이 전통이 되기를 바란다. 그런 민주적 원리에 가깝게 제도를 운영하자는 합의에 기초를 두면, 정당정치와 의회정치가 활성화되는 것은 물론, 정부 운영도 훨씬 효과적으로 이루어질 수 있다.

### 그렇다면 정당들이 더 이상 경쟁하지 않게 되는 것인가?

그렇게까지 과장할 이유는 없다. 경쟁과 합의는 그 어떤 민주정치에서도 피할 수 없는 변증법적 기초이며, 대연정에서조차 정당 경쟁은 사라질 수 없다. 다만 기존처럼 배타적이고 적대적인 양극화된 여야 관계를 지속할 것인가, 아니면 연합과 협력이 가능한 경쟁적 정당정치의 길을 갈 것인가의 선택이 훨씬 더 중요할 뿐이다. 적어도 이제부터는 소수파 정부, 분점 정부를 감수하겠다는 고집이 여당의 무기가 되는 시대는 끝내야 한다.

### 연정에서 관직과 정책의 교환은 어떤 기준 내지 원칙으로 이루어지는가?

우선 초당적 합의가 있는 정책 분야는 연정에 참여한 소수당에 위임하고, 대통령과 집권당은 자신들의 핵심 정책 분야에서 성과를 내는 데 집중하는 것이 기본 원칙이다. 또 다른 원칙은 연정에 참여한 소수당이 자신들 정체성에 사활이 걸려 있는 핵심 정책이 있다면 그들이 그 정책과 장관직을 얻는 대신, 나머지 분야에서는 집권당과 정부의 주도성을 더 크게 인정한다는 원칙이다.


### 이런 원칙은 어떻게 실현될 수 있을까?


연정 협정문을 통해 구현되는 것이 안정된 민주정치의 상례이다. 하지만 우리의 경우 개별 정당의 정책적 정체성이 그리 분명하지도 않고 또한 계약적 관행이 매우 낮은 사회 문화 때문에, 연정 합의문이 얼마나 잘 만들어지고 협정 내용대로 실천될지는 불확실하다. 연정이 잘 제도화되어 있는 독일 같은 나라의 경우 연정 협정문은 사적 합의문임에도 불구하고 '반드시 지켜지지 않으면 안 되고, 따라서 헌법에 버금가는 위상'을 가진다. 한국 정치가 연정을 하게 된다 해도 곧바로 그런 연정 협정문을 만들기는 어려울지 모른다. 따라서 최초 연정 협정의 시도는 그런 한계를 고려해 처음부터 완벽한 협정문보다는 추후 논란과 갈등을 동반할 수 있다는 점을 염두에 두고 일을 시작해야 할 것이다. '연정위원회'와 같은 별도의 기구를 통해 연정에 참여한 정당들의 리더들이 모여 갈등을 조정해 가는 과도기적 방법도 생각해 볼 수 있다.

한마디로 말해, 불완전한 연정 협정문'에도 불구하고' 정치의 기능을 통해 이를 뒷받침하는 접근이 필요하다는 것이다. 연정의 역사가 오래된 서구 민주주의 국가들도 처음부터 연정 협정문을 만들었던 것도 아니고, 처음부터 구속력 있는 영향력을 발휘했던 것도 아니다. 중요한 것은 그런 방향으로 시도하는 것이고, 그런 시도가 쌓여 우리에게 맞는 연정의 모델을 형성, 발전시켜 가는 데 있다. 한계 속에서도 얼마든지 창조적인 성과를 낼 수 있다. 이런 생각에서 발원한 인간 활동이 정치다. 즉, '가능한 길이 있다. 다만 아직 우리가 찾지 못했을 뿐이다.'라는 태도야말로 정치라는 인간 활동의 가장 큰 특징이다. '이런 저런 이유 때문에 안 된다.' 는 냉소적 태도보다 '그럼 어떻게 문제를 개선해 갈 수 있을까에 대해 대화를 시작해보자.'라는 적극적 접근이 '정치적 실천 이성' 의 핵심이라는 점을 잊지 않았으면 한다.

### 연정을 한다면 정부는 어떻게 일을 하게 될까?

연정이 일하는 방식은 내각과 입법부의 관계에 있다. 달리 말해 연정의 최대 장점은 정부 정책이 원활한 입법적 뒷받침을 통해 더 안정되고 강력하게 추진될 수 있다는 점이다. 따라서 국무총리는 연정에 참여한 당의 원내 대표들과 짝을 이뤄 의회 입법을 이끄는 역할을 해야 한다. 그래야 대통령이 국무회의를 중심으로 내각과 함께, 집권당의 정책 및 정무 보좌를 양 날개로 삼아 입법과 행정을 성과 있게 이끌 수 있다.

이것이 책임 총리, 책임 장관제 실현의 기반을 확대할 수 있는 길이고, 대통령 스스로도 청와대 정부를 확대하려는 유혹을 떨치고 정당정치의 역할을 늘려 갈 수 있는 최선의 방법이다.

# 의회정치의 기본 규범을
세워야 한다

대선에서 널리 쓰였으나 선거 이후 듣기 힘든 단어가 '협치'다. 만약 정당 간 적대적 갈등 관계를 종식하고, 연정을 통해 정당정치로 방향을 선회한다 할지라도 의회 안에서의 여야 관계는 남는다. 이 경우 여야 협치는 어떻게 되는가? 이때 대통령의 역할은 무엇인가? 대통령이 협치에 직접 나설 수 있는가?

지난 대선에서 모든 정당 후보가 협치를 약속했다. 협치라는 말이 '내용 없이 그저 협력한다는 듣기만 좋은 말'이 되지 않으려면 제도적 차원에서 뭔가 변화가 있어야 할 것이다. 특히 의회정치에서 하나의 규범으로 제도화되어야 할 텐데, 이는 다음과 같은 기준과 원칙으로 이루어져야 한다.

우선 개헌과 정치 관계법 개정은 반드시 여야 모두의 합의로 이루어져야 한다는 점을 규범으로 천명하는 것이다. 이는 기본권과 관련된 사안이기도 하고 또 경쟁의 규칙과 관련된 것으로, 어느 민주주의 국가도 이를 단순 과반수로 밀어붙이지 않는다. 그간 우리 국회 안에서도 이에 대해서는 어느 정도 합의의 전통이 있었다. 이를 뒷받침하기 위해 대통령은 과거 권위주의 정부 때 헌법적 권리로 부여된 개헌 발의권과 국민투표 부의권을 사문화시키고 더는 사용하지 않아야 한다. 대통령의 정치 행위를 통해 개헌에 준하는 좋은 효과를 갖는다는 점에서, 이를 '정치적 개헌'이라고 부를 수 있다. 그렇지 않고 야당을 압박하기 위한 수단으로 과거 권위주의 때처럼 대통령이 개헌안을 발의하고 밀어붙이는 것은 잘못한 일이라 생각한다.

기타 입법 사안과 관련해, 기본법과 특별법 역시 반드시 여야 합의로 처리하는 것을 의회정치의 원칙으로 자리 잡게 해야 한다. 물론 그 전에, 특별법이 제정되는 사례부터 줄여야 할 것이다. 법은 보편적이고 일반적일 때 가치를 갖는다. 구체적인 개별 사안을 위해 특별한 법을 입법하는 것은 정말이지 아주 예외적인 경우에만 허용되어야 한다. (오래전 루소가 강조했듯이) 입법이 일반적이고 보편적인 목적을 가질 때 '평등의 효과'를 낳고, 개별 사안을 위한 입법은 '편중의 효과'를 낳는다. 법을 만드는 시민과 그 법을 지키는 시민이 분리되지 않아야, '본능과 충동이 지배하는 자연 상태'를 넘어 '자유와 정의를 향유할 수 있는 정치 상태'로 전환할 수 있기 때문이다.

대통령과 정부에 주어진 행정 입법 등 과거 권위주의 시기의 유산을 이어받지 않는 것도 정치발전을 위해 대통령이 할 수 있는 좋은 역할이다. 행정부의 입법 침해가 가뜩이나 많은 지금의 현실이 지속되는 한 정당정치나 의회정치는 제대로 발전하기 어렵기 때문이다. 다만 의회 내 다수연합이 정부를 운영하고 이를 책임총리가 주관한다면 의회중심제처럼 정부 입법은 인정되고 또 정당화될 수 있을 것이다. 그런 경우가 아니라면, 혹은 지금과 같은 청와대 정부하에서라면 행정 입법은 최대한 절제되어야 한다.

대통령이 직접 나서는 협치는 주로 초당적인 사회적 합의를 요하는 사안이 될 것이다. 예컨대 외교와 국방 관련 사안에서 여야를 넘어 합의 기반을 넓히는 일이 대표적이다. 이는 고도의 정치력과 사회적 합의를 필요로 하는 일이며, 이를 통해 민주주의 정치사에 남는 큰일을 할 수 있다.

김대중 대통령의 대북 포용 정책은 취지나 목표 모두 좋았지만, 사회적 합의를 만들고 지속시키는 데는 실패했다. 그 노력을 다시 시작해야 한다. 성공적인 예로 과거 서독의 빌리 브란트Willy Brandt 수상을 들 수 있다. 그는 초당적 합의를 제도화해 동방정책을 추진했고, 불가역적인 성과를 만들어 냈다. 그 결과 기민당 정부하에서 자민당 외무부 장관의 주도하에서도 동방 정책은 결실을 맺을 수 있었고, 동서독 통일을 이룰 수 있었다. 스웨덴의 타게 엘란데르Tage Erlander 수상 역시 외교 안보 문제는 매주 한 차례씩 야당 대표에게 직접 보고하고 협력을 구한 것으로 유명하다.

노사 관계 역시 대통령이 집중해야 할 협치 사안이다. 경제를 이끌 양대 생산자 집단이 기존처럼 갈등과 반목으로 일관하는 것은 경제적 합리성의 차원에서 비효율적일 뿐 아니라 사회 문화적으로는 비극적인 일이다. 협력해도 모자랄 두 당사자가 반목하는 경제는 사회 전체를 분열과 적대로 물들게 하기 때문이다. 이 분야에서 노사정 대타협과 그에 따른 공동체적 큰 합의를 이끄는 일은 한국 사회에 선한 효과를 미칠 수 있는 최고의 사회적 협치 업적이 될 수 있다.

노사 관계의 변화와 관련해서 입법부의 역할도 중요하다. 최저임금과 통상 임금, 노동시간과 관련해 입법 미비 사안은 한두 개가 아니다. 이와 관련해 다양한 법안이 제출되어 있으나 제대로 검토되고 합의되지 못한 것이 그간의 실정이다. 사정이 이러니 쟁점이 될 때마다 당사자들은 사법부에 달려가고 청와대와 직거래해서 문제를 해결하려 해왔다. 따라서 대통령이 노사 관계를 변화시키고자 한다면 그 노력은, 노사 당사자는 물론 입법부와 함께하는 접근이어야 한다.

앞서 말한 스웨덴의 엘란데르 수상은 2주에 한 번씩 노사 대표를 만나는 모임을 정례화했다. 수상은 하르프순드Harpsund라는 곳에 있는 수상 별장에서 노사정 모임을 가졌고, 대화가 잘 안 될 때는 근처 호수에서 함께 낚시도 하는 등, 경제에 대한 노사 공동 통치co-governance를 일궈 내기 위해 긴 노력을 했다. 그 결과가 스웨

덴의 노사정 협력 체제다. 흔히 '하르프순드 민주주의'라는 별칭
으로 더 많이 불린다.

이 밖에도 대통령이 진짜로 해야 하고 또 그럴 때 사회도 민주
주의도 발전시킬 수 있는 협치 과업은 수없이 많다. 청와대 비서
들에게 둘러싸여 적폐 청산, 직접 민주주의를 외치고 지지자들에
게 의존하는 것보다 이 길이 훨씬 민주적이고 개혁적일 수 있다.

시민은 더 자유로워져야 하고
정당과 의회는 책임 정치를 실천해야 하며
대통령은 책임 정부를 지향해야 한다

내각에서의 연정과 의회에서의 협치 기반이 다져지면, 대통령만
이 할 수 있는 '사회 협치 정치'에서도 큰 성과로 이어질 수 있다
는 생각이 든다. 그런 민주주의의 길, 생각만 해도 기대가 된다.
그럼 어떻게 그 길로 나아갈 수 있을까?

크게 세 가지를 강조하고 싶다.

첫째는 국민주권을 함부로 동원하는 일을 자제하는 것부터 시
작해야 한다. 앞서 지적했듯이 주권은 누가 소유하는 것이 아니
다. 주권은 합법적으로 확인된 '시민 전체 의사' 위에서만 이야기
할 수 있는 것이지, 국민 개인이나 일부가 주권자임을 자임하거나
혹은 그런 일부를 주권자로 동원할 수 있는 것이 아니다. 한마디

로 주권은 전체 국민 의사의 민주적 확인 절차 위에 있는바, 촛불 집회도 태극기 집회도 아닌 2016년 총선과 2017년 조기 대선 결과가 시민 주권을 말할 수 있는 확고한 기준이라는 점을 중시해야 한다.

그러려면 국민을 호명하고, 국민을 동원하는 것을 줄일 필요가 있다. 다시 강조하고 싶다. 민주주의에서 시민은 '최종적 평결'last verdict을 내리는 주권자이다. 통치자를 뽑고 임기를 마친 뒤 책임을 추궁하는 존재이지, 통치자가 이리저리 자기 뜻대로 동원할 수 있는 대상이 아니다. 대통령은 최선을 다해 정부를 이끌고 그것의 정책적 성과로 사회의 여러 문제가 개선되는 것, 바로 그것을 통해 말하고 홍보하고 선전해야 한다. 그렇지 않으면 홍보와 선전의 목적으로 정부 정책이 선택되고 추진되고 예산을 낭비하고 주권을 허비하게 된다. 말이 소통이지, 선전 행위가 지배적이 될 뿐이다.

홍보와 여론에 매달리는 정치는 한국의 정치 집단 모두의 질병이 된 지 오래다. 진보 정당도 기백을 잃고 이 병으로 자신의 길을 잃었다. 많은 정치학자들은 민주주의의 두 적을 ① 선출되지 않은 권력과 ② 국민에 아첨하는 정치를 꼽는다. 재벌과 같은 경제 권력이나 언론 권력만 민주주의를 위협하는 것이 아니다. 행정 권력을 포함해 정부도 그럴 수 있다. 정부는 광범한 영향력을 갖는 거대 권력이다. 이를 여론에 잘 보이는 데 쓰고 홍보와 선전하는 데 쓰는 것은 민주적 규범의 위반이라는 것이다. 시민의 판단에 개입하는 정부 행위는 결국 시민권을 약화시키고 권력자를 강화시킨다. 누가 트럼프 대통령을 만들었는가? 미국 민주주의가 여론 동원 정치로 퇴락했기 때문이다. 미국 민주당의 책임도 크다. 그들 역시 여론의 인기를 끄는 일에 매달렸고 언론이 좋아하는 사람을 선호했다. 언론과 돈만 가지면 정부를 장악할 수 있는 상황을 만든 것이다. 트럼프는 그 결과로 등장할 수 있었다.

둘째, 대통령이 직접 민주주의론을 동원하면서 스스로를 국민주권 내지 민중 권력을 위임받은 국가 지도자로 동일시하는 일은 절제되어야 한다. 그렇지 않으면 대통령은 정당정치, 의회정치로부터 점점 멀어진다. 혹은 정당과 의회 위에 군림하는 최상위의 존재로 스스로를 잘못 이해하게 된다. 사실 대통령이라는 용어는 지나친 점이 있다. 나폴레옹조차 제1통령이었다. 그 앞에 대大 자까지 붙여 더 위대하게 만들고자 한 것이 '대통령'이라는 명칭이 되었고, 이는 오래전 일본에서 만들어진 한자식 용어이기도 하다. 그러나 '프레지던트'President는 '시민을 대표하는 제1시민' 혹은 '시민의 의장'이라는 뜻이다. 대학이나 일반 기업 등에서도 학장·의장·대표 등의 의미로도 얼마든지 쓸 수 있고, 미국의 상원 임시 의장도 '프레지던트'라고 불린다. 이런 점을 생각한다면 (굳이 명칭을 바꾸자고 해서 소모적 분란을 일으킬 것까지는 없지만) 대통령은 절제된 역할을 해야 한다. 입법부 등 정부를 구성하는 다양한 기구들의 역할을 중시해 정부를 이끌어야 한다.

청와대처럼 '대통령만의 대통령만을 위한 공간'에 집착하는 대통령이 국민과 직접 무매개적으로 소통하는 것을 즐기는 것은 '수직적 권력 동원' 이상 다른 것이 아니다. 직접 민주주의는 정당과 의회를 야유하는 반정치주의의 다른 얼굴일 때가 많다. 의회정치와 정당정치를 경시하는 것을 직접 민주주의라는 이름으로 알리바이 삼는 정치는 곤란하다. 이를 보완하기 위해 적폐 청산론을 앞세우는 것도 좋지 않다. 이 모든 것은 다원주의를 억압하고, 집권당 의원들을 굴종적으로 만들며, 지지자를 사납게 만든다.

셋째, 촛불 시위를 의인화하고 신화로 만드는 데 정부가 앞장서는 일도 절제하기를 바란다. 촛불 민주주의, 광장 민주주의를 넘어 촛불 혁명, 촛불 정신, 촛불의 요구 등을 정부가 정책 행동의 준거로 삼는 것은 곤란하다. 촛불 시위를 시민의 자발적 기본권 행사로 이해해야지, 정부가 그 성격을 자의적으로 규정하고 동원하는 것은 옳지 않다. 그건 실제 촛불 시위에 참여하고 지지했던 시민 전체 가운데 대다수를 소외시키고, 대통령 지지자들을 과잉 대표하는 결과를 낳는다.

촛불 시민이 이끌고 명령하는 대로 하겠다는 것은 결과가 좋을 수 없는 정서적 접근이다. 누가 촛불 시민이고 누가 아닌가? 그 명령의 내용이 어떤지는 누가 결정하는가? 촛불 집회를 통해 시민은 자신의 역할을 책임 있게 다했다. 그들을 통치의 필요에 의해 임의적으로 불러들이는 것은 옳지 않을 뿐 아니라, 그럴수록 사회는 분열되고 정부는 무책임해진다. 그보다는 여야 정당과 내각 그리고 노사 등 주요 생산자 집단들이 한국 사회를 개선하는 일에 책임감을 가질 수 있는 정치 언어가 발전해야 한다.

정서를 동원하면 정치가 종교화되기 쉽다. 직접 민주주의, 적폐 청산, 촛불의 요구를 앞세우는 것이 청와대 정부를 지속하는 삼위일체 같은 역할을 하게 된다면 그것이 과연 누구에게 도움이 될까? 이 모두는 사회로부터 대통령 권력을 분리시키고 청와대를 궁정당court party으로 만드는 결과를 낳는다. 청와대 수석들의 권력을 줄이고 내각의 자율적 역할을 중시했던 민주당의 좋은 전통을 계승하고 잘못된 부분에 대해서는 반성적으로 개선해 가야지, 문재인 대통령이 '선한 박근혜'처럼 되고, 친문이 친박처럼 행동하게 되고, 문빠를 박사모보다 더 지긋지긋하게 만드는 정치를 해서는 안 된다.

촛불 이후 민주주의의 모습은 다음과 같아야 한다. 시민은 어떤 의견을 갖든 자유롭다. 정부는 여론을 앞세우기보다 공약을 실천한 정책적 결과로 말한다. 여당은 정부를 책임지는 집권당답게 의회와 내각을 주도하고 대통령의 정무 및 정책적 역할을 뒷받침한다. 야당은 미래의 집권당으로 인정받기 위해 노력한다. 진보는 진보답게 보수는 보수답게 민주적 규범을 준수하면서 다원주의 정치를 폭 넓게 펼칠 수 있어야 한다. 단순히 대통령에 대한 찬반 여부가 야당 정치를 지배한다면 그것은 '자기 주도적인 정치'가 아닌 '타자에 노예화된 정치'일 뿐이다. 노사는 더 나은 경제를 위해 협력한다. 이들 역시 공동 통치의 주권자가 될 수 있어야 사회적 권리가 풍성해지는 경제를 발전시킬 수 있다. 대통령은 이런 방향의 변화를 이끌기 위해 노력해야 한다. 여야를 포함하는 시민 주권의 대행자들과 사회 주요 이해 당사자들이 공동체를 위해 더 나은 협력 행동을 조직할 수 있도록, 대통령이 오케스트라의 지휘자 같은 역할을 했으면 한다. 지휘자가 청중을 향하지 않고 연주자들과 눈을 맞춰 화음을 만들 듯이, 대통령은 국민을 향해 서서 국민만 보고 가겠다고 공언할 일이 아니라 내각과 정당, 의회를 향해 돌아서야 한다. 그래야 대통령은 과도한 업무도 줄일 수 있고, 정신적 부담 대신 공익적 보람을 가질 수 있으며, 사회는 공동체로서의 전망을 가질 수 있을 것이다.

# 민주 정부의
# 통치 덕목에
# 관하여

대통령은 '숙고된 결정'과 '합의적 변화'라는 민주정치의 이상을 추구해야 한다

# 대통령은
## '숙고된 결정'과 '합의적 변화'라는
## 민주정치의 이상을 추구해야 한다

청와대 정부의 문제에서 시작하여 민주주의에서 정부는 어떠해야 하는지에 대해 말했다. 문재인 대통령에 대한 비판도 했다. 방향 전환에 대한 기대와 좋은 정부가 되기를 바라는 애정이 전제된 비판이라고 봐도 무방할 듯하다. 끝으로 민주주의 정치 지도자가 정부를 이끄는 데 있어서 규범이 될 만한 것을 말해 주었으면 한다.

입헌군주정에서 왕이 지켜야 할 덕목을 가리켜 '군림하되 통치하지 않는다.'라고 표현하는 반면, 민주주의에서 정치가에게 부여된 규범을 지칭할 때는 '통치하되 군림하지 않는다.'라고 한다. 왕은 선출된 시민의 대표가 아니며, 정치가는 세습적 권위의 소유자가 아니기 때문이다.

'군림한다'(라틴어 Regnat, 영어 reign) 함은, 일반 대중의 세계로부터 분리된 왕실이 국가를 통합하는 '상징적 역할'을 맡는 것을 뜻한다. 오래전 마키아벨리가 『군주론』에서 말했듯이, 왕은 '멀리서 볼 수는 있으나 가까이에서 만질 수는 없는' 존재다. 따라서 좋게 보이는 일, 때로는 종교적 존재에 가깝게 보이려 휘광과 이미지를 두르는 일을 게을리 할 수 없다. 오늘날에도 많은 나라들이 국왕에게 '국민과 국가를 일체화하는 상징적 국민 통합 기능'을 맡기는 것은 그 때문이다.

반면 '통치한다'(라틴어 Gubernat, 영어 govern) 함은, 정부government를 이끄는 행위를 뜻한다. 한마디로 말해, 보통 사람들의 실생활에 구체적인 영향을 미치는 '실체적 역할'을 다하는 것이라 하겠다. 민주주의에서 정치가는 그저 볼 수만 있는 상징과 이미지가 아니라, 만지고 느낄 수 있어야 하는 시민의 대표이자 실체적 존재여야 한다. 일반 대중이 악수하고 껴안고 가까이에서 냄새와 온기를 나누며 상호 작용할 수 있는 것은 정치가이지 왕이 아니다. 그렇기에 그들만이 유일하게 일정 기간 시민으로부터 주권을 위임받아 법을 만들고 정부를 이끌고 문제를 해결할 수 있는 통치의 권한을 갖는다.

왕이라면 가짜 위엄과 꾸며낸 친밀감을 통해서라도 대중에게 좋은 모습을 보여 주는 것이 중요하겠지만, 정치가는 해당 공동체가 당면한 여러 과제와 관련해 실체적 변화와 개선을 도모하는 일에 책임과 소명을 다하는 사람이다. 민주주의가 필요로 하는 정치가는 어떤 사람인가? 반면 가장 위험한 정치가는 어떤 사람인가?

핵심은 '실체적 변화의 조직자' 역할을 하는 정치가인가, 아니면 지지자 내지 잠재적 지지자들에게 잘 보이는 데 능한 '아첨하는 정치가'인가에 있다. 정치가라면 실제로 우리 사회가 안고 있는 문제를 개선하기 위해 씨름하는 것이 중요하지, 마치 연예인들이 대중 앞에 서서 늘 말하듯이 "좋은 모습을 보여 드리겠다!"는 식이 될 수는 없기 때문이다. '여론에 보여 주는 정치'와 '실제로 변화를 만드는 정치'는 근본적으로 다르다.

자신이 가진 선한 의지나 주장을 내세우는 정치가는 많았다. 비정규직의 차별과 고통을 해결하겠다거나, 여성과 청년들이 처한 여러 불이익과 불평등한 현실을 개선하겠다고 말하지 않은 정치가는 없다. 하지만 자신이 책임을 맡고 있는 동안 실제로 청년들의 소득에 어떤 변화가 있었는지, 그들의 주거와 교육 환경을 얼마나 개선했는지, 노인 빈곤과 자살률 그리고 비정규직의 비율과 차별은 또 얼마나 줄였는지 등 '결과로 말하는 정치가'는 보기 어렵다.

민주주의는 말로 아첨하고 선의로 군림하는 정치가가 아니라, 실제 변화를 조직하기 위해 일하는 정치가를 필요로 한다. 힘들더라도 상대와 마주해 일을 풀어 가는 정치가 중요하다. 그 속에서 '여야가 공유하는 공동의 공간'common ground을 개척하고 넓혀 가는 정치가 아니라, 여론에 대고 상대의 잘못을 고자질하고 일러바치는 '아첨 정치'만 양산된 것은 아닌지 돌아볼 일이다.

정당정치가 좋아져야 민주주의도 미래가 있다는 점을 다시 강조하고 싶다. 그래야 의견을 달리하는 시민 집단 사이에서 '정신적 내전'에 가까운 공격성도 줄일 수 있다. 민주주의란 누구도 무엇이 확고하게 옳은지 확신할 수 없다는 전제 위에 서 있는 정치체제다. 무엇이 옳은지에 대한 확신을 절제하는 '건강한 회의주의'에 기초를 둔 다원주의 체제라 할 수도 있다. 그렇기에 서로 다른 시민의 의견을 나눠서 조직하는 정당들의 공적 토론이 '숙고된 결정'과 '합의된 변화'를 조직할 수 있어야 한다는 것은 결코 빈말이 아니다.

여야 모두 서로가 야당이고 여당이었을 때를 돌아보며, 스스로부터 공정해졌으면 한다. 야당은 야당으로서 잘해야 여당이 될 수 있다. 집권 여당은 자율적이고 창조적일 수 있는 힘을 키워야 한다. 청와대만 바라보며 존재감과 역할을 잃어 가는 일을 집권당 스스로 선택하지는 말아야 한다. 가장 중요한 것은 '정당정부', '책임 정부'를 약속했던 대통령 스스로 그 약속에 충실하게 정국을 이끄는 것이다. 청와대 정부는 대통령만이 아니라 민주주의를 위태롭게 하는 길이다.

대통령이 청와대에 집착하는 것은 일을 빨리 해야 한다는 조급증과 깊은 관련이 있다. 크고 빠른 성과에 연연하는 조급함은 한국의 역대 대통령 모두를 망가뜨린, 일종의 '정치적 질병'이었다. 그런 점에서 정치적 조급증은 문 대통령만의 특별한 위험은 아닌

데, 촛불 집회와 조기 대선을 겪었기에 심리적 압박은 어느 대통령보다 훨씬 더 클 것이다.

하지만 그런 압박을 견디지 못한 대통령일수록 좋은 성과를 내지 못했다. 일이 안 될 때마다 야당이나 반대파들이 협조해 주지 않는 것을 알리바이 삼아 책임을 회피하려 했다. 청와대와 주변 참모들은 '국민과의 대화'나 '대국민 홍보 강화'를 빌미로 여론 정치를 확대하려는 충동을 절제하지 못했다. 그로 인해 여야 사이에서만이 아니라 집권당 내부에서조차 정상적인 정당정치가 제 역할을 할 수 없었다. 이런 사태가 반복되지 않아야 한다.

무엇보다도 부드러운 풍모와 유머, 침착함을 잃지 않았으면 한다. 청와대만 보이는 정부와 청와대만 공격하는 야당 사이에서 정치가 끝없이 사나워지는 것을 누가 좋아하겠는가? 집권 여당이 스스로 자율적 역할을 버리고 야당은 안보를 앞세워 과거와 같은 냉전적 주장을 반복하는 한 우리 민주주의의 미래는 어둡다.

대통령과 청와대가 여론이 바뀔까 봐 초조해 하고, 모든 일을 감당하려 하면서 일상화된 과로를 피하지 못하는 악순환 구조 역시 개선되어야 한다. 왜 국무총리와 장관, 집권당이 자율적인 역할을 하도록 권한이 위임되지 않는지 알 수 없다. 청와대 정부는 결코 최선이 될 수 없다.

우리는 빠른 변화를 기대하는 것이 아니라 제대로 된 변화를 바란다. 이 모든 것이 입법부와의 좋은 관계 속에서만 가능하다. 야당과의 협의 능력도 중요할 텐데, 이를 위해서는 집권당 지도부의 유능함이 절대적으로 필요하다. 통치 행위는 법에 입각해야 하고 그런 법을 제정하는 입법자에게 시민 주권이 위임되어 있는 것, 그것이 민주주의의 기초 원리다. 입법부를 움직이는 것은 시민의 의사를 나누어 대표하는 정당들이며, 이 가운데 다수 연합과 내각이 긴밀히 협력해서 정부를 관장하는 것을 중시했으면 한다. 박근혜 정부였을 뿐 새누리당 정부인 적은 없었던 지난 정부에서 책임 정치가 어떻게 실종되는지를 보았듯이, 이 정부 역시 민주당 정부가 아니라 특정 대통령 개인의 정부로 불리면 민주정치의 발전에 기여하지 못한다.

입법부나 정당과 싸우는 대통령은 박근혜 대통령의 사례에서 보듯이 최악의 결과를 피할 수 없다. 안정된 당정 관계를 바탕으로 입법부와의 협력을 도모하고 여야 정치인을 넘나들어 대화를 이끌 수 있는 '다정한 자신감'은 민주적 리더십의 핵심 덕목이다. 통치자의 자신감이 침착한 리더십으로 실현될 때만 가능한 일이기도 하다.

강한 정부, 좋은 정부는 모두 민주주의의 정치 규범을 준수할 때만 실현될 수 있다. 합의 가능한 의제마저 갈등과 대립으로 치닫게 하는 것은 정치의 존재 이유를 위협한다. 반면, 갈등적인 쟁점마저도 합리적으로 조정 가능한 의제로 바꿔 갈 때 정치는 힘을 갖는다. 민주주의라는 '시민의 집'이 따뜻한 공동체적 온기를 품을 수 있도록, 대통령은 물론 여야 정당과 정치인들 모두가 그런 힘을 보여 주었으면 한다. 우리 모두가 바라고 기대하는 민주적 통치자들의 모습은 바로 거기에 있기 때문이다. 정치가는 우리를 악으로부터 건져 내는 구원자가 되고자 해서는 안 된다. 민주정치를 통해 우리가 바라는 것은, 적대보다는 협력의 조건을 키워서 사회가 한발 전진하는 것이다. '악과 싸우고 적폐를 청산하기 위해 정치하는 대통령 상', '정당과 의회를 민심 거부 세력으로 몰아붙이고 자신을 지지하는 국민과 일체화된 개혁을 추진하는 대통령의 모습'은 박 전 대통령 하나로 충분했으면 한다.

보론 1

# 직접 민주주의론과
# 청와대 정부

직접 민주주의론은 정부의 책임성을 약화시킨다

# 직접 민주주의론은
# 정부의 책임성을 약화시킨다


**대통령이 직접 민주주의를 앞세운 것에 대해 여론 동원 정치라고 비판했는데, 시민운동 진영이나 진보적 지식인들 사이에서는 직접 민주주의를 찬성하는 사람이 많다. 본론에서 간략하게 언급한 것을 넘어 직접 민주주의에 대한 판단을 제대로 들어봐야겠다.**

순수 정치 이론의 문제로서 직접 민주주의론과, 문재인 대통령 지지자들 사이에서 갑자기 큰 호응이 일고 있는 현실의 직접 민주주의론을 구분할 필요가 있지만 이미 섞여 버렸다. 문재인 대통령이 과거 야당 대표일 때는 분명 대의 민주주의자였고 의회 민주주의자였으며 정당주의자였다. 대통령 후보 시절에도 그랬다. 대통령이 되고 청와대 정부를 키우면서 큰 변화가 있었다. 직접 민주주의론을 불러와 청와대 정부를 정당화하려 한 것이다. 그래서 직접 민주주의를 다시, 제대로 살펴보는 것은 필요한 일이다.

직접 민주주의란 (앞서 언급한 조반니 사르토리의 표현을 빌면) '통치되는 민주주의'에 대한 거부 내지 '통치하는 민주주의'로의 전환을 이상으로 삼는다.● 이를 실현하는 제도 원리는 두 가지다. 하나는 공적 결정이 '시민 총회'에서 이루어진다는 것이고, 다른 하나는 이를 주관하는 공직을 시민이 번갈아 맡는다는 것이다. 공적 결정을 위한 시민 총회는 짧은 주기로 열려야 한다. 고대 아테네는 9일에 한 번꼴로 민회가 열렸다. 행정 관료제와 정당정치인, 법관과 같은 전문적 직업 공직자는 있을 수 없다. 시민이 직접 입법자이자 사법을 이끌 배심원, 행정을 처리할 임시직 행정관을 맡아야 하고 이는 짧은 주기의 추첨을 통해 그때그때 선발한다. 통치의 역할을 시민이 번갈아 할 뿐, 통치 집단과 시민을 분리시키지 않는 제도 원리를 가진, 매우 특별한 민주주의라고 요약할 수 있겠다.

이런 제도 원리를 지금 우리가 실천한다고 해보자. 시민 총회가 일 년 365일 동안 매일 8시간씩 열린다 해도 5천만 명의 한국 시민이 여기에 참여해 1분의 발언권을 얻을 확률적 기회는 평균 1천 번은 빠짐없이 총회에 참석할 때 주어진다. 대통령직을 모든

---

● G. 사르토리 지음, 이행 옮김, 『민주주의 이론의 재조명 Ⅰ, Ⅱ』(인간사랑, 1989). 특히 5장 "통치되는 민주주의와 통치하는 민주주의"를 참조할 것.

시민이 번갈아 할 수 있는 것도 아니라는 사실을 모르는 사람은 없다. 설령 하루씩 대통령직을 번갈아 한다 해도 1백 년 안에 그 기회를 누릴 수 있는 시민은 4만 명 남짓일 뿐이다.

법을 만드는 입법자도 마찬가지다. 국회의원 숫자를 최소 1만 배 이상 늘리거나 아니면 국회의원 임기를 10분$_分$ 이내로 줄이지 않는 한 일반 시민이 입법자의 역할을 누릴 수 있는 확률적 기회는 주어지지 않는다. 조세와 재정, 통상, 외교, 안보, 치안, 법 집행을 담당하는 행정 관료의 역할은 어떨까? 정원을 대규모로 늘리고 재직 기간을 최대한 짧게 해서 행정 관료의 역할을 번갈아 맡을 기회를 최대화한다 해도 그에 부응할 시민은 거의 없을 것이다.

오늘날 우리는 이런 방식의 민주주의를 하고 있지 않다. '시민 총회'에서 법을 만들고 정책을 결정하는 것이 아니라, 시민 총회에서는 시민들의 대표를 선출하고, 이들 '시민 대표의 총회'를 통해 입법을 하고 정책을 집행한다. 시민이 번갈아 공직을 맡는 것도 아니다. 그보다는 일정한 절차에 따라 선발되고 매우 엄격한 책임을 부과받는 직업 공직자를 통해 정부를 운영한다. 이렇듯 '통치자 집단과 시민의 제도적 분리'야말로 현대 민주주의를 구성하는 기본 원리이다. 그 원리 덕분에 오늘날과 같이 대규모 인구를 가진 다원 사회에서도 민주주의를 할 수 있게 되었을 뿐만 아니라, 여성과 노동자 등 과거에 배제되었던 사회집단이 시민권을 획득할 수 있었다.

통치자 집단과 시민의 분리야말로 비민주성의 원천 아닌가? 그
때문에 대의 민주주의에서 시민의 권리가 약해졌고 시민 참여의
직접성이 훼손되었다고 볼 수도 있다. 그래서 많은 사람들이 대
의 민주주의의 한계를 말하는 것 아닌가?

시민과 통치자가 같아야 민주주의이고, 분리되면 민주주의가
아닌 걸까? 그렇지 않다. 그저 다른 종류의 민주주의일 뿐이다. 이
와 관련해 정치학자 사르토리의 설명은 흥미롭다. 그는 직접 민주
주의를 비유적으로 말해, 시민이 5분의 1(5명 중의 1명)에서 5천
분의 1(5천 명 중의 1명) 사이에 있는 민주주의라고 정의한다. 달
리 말하면 공적 결정의 권한을 직접 행사하거나 공직자가 될 수
있는 시민의 규모를 제한하는 민주주의라는 것이다. 반면 대의 민
주주의는 시민 개인이 5백만분의 1명, 5천만 분의 1명, 나아가 5
억 분의 1명일 때도 작동할 수 있는 민주주의를 가리킨다. 달리
말해 시민의 규모를 확대하되 정부 운영은 시민의 일부에게 맡기
고 나머지 시민이 이들에게 책임을 묻는 방식으로 작동하는 민주
주의라고 하겠다.

물론 5천이라는 시민의 수를 기준으로 그 이하면 직접 민주주
의를 할 수 있고 그 이상이면 대의 민주주의를 해야 한다는, 그런
의미는 아니다. 앞서 비유적이라고 말한 것은, 직접 민주주의는
직접 민주주의대로 그것에 해당하는 체제의 운영 원리가 있고, 대
의 민주주의 역시 그것에 맞는 민주성의 원리가 있다는 뜻일 뿐

인구 규모가 핵심은 아니다. 시민과 통치자가 분리되어 있는가의 여부에 따라 어느 쪽이 민주적으로 더 우월하고 열등한가를 따지는 것 역시 문제의 본질을 벗어난 일이다.

그럼에도 불구하고 참여의 직접성과 규모, 권리의 크기 같은 기준으로 두 민주주의의 상대적 우월성을 굳이 따진다면, 결과는 직접 민주주의론자들의 기대와는 크게 다르다. 대의 민주주의에서 시민권은 더 커졌고 더 넓어졌으며, 참여의 범위는 물론 직접성 역시 비교할 수 없이 확대되고 심화되었기 때문이다.

고대 아테네 민주주의의 사례를 다시 살펴보자. 시민권은 전체 사회 구성원 가운데 약 5분의 1에서 8분의 1 안팎에게만 주어졌다. 이들이 공직에 자유롭게 참여할 수 있도록 생산과 재생산은 노동자와 여성이 맡았다. 물론 노동자와 여성들에게 시민권은 주어질 수 없었다. 그렇다면 제한된 수의 시민들 모두는 열심히 직접 잘 참여했을까? 그렇지도 않다. 시민권자 가운데 실제로는 약 6분의 1 정도가 참여했으니, 전체 사회 구성원 가운데 참여율은 아무리 높게 잡아도 5퍼센트를 넘지 않았다.

오늘날 대의 민주주의에서 시민의 권리는 기본적으로 사회 구성원 모두에게 주어진다. 시민권의 기준에서 인종과 종교, 혈연의 원칙을 폐지하고 재산이 없는 노동자는 물론 여성에게 참정권이 확대될 수 있었던 것은 대의 민주주의 최고의 성취였다. 미성년자와 이주 노동자를 대상으로 시민권을 확대하려는 시도 또한 계속되고 있다. 투표 연령은 지속적으로 낮아질 것이다. 정당 가입 가능 연령도 계속 낮아지고 있는데, 서유럽의 진보적인 정당들은 12세 내지 14세 이상이면 정당에 가입할 수 있다. 직접 민주주의가 배타적이고 폐쇄적인 시민권을 그 구성 원리로 삼았다면, 대의 민주주의는 확장성과 포괄성을 특징으로 한다. 실제 참여율도 그때보다 비교할 수 없이 높다. 투표율을 기준으로 보면, 스위스가 40퍼센트 안팎으로 가장 낮을 뿐, 대부분의 대의 민주주의 국가는 그보다 두 배 가량 높다. 다양한 결사체에 직접 참여하고 또 직접 결사할 권리도 있으며, 나아가 정당에 직접 참여해 선출직 공직자에 도전할 수도 있고, 관료나 공무원이 되기를 원한다면 역시 누구나 직접 도전할 수 있는 것이 대의 민주주의다.

참여의 범위나 크기만 문제가 아니다. 무엇보다도 '평등한 참여의 이상'은 직접 민주주의에서 실현하기가 가장 어렵다. 직접 민주주의는 참여의 열의가 결과를 지배하며, 참여의 열의는 그로 인해 발생하게 될 기회비용을 감수할 수 있어야 지속된다. 간단히 말해 참여의 기회는 계층·학력·소득에 따라 향유할 수 있는 정도가 다르다는 것이다. 그 결과 직접 참여를 강조할수록 교육받은 중산층들이나 정치적 선호를 강하게 갖는 '열정적 소수 집단'passionate minorities이 우대받는 정치는 피할 길이 없다. 그렇기에 예나 지금이나 생산과 재생산의 압박에서 벗어나기 어려운 사회 하층일수록 자신들의 이익과 열정을 대변해 줄 강한 정치 집단을 필요로 하는 것이다.

참여의 불평등성만이 아니라 폐쇄적 시민권 역시 직접 민주주의 큰 한계다. 다른 도시국가로부터 온 이주민들과 그 자손들은 고대 아테네에서 시민이 될 수 없었다. 이는 이주민 내지 피정복 주민에게도 시민권을 부여했던 로마 공화정과는 크게 대비된다. 오늘날에도 마찬가지다. 예컨대, 북아프리카 및 중동에서 이민 온 무슬림 가족과 그 자녀들에게 시민권을 주자는 제안이 (대의 민주주의를 대표하는 제도로 여겨지는) 의회는 통과해도 (직접 민주주의의 대표적인 제도로 주장되는) 주민투표나 국민투표에서는 거부되기 일쑤다. 스위스가 대표적이다. 이민자나 무슬림에 대한 두려움이 최대로 동원된 영국의 브렉시트 국민투표 역시 유사한 사례다. 2016년 콜롬비아에서 반군과의 평화협정이 무산된 사태 역시 주목할 만하다. 무장혁명 세력과의 내전을 종식시키기 위한 노력이 50년 넘게 계속되었지만, 결국 (참정권을 얻게 될 반군 세력이 정치 활동을 하고 의회에 들어갈 경우 발생할 일들에 대해 두려움을 불러일으키는) 우파들의 여론 동원에 밀려 평화협정안이 국민투표에서 부결되었기 때문이다.

**그럼 결국 직접 민주주의보다 대의 민주주의가 낫다는 것인가?** 직접 민주주의의 단점을 강조해도 그것이 곧 대의 민주주의의 우월성을 확증하는 것은 아니다. 참여의 범위가 제한된다 해도 여전히 시민이 직접 체제를 운영하는가 아니면 대표를 통해 운영하는가의 차이는 따져져야 한다.

'직접이냐 대의냐' 하는 기준은 허구적일 때가 많다. 앞서 말한 대로, 직접 민주주의가 시민 참여의 직접성을 더 확대하는 것도 아니고, 평등한 참여보다 불평등한 참여, 배타적이고 폐쇄적 참여를 강화하는 문제도 있다. 참여의 규모나 직접성은 물론 시민권의 크기, 나아가 참여의 개방성과 평등성의 기준에서 굳이 따진다면 대의 민주주의를 역사상 최고의 '직접' 민주주의라고 해도 전혀 이상하지 않은 일이 된다. 다시 강조하건대, 직접 민주주의와 대의 민주주의는 같은 차원에서 비교될 수 있는 개념도 아니고, 자유롭게 둘 중 하나를 선택할 수 있는 그런 것도 아니다. 이 점을 이해하는 것이 중요하다.

로버트 달Robert A. Dahl을 포함해 많은 민주주의 이론가들이 강조하듯이, 17세기 중엽에서 19세기 중엽에 이르는 대의 민주주의의 긴 태동기 동안 직접 민주주의와 대의 민주주의가 선택의 문제인 적은 없었다. 대의 민주주의와 직접 민주주의 사이에 비교론이나 유형론이 있었던 것도 아니다. 그렇기에 로버트 달은 민주주의의 유형을 '직접이냐 대의냐'가 아니라 고대 민주주의와 현대 민주주의로 나누고, 오늘날은 오늘날의 민주주의에 맞는 발전론을 가져야 한다고 강조한다. ●

현대 대의 민주주의의 원리가 형성되는 긴 과정을 연구한 버나

---

● 로버트 달 지음, 조기제 옮김, 『민주주의와 그 비판자들』(문학과지성사, 1999).

드 마넹Bernard Manin의 주장도 흥미롭다. ●

　그는 그 기간 동안 대의제와 선거를 부정하거나 회의하는 흐름은 없었으며, '대의제냐 시민 총회냐' 혹은 '선거냐 추첨이냐' 같은 논쟁이 있었던 것도 아니라는 사실을 보여 준다. 심지어 마넹은 고대 아테네 민주주의에서도 직접이냐 아니냐가 핵심이 아니었음을 강조한다. 대표를 뽑아 공직을 맡기는 방식의 민주주의 운영은 고대 아테네에서도 다르지 않았고, 다만 대표를 뽑는 데 주로 추첨을 사용했을 뿐이라는 것이다.

　엄밀히 말해 직접 민주주의와 대의 민주주의는 완전히 다른 종류의 민주주의라 할 수 있다. 고대 직접 민주주의는 정변을 통해 군주정과 귀족정을 대체한 '민중 계급의 일원적 지배체제'라 할 수 있다. 반면 현대 대의 민주주의는 공직에 대한 기존의 '세습의 원칙' 위에서 '선출의 원칙'을 끊임없이 확대하는 과정을 통해 형성된 '긴 변형 과정의 결과'라 할 수 있다. 고대의 정치체제 이론은 그래서 '정체 순환론' 즉 1인 지배와 소수 지배, 다수 지배가 혁명 내지 정변을 거쳐 순환, 대체되는 것을 당연시해 왔다. 반면 근대의 정치체제 이론은 '봉건적 대의제'에서 '자유주의적 대의제', 그 뒤 '대의제적 민주주의'로 불릴 만한 변화를 지속해 왔다. 영국을 기준으로 하면 13세기 대헌장에서 17세기 청교도 혁명 이전까지

---

● 버나드 마넹 지음, 곽준혁 옮김, 『선거는 민주적인가』(후마니타스, 2004).

를 봉건적 대의제라 볼 수 있고, 그 뒤에는 자유주의적 대의제, 그리고 18세기 후반 참정권이 대폭 확대된 다음부터는 민주적 대의제가 시작되었다고 볼 수 있다.

굳이 이렇게 복잡한 이야기를 하는 이유는 '직접이냐 대의냐', '추첨이냐 선거냐', '두 민주주의 가운데 어느 쪽이 더 민주적이냐' 등으로 접근하면 제대로 된 맥락을 놓치게 되기 때문이다. 과거에는 민회와 추첨이 민주적이었다면 오늘날에는 선거와 대의제가 민주적이 되었다. 따라서 대의 민주주의의 한계를 극복하기 위해 민회와 추첨제를 도입하자거나, 그와는 반대로 직접 민주주의의 문제점을 보완하기 위해 선거와 대의제를 도입하자는 식의 접근은 다소 난센스가 아닐 수 없다. 오늘날 우리가 해야 할 일은 선거와 대의제를 민주적 원칙에 맞게 제대로 운영하는 것이다. 어떻게 하면 참여의 질과 대표의 범위를 넓히고, 주권을 위임받은 정부가 자의적이 되지 않도록 제어할 수 있을까? 이런 질문을 탐구하는 것이 대의 민주주의냐 직접 민주주의냐, 혹은 대의 민주주의와 직접 민주주의를 이렇게 섞고 저렇게 조합하자는 식의 논란을 벌이는 것보다 훨씬 더 가치 있는 일이다.

**꼭 고대 아테네 방식의 직접 민주주의를 주장하는 것이 아니다. 오늘날의 국가는 과거 도시국가와 달리 규모가 크기 때문에 직접 민주주의를 그대로 실현할 수 없다는 것을 잘 안다. 하지만 할 수**

만 있다면 직접 민주주의가 여전히 더 좋은 민주주의다. 현대사회는 과거에는 상상도 할 수 없을 만큼 전자적 소통 기술이 발전했다. 온라인을 활용하면 시간과 공간, 특별한 교육과 기술이 필요 없으며 누구나 참여할 수 있기 때문에 더 많은 시민들의 더 넓은 참여를 보장할 수 있다.

우선, 직접 민주주의냐 대의 민주주의냐 하는 논쟁을 '규모의 문제에서 비롯된 기술적 제약' 때문으로만 이해해서는 안 된다. 규모의 문제와 더불어 ('기능 분화'와 '전문화'로 특징지어지는) 현대 사회의 새로운 노동 분업 구조 역시 직접 민주주의를 실현하기 어렵게 하기 때문이다. 오늘날 우리가 누리고 있는 문명적 이기들은 모두 이런 노동 분업 구조를 통해 성취된 것들이다. 현대 문명을 거부하거나 고도로 분화된 기능 혹은 전문적 직업 집단을 없애지 않는 한, 이 변화는 돌이킬 수 없다.

변호사나 판사, 검사 선발 제도를 폐지하고 '법의 지배'를 실현할 수는 없는 일이다. 전문 행정 관료 없이 정부를 이끌 수도 없다. 시민이 총회에 참여하고 공직을 맡을 수 있도록 생계에 필요한 생산 활동은 물론, 미래의 시민을 양육할 재생산 활동을 시민이 아닌 기계나 외국인 노동자를 불러들여 맡길 수 있는 것도 아니다. 생산과 재생산의 기능을 시민 총회 기간 동안 일시적으로 멈추게 할 수도 없다. 그렇게 해서도 유지될 수 있는 인간 사회는 없다.

현대적 노동 분업 구조 말고도 중요한 것이 있다. 그것은 오늘날의 민주주의가 국민국가를 단위로 안보와 통상 등의 필요를 관리하고 통제하는 '국가 간 체제'international system의 제약을 받는다는 사실이다. 한 국가 내부의 문제라면 규모를 쪼개고, 노동 분업 구조를 지극히 단순화함으로써 변화를 도모할 수 있을지도 모른다. 하지만 이는 비현실적이다. 오늘날에는 어떤 국가도 스스로의 의지만으로 존립할 수 없다. 현재의 한국 사회를 50개 나라로 독립시켜 1백만 명의 인구를 가진 소국으로 쪼갠다 해도 국가 간 관계로부터 오는 제약을 피할 수는 없다. 군대나 직업 외교관, 통상 전문가 없이 정부 활동을 이끌 수 없다. 그럴 경우 직접 민주주의는커녕 나라의 존립마저 유지할 수 없을 것이기 때문이다.

전자적 소통 등 새로운 기술 변화를 활용해 직접 민주주의를 할 수 있게 되었다는 주장도 자주 접한다. 아예 이렇게 질문하는 사람도 있다. 공적 의제에 대한 심의와 토론, 결정 과정이 완전히 공개된다면 시민이 주권을 일상적으로 행사할 수 있지 않을까? 원격 통제 장치를 고안해 나눠 주고 손쉽게 버튼을 누르는 식으로 모든 공적 사안을 시민들이 직접 결정할 수 있게 할 수도 있지 않을까? 이렇게 하면 한자리에 모일 필요도 없지 않을까?

그런 일이 설령 가능하다 해도 직접 민주주의가 되지는 않을 것이다. 공적 의제는 누군가에 의해 관리되거나 아니면 제도화되어야 할 것이다. 수많은 공적 의제들 가운데 어떤 의제를 중요하게 취급하고 어떤 의제는 뒤로 돌릴 것인지 그 우선순위를 결정하는 기구나 체계도 있을 수밖에 없다. 시민들의 참여도 마찬가지다. 알아서 자율적으로 누구나 참여할 것을 기대하는 것은 비현실적이다. 공적 의제에 대한 이해를 진작하는 일 역시 시민 각자가 할 수 있는 일이 아니다. 결정의 집행과 결과에 대한 책임을 시민에게 전가할 수도 없다.

다양한 삶의 조건 속에서 모든 시민이 참여할 수 있는 '공적 시간'을 확보하는 일은 어떤가? 모든 시민이 리모컨을 들고 모니터 앞에서 공적 결정을 주관할 수 있도록, 개별적이고 특수한 사적 시간으로부터 자유로운 '완전한 공적 시간'을 만들 방법은 없다. 공적 심의를 할 사안과 공적 결정의 날 역시 누군가에 의해, 혹은 제도화된 절차 내지 기구를 통해 시민에게 미리 예고되고 준비되고 관리되어야 한다. 일 년 중 일정 기간을 공적 결정의 날로 배정하거나, 아니면 매일 몇 시간을 공적 결정에 참여할 시간으로 정해야 하지만, 그 시간 동안 모든 사적 삶을 중지시킬 수는 없다. 설령 그것이 자동화된 시스템을 통해 가능해진다 해도, 그런 일은 모든 사적 삶을 통제하는 '기술적 전체주의' 없이 이루어질 수 없다.

최첨단 기술로 시스템을 개발해 모두를 접속하게 하는 방법으로 직접 참여하게 하고 직접 결정하게 한다면, 자유롭고 평등하고 식견 있는 참여와 토론이 가능해질까? 어려운 일이다. '예, 아니오'의 단순한 결정만 많아질 뿐, 결국 풍요로운 공적 심의와 숙의적 결정의 가능성은 희생된다. 참여는 수동적이 되고 열의는 점차 사라질 수밖에 없다. 참여가 갖는 민주적 가치가 편의적 결정의 수단으로 전락하는 결과도 피할 수 없다. 앞서 언급한 정치학자 사르토리는 더 비관적인 결말을 말한다. 즉, 이런 방식의 결정 과정을 지배하는 것은 자신들이 원하는 결정을 얻기 위해 극도로 편향된 정보를 제공하는 극단주의자들이고, 결국 다원주의적 조정과 협의의 기반은 더욱더 좁아진다는 것이다. 요컨대 기술에 의존하는 참여와 결정의 과정은 결코 '민주적 시간'이 될 수 없다.

**기술에 의존하지 않더라도 여전히 제도적인 대안을 계속 모색할 수는 있지 않을까? 언젠가는 직접 민주주의를 가능하게 할 특별한 제도적 방안이 나올 수도 있다.**

제도의 문제가 아니다. 사실 직접 민주주의의 제도적 허망함을 논증하는 것은 그리 어려운 일이 아니다. 오히려 제도적인 문제보다는 '시민 문화' 내지 '시민적 덕성'civic virtue 같은 윤리적인 문제가 더 클 수도 있다. 직접 민주주의론이 전제하고 있는 두 가지 가정을 잠깐 살펴보자.

하나는 인간에 대한 가정이다. 직접 민주주의론자들은 '정치가에 대해서는 최대한 부정적'이면서 반대로 '시민에 대해서는 최대한 긍정적'인 인간관을 드러낼 때가 많다. 대의정치 속의 인간은 사익과 특권을 추구하는 것으로 가정되는 반면, 시민 직접 정치 속의 인간은 순수하고 사회적이고 공익적인 존재로 대비되곤 한다. 정치가가 시민의 일부이고 시민의 모습을 닮았다는 생각을 잘 하지 않는다.

시민이 순수하고 완전할 수 있다면 민주주의 자체가 필요하지 않을 것이다. 시민은 그런 존재가 아니다. 2천5백 년 전의 아테네 시민보다 지금의 시민이 인식과 판단의 능력에 있어서 얼마나 진보했다고 볼 수 있을까? 긍정적으로 답하기 어렵다. 사익과 공익 사이의 관계는 또 어떤가? 공익이 '사익의 부재'를 말하는 것일 수는 없다. 인간의 자유를 없애지 않고, 사익을 추구하려는 인간 행동이 제거될 수는 없다. 오늘날과 같은 다원 사회에서 공익이란 '사익의 배제나 추방'이 아니라 '조정된 사익'에 가깝다. 사익을 추구하려는 인간의 욕구를 부정하지 않고 이를 공적 영역에서의 차이와 갈등으로 전환해 다루는 것, 그래서 결과적으로 '공익의 파수꾼' 역할을 하게 하는 것이 그간 인류가 익혀 온 지혜가 아닐 수 없다.

시민을 순수하고 공익적인 인간으로 가정하고 그 위에 민주주의를 세우는 것은 너무도 위험하다. 그보다는 자신의 이익과 관련된 일에 더 관심을 갖는 시민, 기회가 주어지면 권력과 영향력을 추구할 수도 있는 평균적 시민을 상정하고도 견딜 수 있는 민주주의가 훨씬 더 건강할 수 있다. 설령 사심 없이 공익에 헌신하는 마음을 가질 수 있다 하더라도, '무지의 딜레마'를 벗어날 수 있는 인간은 없다. 지식과 정보를 최대로 취득한다 해도 무엇이 최선의 결정인지를 알기는 어렵다. 우리 모두는 '날개 없는 인간'이다. 날 수 있다는 가정으로 민주주의를 절벽 쪽으로 끌고 갈 수는 없다. 순수하지 않더라도, 무지하고 무능하더라도 평등한 시민권이 주어지고 그 위에서 작동할 수 있는 민주주의, 그것이 우리가 하고자 노력해 온 민주주의다.

다른 하나는 직접 민주주의를 해야 한다고 주장하는 사람들이 갖고 있는 '시간에 대한 가정'이다. 시간은 '변화에 필요한 인내의 길이'라고 이해할 수 있는데, 대개 직접 민주주의론자들은 조급하다. 대의정치의 길고 지루한 싸움과 갈등에 관용적이지 않다. 이를 불가피하다고 생각하지도 않는다. 그래서 성마르다. 규탄의 언어로 일관하는 일이 잦다. 당장의 변화가 아닌 것은 기만이나 속임수로 이해할 때도 많다. '정치인들에게 맡기면 안 된다', '온라인으로 하면 된다', '개방형 플랫폼을 깔고 시스템에 맡겨라', '사회네트워크서비스SNS를 통해 국민과 직접 소통하라'는 그들 주장의 이면은 현실 정치에 대한 부정과 불만으로 채워져 있다.

그런데 우리는 어떻게 우리가 원하는 변화를 성취할 수 있을까? 정파적 갈등만 배제하면, 누구의 눈에도 완전한 대안을 발견할 수 있을까? 불가능한 일이다. 시민을 직접 참여시키는 것만으로 사회적 동의에 도달하는 그 복잡한 과정이 순조롭게 해결되리라 기대하는 것은 순진하다 못해 무모하다. 이견과 갈등 없이 우리가 추구할 수 있는 현실적 최선이 무엇인지를 파악하기란 불가능하다. '조정된 합의'가 더 강하고 더 오래 가는 변화를 만들 수 있다는 자각 때문에 민주주의를 하게 되었고 지켜 갈 수 있게 되었음을 경시해서는 안 된다.

우리는 완전한 삶을 살 수 없다. 하나의 옳음을 추구하는 사회는 전체주의를 피할 수 없다. 모든 것을 알 수 있는 인간은 없고, 누구든 죽는다. 그럼에도 불구하고 가치 있는 삶을 추구하려는 의미 있는 노력을 중단하지 않을 수는 있을 텐데, 우리가 발전시키고자 하는 '정치론'과 우리가 지키고 옹호해야 하는 '민주주의론'은 그런 기초 위에 서 있어야 한다.

'옳음의 전체주의'를 지향할 수는 없다. '완전함을 숭배하는 민주주의론'을 감당할 수 있는 인간은 없다. 민주주의는 인간이 싸우고 적대할 수밖에 없는 존재라는 자각 때문에 불러들여진 정치체제다. 같아질 수 없는 차이는 인간의 숙명이다. 공적 공간을 그럭저럭 잘 제도화한다면 서로의 존재를 절멸시키려는 과도한 열정을 완화할 수 있다고 믿고, 그것을 위해 불안 불안한 노력을 지속하려는 사람들의 불완전한 프로젝트가 민주주의다. 이 세상이 갈등과 적대를 피할 수 없는 곳이기에, 서로가 순응할 수 있는 공적 질서를 찾아 나서는 일과 같은 것이 민주주의다. 그것이 '이상적 최고'가 아닌 '현실적 최선'에 불과한 것일지 모른다. 그럼에도 불구하고 그것을 추구하는 일에서 열정과 책임성을 다하고자 노력하면서 그 한계를 확장하려는 사람들의 위대한 사업을 민주주의자들이 하고 있다.

우리가 필요로 하는 정치적 덕목의 목록 가운데 꽤나 높은 위치를 차지하고 있는 것에는 다음과 같은 것들이 있다. 우리 스스로에 대한 '합리적 의심', 틀릴 수 있다는 자각을 갖게 하는 '불완전함에 대한 존중', 비용을 치르지 않고 손쉽게 얻기는 어렵다는 '시간에 대한 경의', 얻을 수 없는 것에 대한 집착에서 우리를 자유롭게 하는 '지혜로운 포기', 큰 목표에 다가가고자 할수록 꾸준하고 오래 걸리는 노력을 하게 해주는 '점진적 급진주의'……. 이 모든 덕목들은 우리를 '다정하고 침착한 혁명가'로 이끄는 현대 대의 민주주의의 가치들이다.

적극적 의지와 신념의 힘, 그리고 과감한 용기가 정치의 본질이라 할지라도 그것은 '절제된 신중함'에 의해 단련된 것이기를 바란다. 민주주의가 다수의 의지를 실천하는 특별한 정치의 방법이라 할지라도, 그때의 다수 역시 '숙고된 판단'과 '불완전한 합의'를 필요로 하며, 이때의 합의란 '여러 차이들 사이에서 불완전하게 조율된 균형'이라는 사실 또한 존중되어야 한다.

**지금 체제에 불만이 있거나 뭔가 큰 변화가 필요하다고 보는 사람들의 입장에서는 직접 민주주의론이 체제 변혁의 방법론이 될 수 있다. 기성 질서로부터 배제되어 있는 사람들에게 기존의 대의제와 선거는 구질서를 재생산하는 보루로 여겨진다.**

혁명 내지 체제 변혁을 지향한다면 직접 민주주의를 앞세우고 추구하는 것이 당연하다. 내가 유일하게 그 가치를 인정하는 직접 민주주의론이 있다면 그것은 혁명론이다. 앞에서도 지적한 것처럼 직접 민주주의는 (기존 체제를 완전히 대체하고 민중 계급의 단일 지배체제로 전환하는) 일종의 '체제 대체론'을 지향한다. 따라서 혁명가들은 진짜로 직접 민주주의론을 말했고 진정으로 그렇게 하려 했다. 1871년에 있었던 파리 코뮌의 사례를 통해 카를 마르크스가 구현하려 했던 직접 민주주의론이 대표적이다. 기존 국가를 붕괴시키고 기존의 계급 사회를 해체시키고자 했기에 거리와 공장에서의 대중투쟁은 물론 새로운 민주주의를 꿈꿔야 했다.

다만 나는 공산주의자도 아니고 혁명을 통해 새로운 체제를 일거에 만들 수 있다고 믿지도 않는다. 그렇기에 그들의 직접 민주주의론이 갖는 진정성은 인정하지만, 그 길에 동참할 생각은 없다. 그 길보다 내가 더 신뢰하는 것은 지금 우리가 실천하고 있는 민주주의 안에서 그런 변화를 꾸준히 실천하는 길이다. 서구의 사회민주주의가 대표적인 사례다. 처음에 그들은 사회주의혁명을 지향하고 직접 민주주의를 추구했지만, 수많은 시행착오를 거쳐 대의 민주주의를 수용하고 그 안에서 변화를 모색했다. 노동자들도 평등한 시민권을 갖게 되고 사회복지 역시 시민의 권리 가운데 하나가 된 데에는 이들의 기여가 적지 않았다.

이들과는 달리 체제에 대한 불만을 이용하려 하거나 유사 반체제론을 동원해 정치적 자산을 획득하려는 시도는 늘 있어 왔다. 흔히 우파 포퓰리즘이나 좌파 포퓰리즘으로 불리는 이들 역시 직접 민주주의론을 강하게 앞세운다. 하지만 겉으로 내세우는 주장과는 달리, 실제로는 대의제나 선거를 부정하지 않는다. 그들에게 직접 민주주의론은 선거에서 득표를 늘리고 대의제 안에 진입하기 위한 수단일 뿐이다. 오늘날 유럽의 민주주의 국가들은 대부분 이들 포퓰리즘 세력의 크고 작은 도전에 직면해 있다. 이들을 신뢰할 수는 없겠지만, 그래도 특정 나라의 정치체제나 경제체제가 갖는 사회 통합 능력이 얼마나 약해졌는지를 살펴볼 수 있는 지표나 징후는 된다.

내가 더 근본적인 문제로 보는 것은 대의 민주주의 방식으로 선출된 통치자가 직접 민주주의를 동원하는 경우다. 분명히 그는 대의 민주주의의 방식으로 시민에 의해 선발되었고 따라서 그에 맞게 책임 정치를 실천해야 할 의무를 진다. 그런데 그런 책임성의 부과를 회피하기 위해 시민으로부터 직접 의사를 들어 통치권을 행사하겠다고 하면 어떻게 될까? 직업적인 공직자는 물론 정부 기구나 조직이 없는 진짜 직접 민주주의 체제라면 그 위험성은 훨씬 적다. 하지만 오늘날의 대의 민주주의는 강력한 권력을 가진 국가와 정부를 통해 운영된다. 이를 이끄는 최고 통치자가 잘 조직된 공권력과 정부 예산을 자신과 자신을 지지하는 시민 집단을 위해 남용하거나 혹은 그런 방식으로 다수 여론을 만들어 낸다면 어떻게 될까? 통치자와 피통치자 사이의 민주적 책임성은 실현될 수 있을까?

어떤 경우든 '통치자가 앞세우는 직접 민주주의' 혹은 지지 시민을 동원하고 조직하기 위해 예산과 공권력을 사유화하고 전용하는 일은 가장 위험하다. 인류의 역사를 비극으로 물들게 했던 전체주의는 (그것이 보수에 의한 것이든 진보에 의한 것이든) 국가 권력을 장악한 세력이 여론을 동원해 체제를 움직인 '대중 독재'의 형태로 나타났음을 기억해야 한다. 전체주의와 대중 독재는 민주주의 체제에 상존해 있는 위험이다. 민주주의는 대중의 지지를 얻은 정치 세력에게 공권력을 갖게 하는바, 그렇게 해서 국가 권력을 장악한 세력이 위로부터 대중을 동원해 자신만의 정치적 자산을 늘려 가려는 욕구를 절제하도록 하는 것은 몹시도 어려운 일이기 때문이다. 선거를 통해 집권한 히틀러의 나치만큼 이를 극적으로 보여 준 예도 없다. 책임 정치 없는 대의 민주주의에서 국가 권력의 자의성은 제어될 수 없다. 통치자가 불러일으키는 직접 민주주의론, 이를 위해 동원되는 반정치주의와 반의회주의, 반정당주의, 반대의제론은 무슨 일이 있어도 절제되어야 한다.


**대의 민주주의론에 대해서도 따져 봤으면 한다. 당신의 다원주의 정부론이나 책임 정부론은 모두 대의 민주주의를 전제할 때 성립한다. 그런데 잘 알다시피 직접 민주주의론자들 가운데 강경파들은 대의 민주주의라는 전제 자체를 부정한다. 그들은 "왜 대의 민주주의 안에서만 문제를 보는가? 그건 협소하다. 대의 민주주의는 한계가 많고 이미 위기에 처한 지 오래다." 이런 주장에 대해서는 어떻게 답하겠는가?**

직접 민주주의와 대의 민주주의의 논리 구조를 서로 배타적인 mutually exclusive 내용으로 단순화하면 〈표 1〉과 같을 것이다.

직접 민주주의는 참여의 열정이 큰 적극적 시민들이 우대받는, 일종의 운동론적 민주주의로 귀결될 수밖에 없다. 통치론이나 정부론을 책임 있게 발전시킬 여지도 약하다. 기존 정당정치나 의회정치에 대한 기대감을 낮추는 데 기여한다는 점에서, 결과적으로는 대통령과 청와대의 여론 동원 정치를 긍정하고, 관료제 우위 체제의 발전을 정당화해 주기도 한다.

현대 민주주의는 대의 민주주의다. 대의 민주주의가 아닌 방식으로 정치체제를 운영하는 민주주의 국가는 없다. 대의 민주주의에서만큼 일반 시민이 더 많이 더 직접 참여할 수 있는 민주주의는 없었다. 대의 민주주의만큼 가난한 민중과 여성, 이주민에게 더 넓게 시민권이 주어진 체제는 없었다. 인간의 역사에서 가장 진보적이고, 가장 민중적이고, 가장 여성 친화적이고, 가장 개방적인 정치체제는 대의 민주주의였다.

대의 민주주의 위기론 혹은 대의 민주주의 협소화론으로 불릴 만한 그런 입장은 '게으른 정치론'으로 귀결되기 쉽다. 우리가 해왔고 하고 있고 앞으로도 하게 될 민주주의의 진짜 현실을 이해하려고 노력하지 않기 때문이다. 변형된 형태의 반정치주의라 볼 수도 있다. 국회와 정당은 민주주의에서라면 시민의 일부이고 또 그 자체가 시민의 집단적 모습이며, 최고의 민주적 기관이다. 그런데 그런 기관들에 대한 존중은 없다. 그런 점에서 대의 민주주의 비

**표 1 | 경쟁하는 두 개의 민주주의론**

| 민주주의의<br>두 유형 | 민주주의<br>이론 | 시민의 역할 | 엘리트와의 관계 | 좋은 정부의 모습 |
|---|---|---|---|---|
| 대의<br>민주주의 | 민주주의<br>정부론 | 선거로 대표를<br>선출하고 대표를<br>통해 정부를 운영 | 어떤 종류의 엘리트가<br>필요한지를 시민이<br>결정하고 그런 엘리트와<br>시민이 협력하는 체제 | 시민에 책임지는<br>정당정부 |
| 직접<br>민주주의 | 민주주의<br>운동론 | 시민이 추첨으로<br>번갈아 직접 참여해<br>체제를 운영 | 대표와 엘리트에 대한<br>뿌리 깊은 불신으로서<br>반엘리트주의 | 시민의 최대 참여를 통해<br>정부 조직의 역할을<br>최소화하는 정부 |

판자들은 신자유주의자들의 정치 축소론을 공유한다. '대의 민주
주의로는 안 된다.'가 아니라 '대의 민주주의를 제대로, 더 잘하
자.'라는 관점이 훨씬 더 가치 있다.

대의 민주주의를 직접 민주주의로 바꾸자? 정치인에게서 민주
주의를 빼앗아 민간에 넘기고 시민에게 돌려주자? 민주주의를 잘
하는 일이, 스마트폰처럼 기존 모델 버리고 새 모델 쓰는 것과 같
이 될 수는 없다. 대의 민주주의가 '시민을 배신하는 대리 정치'로
전락할 위험이 있다는 논변은, 인간 사회에 적용될 수 없는 윤리
적 기준을 말하는 것일 뿐이다.

민주주의는 완전함을 추구하는 인간 행위가 아니다. 정부가 전
횡적이 될 수 있음을 모르고 정부를 만든 것이 아니다. 배신이 있
을 수 없는 정치란, 그리스나 로마 신화에서 보듯이, 신의 세계에
도 없다. 배신당하고 상처받을 수 있는데 왜 누군가를 사랑하느냐
고 힐난하는 것만큼이나 삭막하다. 그런 관점 속에는 민주주의를,

평범한 시민들과 그들의 대표들이 서로를 아껴 가며 협력해 공동체를 가꿔 가려는 힘겨운 노력으로 이해할 자리가 없다.

그들이 대안으로 말하는 시민 직접 정치나 비非대의적 길에 대해서도 해 두고 싶은 말이 있다. 현실적이냐 아니냐를 떠나, 내가 아는 한 그런 주장은 민주주의 정치 이론과 별 관계가 없다. 시민이 직접 정치를 이끌 수 있다면 민주주의론 자체가 필요 없다. 대표를 뽑아 그들을 통해 일하지 않을 수 있는 민주주의는 없다. 게다가 그들이 말하는 '정치가들을 어떻게 믿는가?'와 같은 식의 언어 사용법도 문제가 많다. 민주주의의 현실 밖에서 도덕적 우월자처럼 규범적 명령을 부과하는 논법은 권위주의적이다. 현실을 개선하기 위해 노력하기보다 자신이 옳기 위해 말하고 주장하는 것이기 때문이다.

만약 이들 반정치주의자, 반정당주의자들이 민주주의나 정부를 운영하게 되었다고 가정해 보자. 그들이 말한 대로 정치를 한다면 직접 민주주의가 잘될까? 아무도 책임지지 않는 정치 이상 다른 어떤 결과가 있을 수 있을까? 정당과 정부, 정치인들은 시민에 의해 합법적으로 선출된 시민의 대표들이다. 지금 우리가 실천하고 있는 민주주의를 위해 이들 역시 무시할 수 없는 역할을 해 왔다고 생각해야 한다. 그들에게 한계가 있다면 개선의 노력이 중요하지 정치가를 냉소하고 그 역할을 부정하는 것으로 일관해서 달라질 것은 없다. 그들이 좀 더 평등한 참여의 결과로 선출되고, 사회적으로 좀 더 다원적인 요구를 담는 대표들로 구성되며, 자신들에게 부여된 책임성을 더 잘 실천할 수 있도록 나날이 길을 넓히고 닦는 것이 민주적으로 더 유익하다.

"대의 민주주의의 시대는 끝났다!"는 강경한 직접 민주주의론자들의 이야기를 듣다 보면, 객관적인 사실과 주관적인 바람 사이의 큰 격차를 어떻게 해결하려는 것인지 걱정이 든다. 지금 전 세계 2백 개가 조금 넘는 나라 가운데 120개 가까운 나라가 대의 민주주의를 실천하고 있으며, 그 안에서 문제를 개선하고 더 나은 성과를 얻기 위해 노력하고 있다. 인간의 역사 가운데 대부분의 시간이 소수 세습 세력들에 의해 지배되어 왔다는 사실을 생각하면, 민주주의라는 정치체제가 세계사의 대세가 되었다는 것은 놀라운 일이다. 보기에 따라서는 1970년대 남부 유럽의 민주화, 1980년 남미와 한국·필리핀 등 동아시아에서의 민주화, 1990년대 동유럽의 민주화로 이어진 지난 50년은 대의 민주주의의 전성기라고 해도 틀리지 않다. 이들 나라 가운데 대의 민주주의에서 직접 민주주의로 체제를 전환한 사례가 있는 것도 아니다. 그런데도 '대의 민주주의 시대의 종말론'을 단언하는 것은, 그저 대의제가 싫다는 것 이상 다른 의미가 아닐 수도 있다. 인간이 만든 어떤 제도도 완전할 수는 없는바, 한계도 있고 부족한 면이 나타나면 꾸준히 개선하고 노력할 일이지 손쉽게 경멸하고 야유할 일은 아니라고 본다.

고대 민주주의든 현대 민주주의든 최소한 가장 기초적인 이론과 개념에 대해서는 공유했으면 좋겠다. 그러면 직접이냐 간접이냐 같은 엉뚱한 논쟁은 줄일 수 있을 것이다. 현대 대의 민주주의를 싫다고 무시하는 것으로는 달라질 것이 없다. 현대 대의 민주주의의 여러 원리들은 한결같이 오랜 기간 시민들의 희생과 헌신을 통해 획득한 것들이다. 물론 그것으로 충분한 것은 아니지만, 민주주의를 포함해 그간 인류가 실천해 온 정치 질서 가운데 가장 진보적인 성취가 아닐 수 없다.

"대의 민주주의를 하지 말자는 것이 아니라 그 역시 한계가 있으니 직접 민주주의로 보완하자는 것"이라고 말하는 주장도 가끔 접한다. 이 또한 문제가 있다. 인간이 만든 어떤 제도나 원리도 완벽할 수 없다. 불완전하고 한계가 있는 것은 너무나 당연한 일이며 그 때문에 문제가 될 것은 없다. 다만 대의 민주주의의 원리에 맞게 개선 방안과 보완을 발전시키는 것이 중요하고 그것이 먼저일 뿐이다. 구호화된 '대의 민주주의 한계론'이나 '직접 민주주의적 보완론'을 말하는 것보다, 대의 민주주의를 민주적 이상에 맞게 제대로 실천하려는 노력이 훨씬 더 가치 있다. 대의 민주주의에 대한 제대로 된 이해 없이 대의 민주주의의 한계를 이해할 수도, 나아가 그 한계를 넘어설 수도 없다.

대의 민주주의를 이끄는 가장 으뜸의 원리는 '대의 정부를 통해' 민주주의를 한다는 것이다. 직업 관료제는 물론 직업 정치인과 독립된 법관 없이 시민 총회에서 공적 결정을 내렸던 고대 직접 민주주의와 이 점에서 근본적으로 달랐다. 고대 직접 민주주의가 '정부 없는 시민 총회 민주주의'라면 현대 민주주의는 '정부가 있는 대의 민주주의'라는 점에서 근본적으로 다른 원리로 작동한다. 다수 시민의 지지를 받은 정당과 대표에게 주권을 위임하고 그들이 직업 관료제를 운용해 정부를 책임 맡게 하는 대신, 시민의 주권을 위임받은 대의 정부가 그 목적을 상실하지 않도록 책임성의 고리에 묶어 두고자 한 것이다. 그런 의미에서 현대 민주주의는 '(시민이 정부에 위임한) 통치권과 (정부가 시민에게 져야 할) 책임성의 교환'을 중심 원리로 삼는다.

**시민들이 통치권을 위임한 시점과 위임한 통치권을 회수하는 시점, 즉 선거와 선거 사이에 통치자가 자의적으로 권력을 추구할 가능성도 있다. 선거를 통해 교체의 가능성이 크지 않다면 더욱 그럴 것이다. 시민들이 주권을 직접 행사할 수 있는 방법도 있어야 하지 않을까? 위임된 통치권이 자의적으로 작동되지 않도록 하는 직접적인 통제 장치가 필요하다.**

이를 '주인-대리인 문제'principal-agent problem라는 개념으로 설명하는 사람들이 많다. 대리자인 정당이나 정부가 주인인 시민보다 자신들의 이익을 중시하지 않느냐는 반론이 그 핵심이다. 이런 논리에 기초를 두고 신자유주의를 신봉하는 사람들은 탈규제, 민영화 등 최소 정부를 주장했다. 흥미롭게도 직접 민주주의를 주장하는 사람도 유사한 논리를 말할 때가 많다. '대리자에 의한 배반'

을 피할 수 없다며 '대리 정치 반대'를 외치는 사람들이 대표적이다.

현대 민주주의는 정부나 정치인, 정당 등 시민 대리자를 없애거나 최소화하는 프로젝트가 아니다. 그보다는 시민을 좀 더 잘 대표할 수 있게 하는 것, 그 과정에서 시민에게 책임성을 갖게 하는 것, 만약 시민이나 지지자들의 이익을 경시할 때는 그에 대한 처벌을 강제할 수 있게 하는 것을 핵심으로 삼는 프로젝트라 할 수 있다. 한마디로 말해 '시민과 대표의 분리'를 당연시하는 것이 아니라 그 사이에서 책임과 신뢰를 관리해 가는 프로젝트라고 말할 수 있겠다.

이를 위해 필요한 최소한의 시민 권리가 기본권이다. 어떤 경우에도 자유롭게 정부를 비판하고 반대할 권리를 침해할 수 없게 만든 것은 현대 민주주의를 지키는 보루다. '침해할 수 없는 시민 개개인의 기본권'은 정부가 있는 민주주의의 다른 짝으로, 근대 자유주의 시민혁명을 통해 인간의 역사에서 처음으로 실현되었다. 이로 인해 정부가 정당한 절차를 통해 합법적으로 시민 주권을 위임받았다 해도, 자유롭게 비판하고 반대할 수 있는 기본권은 제한할 수 없게 했다.

하지만 개인 중심의 기본권만으로 문제가 해결되는 것은 아니다. 그게 과도해지면 사회적 강자들의 권리를 제한하기 어려운 것은 물론, 공적 개입을 통한 변화나 개혁을 어렵게 한다. 그래서 개인적 권리가 집단적 시민권으로 확대되는 변화가 있었는데 그 핵심은 결사의 자유에 있다. 시민은 동질적인 존재가 아니라 다양한 이익과 요구를 갖는 다원적 집단으로 존재한다. 그런 이익과 요구를 조직할 수 있는 결사의 권리는 민주적 참여의 핵심으로, 이는 오로지 현대 민주주의에서만 허용된 권리이다.

고대 아테네 민주주의에서나 로마 공화정에서 집단이나 결사는 인정될 수 없었다. 시민 총회든 평민원이든 개개인이 평등하게 참여해야지 결사나 집단을 조직해 영향을 미치는 것은 범죄로 취급받았다. 그런 의미에서 현대 민주주의에 들어서기 전까지 모든 정치체제는 '결사 금지법'을 가졌다고 할 수 있다. 개인이 아닌 집단으로 목소리를 내고 이를 통해 다양한 집합 행위를 할 수 있게 된 것 역시 현대 민주주의에서 처음으로 인정된 변화였다. 그런 의미에서 사회적 약자들이 결사체를 만들어 자신들의 이익과 열정을 표출하는 것을 '집단 이기주의'라고 비난하는 것은 현대 민주주의의 원리와 충돌하는 일이 아닐 수 없다.


**개인이 아니라 결사와 집단으로 행위해야 한다? 집단은 '개인'의 권리를 제약하고, '개인 간 평등'을 위협할 수 있다. 결사의 권리가 '집단 이기주의'로 발전하는 것을 막을 수도 있다.**


개개인의 이익과 열정을 표출해서, (마치 '보이지 않는 손' 같은 것의 작용으로) 자연스럽게 공익에 도달할 수 있다면 자유주의의 원리만으로 충분할 것이다. 하지만 각자가 중시하는 가치의 차이는 설득과 교육을 통해서도 사라지게 할 수 없다. 같을 수 없다는 것을 인정하는 것, 다르다는 것 속에서 공적 행동을 조직하기 위해서는 공존이 전제되어야 한다. 그 위에서 집단적 이익의 표출과 집약, 조정이 가능해야 평등한 참여의 기반이 만들어질 수 있다. 이런 다원주의의 원리를 통해 개인 중심의 자유주의적 기본권은 비로소 사회적 내용으로 확장될 수 있었다.

개개인들 사이의 공통된 관심을 조직하고 결사하게 하는 사회적 유인이나 집단적 요소는 많다. 직업과 소득은 물론 자본과 같은 경제적 영향력도 중요하고, 학력이나 지역 등 다양한 질료가 있다. 이런 다양한 집단이 발휘하는 민주적 가능성은 수의 힘에 있다. 사회 속 약자들에게는 이 요소가 가장 중요하다. 민주주의는 경제력이든 학력이든 외모든 언변이든 상관없이 모든 사람의 의견이 동등하게 존중되어야 한다는 전제 위에 서 있기 때문이다. 수의 힘은 민주주의의 원리와 잘 상응한다.

수의 힘을 조직하는 것도 불평등의 문제를 낳는다. 독점과 이기심의 원천이 될 수 있다. 하지만 다원화된 사회에서 하나의 이익과 열정이 '절대 다수'가 될 수는 없다. 중산층이든 노동자든 농민이든 기독교인이든 불교도든 어느 시민 집단도 전체적으로는 소수다. 따라서 다원주의의 기초 위에서 민주주의를 잘만 운영한다면, 수많은 소수 이익들이 자유롭게 표출되고 결사할 수 있게 하는 동시에, 이들 사이에 상호작용을 통해 '다수의 전제'나 '집단이기주의'가 작용할 가능성을 줄일 수는 있다. 현대 민주주의는 그 어떤 문제나 긴장, 갈등도 만들어 내지 않는 사회를 지향하는 것이 아니라, 그런 문제를 감수하고 그것이 만들어 내는 긴장과 갈등을 해결하면서 발전해 왔다는 점에서 위대하다.

앞서 언급했던 알렉시 드 토크빌은 민주주의를 '결사의 예술' art of association으로 규정한 적이 있는데, 민주주의 이론의 발전을 위해서는 대단한 발견이었다. 토크빌 이후 집단과 조직으로 대표되는 결사체의 문제 혹은 다원주의의 문제는 현대 민주주의 이론의 총아로 자리 잡았다. 이론으로서만이 아니라 현실에서도 그랬다. 독일과 그 위쪽, 즉 중부 유럽 위쪽의 서구 선진 민주주의 국가들의 발전은 모두 이 자율적 집단과 결사체의 역할을 잘 수용하는 방법으로 이루어졌다.

입헌주의와 민주주의, 침해할 수 없는 개인 권리와 집단 간 다원적 조정 사이의 갈등은 현대 민주주의에 내재해 있는 도전적 문제다. 민주주의자들은 노사 간 단체 협상이나 정당 간 연정 합의가 '헌법에 준하는' 구속력을 가져야 한다고 보며, 집단 간 다원주의적 조정을 우선시한다. 개인 권리에 기원을 둔 입헌주의를 중시하지만 그때의 입헌주의적 판단 역시 정치에서의 민주적 결정과 이해 당사자들 사이의 자율적 조정을 우선적으로 존중해 줘야 한다고 여긴다. 그런 의미에서 '정치적 입헌주의'political constitutionalism라고 부르는 원리를 옹호한다.

입헌주의는 헌법을 통해, 시민의 권리와 자유가 정부에 의해 침해되지 않도록 하는 것을 핵심으로 삼는다. 이는 공적 개입이 개인의 문 앞에서 멈추게 하는 '제한 정부론'의 기초이기도 하다. 이런 입헌주의 없이 현대 민주주의가 설 수 없는 것은 물론이다. 하지만 그것이 정부로 하여금 적극적인 역할을 하지 못하게 하거나, 공적 결정을 이끄는 민주적 원리를 제한하는 일로 이어질 수는 없다. 그런 이유에서 헌법은 개인의 기본권을 평등하게 보호하는 것이어야 하고 동시에 민주적이고 정치적인 원리와 양립할 수 있어야 한다.

**민주정치에 대한 헌법의 개입을 최소화해야 한다지만, "헌법을 좋게 해서 민주주의를 좋게" 하는 접근도 가능하지 않을까? 헌법과 정치를 이분법적으로 구분할 일은 아니지 않은가?**

다시 강조하지만, 헌법은 근본적으로 개인 권리의 보장을 우선시한다. 그것이 헌법의 가장 큰 특징이다. 반면 정치는 다수의 의사를 우선시한다. 또한 헌법은 뭔가의 지나침을 제한하는 소극적 원리로 작동하고, 정치는 뭔가를 책임 있게 하도록 하는 적극적 원리로 작동하는 힘이다. 예컨대 자본주의 경제체제를 개혁한다고 해보자. 헌법은 재산권 등 개인 권리를 중시할 수밖에 없는 반면, 정치는 가난한 다수의 의사에 따른 변화를 수용할 수 있다. 미국처럼 민주정치의 방법으로 정당하게 결정된 것에 대해서도 위헌 청구가 자유로운 경우, 달리 말해 헌법의 적극적 개입이 쉬워지면 사회경제적 개혁은 어렵다.

게다가 어느 사회든 헌법은 현존하는 다수 시민의 동의를 얻은 문서가 되기 어렵다. 우리 역시 30년 전에 있었던 다수의 결정일 뿐, 지금 시민의 절반 이상은 그 결정에 참여한 바가 없다. 일반법과 달리 헌법은 개폐가 쉽지 않고 또 그것이 헌법의 특징이자 장점이다. 따라서 절차적 정의와 관련된 사안이 아닌 실체적인 사안까지 헌법을 통해 규제하려 하면 할수록 민주정치의 영향력은 줄어든다.

헌법은 자주 바꿀 수도 없고 자주 바꾼다고 좋은 것도 아니다. 헌법을 바꾸기보다 일반법을 바꿔 문제를 개선하는 것이 훨씬 더 중요하다. 민주주의에서 세상을 바꾸고 변화시키는 힘은 정치에 있지, 헌법이나 법치를 통해 그런 변화를 이끌 수는 없다. '헌법을 아름답게 만들어서 세상이 아름다워질 수 있다'는 생각은 국가주의나 권위주의적 망상일 뿐이다. 헌법의 힘을 통해서가 아니라 정치의 힘을 통해서 우리 삶을 개선하는 것, 그것이 민주주의라는 점을 다시 강조하고 싶다.



**과거 권위주의 정부에서는 헌정주의**憲政主義**라는 말을 썼다. 일종의 '헌법에 의해 규율되는 정치'라고 정의할 수 있겠다. 그런 관점이 강해질 때마다 여야 중심의 정당정치나 의회정치는 비효**

율적이고 특권 지향적이라는 비판이 커졌다. 정당과 의회가 중심이 되는 책임 정치는 지금도 손쉽게 야유의 대상이 되고 있다. 그럼에도 불구하고 정당과 의회 중심의 책임 정치가 민주주의의 핵심이라고 고집하는 이유는 무엇인가?

현대 민주주의의 핵심은 책임 정치이고, 정치가 그런 기능을 감당해야 민주주의다. 정부 역시 책임 정부의 원리를 실천해야 한다. 이때의 핵심 연계 고리가 정당이다. 정치가라고 불리는 선출직 공직자들은 정당의 이름으로 시민으로부터 주권을 위임받는다. 정당의 가장 중요한 기능 역시 공직 후보자 선출에 있다. 그런 의미에서 '책임 있는 정당정부'responsible party government를 만들고 운영하는 일을 가리켜 오늘날에는 민주주의라고 부른다.

민주주의에서 최고의 시민 결사체는 정당이라는 사실을 새삼 다시 강조하고자 한다. 그들은 공익의 내용을 경쟁적으로 정의하며, 그를 바탕으로 시민의 참여와 지지를 경쟁적으로 조직하고, 궁극적으로 정부가 되어 공공 정책을 주도한다. 그런 정당이 정부가 되고 교체될 수 있을 때 책임 정치가 실현될 수 있다. 그래야 정부가 시민으로부터 분리되어 자율적 권력 기관으로 퇴락하지 않을 수 있으며, 최고 통치자의 자의적 국민 동원 내지 국가주의적 정치의 유혹을 제어할 수 있다.

민주주의에서 통치자는 시민 주권에 기초를 둔 정당정부의 책임성을 실현하는 존재이지, (나치의 사례에서 보았듯이) 국가주권이나 국민주권을 위로부터 동원하려 하는 것은 민주주의를 위협한다. "헌법이란 무엇인가? 국민 의지의 산물이다. 국민은 권력의 최초 원천이다. 국민은 그들이 원한다면 헌법을 폐기할 수 있다." 누가 한 말일까? 미국의 대표적인 극우 정치인이자 흑백 인종 분리를 주장했던 조지 월리스George Wallace다. * 하나의 국민 의지 같은 것은 없다. 그런 것이 있다고 믿는 순간 민주주의는 위험에 처한다. 이와는 달리 시민 주권은 복수의 정견으로 나뉘어 경쟁하고 연합하는 다원적 구성체이다. 통치자가 스스로를 국가 전체와 동일시하거나 전체로서의 국민과 직접 결합하려는 욕구는 권위주의적 국가주의로 귀결될 수밖에 없음을 이해해야 한다.

민주적 책임성의 원리를 '수평적 책임성'과 '수직적 책임성'으로 구분해 설명할 수도 있다. 수평적 책임성이란 정부가 목적을 상실하지 않도록 권력 기관을 분립시켜 상호 견제하게 하는 것을 가리킨다. 입법부, 행정부, 사법부 사이의 삼권분립 원리가 대표적인데, 이때 중요한 것은 입법부가 중심이 되어야 한다는 점이다. 입법부는 시민 주권의 최고 수탁 기관이기에, 입법부를 주도하는 다수당 내지 다수 연합이 행정부를 운영해야 한다. 사법부 역시 이런 입법부의 결정을 우선적으로 존중하는 기초 위에서, 시민의 기본권을 수호하는 최종적 보루로서 역할을 해야 한다.

---

● Steven Levitsky and Daniel Ziblatt, *How Democracies Die* (Crown, New York, 2018), 2장에서 재인용.

2016년 말에서 이듬해 초에 이르는 동안의 대통령 탄핵은 이 원리를 잘 실천했다. 입법부가 행정부 책임자의 탄핵을 가결했고, 사법부가 입법부의 결정을 헌법에 합당하다고 해석해 주었기 때문이다.

수직적 책임성이란 정부가 제 기능과 역할을 하지 못하면 정부 운영을 책임지고 있는 정권은 교체되어야 한다는 것을 가리킨다. 시민이 저항과 비판, 반대만 할 수 있고 통치 권력의 향방에 체계적인 영향을 미치지 못한다면 민주주의라고 하기 어렵다. 그럴 수 있으려면 좋은 정당 대안의 발전이 허용되어야 하는바, 이를 말하는 것이 '야당이 있는 민주주의'의 원리이다. 야당의 역할과 반대의 공간을 부정하는 정치는 민주주의가 될 수 없다.

결론적으로 말해 여야 정당들이 전체적으로 책임 정치의 보루가 되지 못하면 민주주의에서 시민의 의지는 실현되기 어렵다. 정당정치가 시민들 사이에 존재하는 갈등적 이익과 생각의 차이를 다원적으로 통합해 내지 못하면, 혹은 그들 사이의 평화적 정권 교체를 통해 정당에 책임성을 반복적으로 부과하지 못하면, 민주주의는 그 이상과 가치에 맞게 실천될 수 없다.


**입법부 중심의 수평적 책임성, 정당의 균형적 발전을 통한 수직적 책임성이 조화롭게 실현된다면 민주주의는 완벽한 체계를 이룰 수 있을 것으로 보인다.**

그렇지 않다. 현대 민주주의는 완전한 체계를 지향하지 않는다는 점을 강조해야겠다. 현대 대의 민주주의는 '인간적 한계 위에 선 정치체제'라는 점을 인정한 기초 위에서 발전했다. 미국 헌법을 주도했던 제임스 매디슨이 강조했듯이, 현대 민주주의는 '인간은 천사가 아니고 천사에게 정부를 맡길 수 없다.'는 인식 위에 서 있다.

불완전하지만, 현대 민주주의는 문제가 생길 때마다 새로운 원리를 발전시키면서 그에 대응해 왔다. 문제는 늘 있었고 개선의 노력도 늘 있는 것이 현대 민주주의다. 그런 점에서 현대 민주주의는 지금까지 말한 원리 위에서 작동하고, 때로 실패하지만 그런 원리 위에서 다시 학습하고 개선하는 일을 반복하는 정치체제라 할 수 있다.

고대 직접 민주주의의 경우 시민의 완전함에 기초를 둔 일종의 '닫힌 민주주의'로 운영되었기에 2천5백여 년 전 실천되다가 그 뒤에는 완전히 사라진 반면, 현대 민주주의의 지속성 혹은 보편성은 17세기 중엽 시민 혁명에서 시작해 끊임없이 새로운 원리를 수용하는 '열린 민주주의'의 특성에서 비롯되었다. 현대 민주주의가 갖고 있는 이런 특성과 원리들을 잘 이해하면서 그에 맞는 실천론을 발전시키는 일의 중요성은 아무리 강조해도 지나치지 않다.

# 책임 정부론을
# 생각해 본다

민주주의는 통치 엘리트와 시민이 협력하는 체제이고,
시민은 서로 다른 이익과 열정을 갖는 집단으로 나뉘어 있다
'제한 정부'와 '사회 국가' 사이에 '책임 정부'가 있다

민주주의는
통치 엘리트와 시민이 협력하는 체제이고,
시민은 서로 다른 이익과 열정을 갖는
집단으로 나뉘어 있다

**"현대 시민 정부는 책임 정부다."라는 관점을 끊임없이 강조하고 있다. 본격적으로 그에 대해 따져 보기로 하자.**

그간 한국 정치에서 책임 정치나 책임 정당이라는 말은 사용되었지만 책임 정부라는 말은 사용되지 않았다. 그러다가 2017년 조기 대선을 치르면서 민주당 후보 사이에서 처음으로 이 말이 등장했다. 그와 함께 정당정부라는 개념도 사용되었다. 그러나 문제인 대통령의 당선과 더불어 이런 정부관은 자취를 감췄다.

늘 강조하지만, 데모크라시Democracy라는 표현으로 이야기되는 민주주의는 '이념의 문제'가 아니라 '정부의 문제'를 그 핵심으로 한다. 영어로 데모크라티즘Democratism이나 데모크라티시즘

Democraticism으로 표기되는 '-주의'의 문제가 아니라는 말이다. 이념이나 '-주의'의 문제라면 지식인들과 철학자들이 논의를 지배할 수 있겠지만, 민주주의는 평범한 보통 사람들이 평등하게 영향을 미치는 체제를 가리키는 개념이다. 달리 말하면 데모스demos=citizen가 정부cracy=government를 이끌고 통제하는 문제에서 실력을 발휘해야 하는 것이 민주주의다. 정부를 잘 이끌고 공공 정책을 유능하게 운영하는 것, 민주주의 역시 이를 통해 자신의 존재 이유와 정당성을 끊임없이 증명하지 않으면 언제든지 의심받고 부정될 수 있다.

**과거에는 민주주의가 독재 정부와 싸우는 투쟁으로 이해되었다. 적어도 진보적인 시민들은 그렇게 보았다. 또 다른 시민들은 반공 정부와 민주주의를 하나로 보았다. 이처럼 진보와 보수는 민주주의라는 같은 이름하에 서로 매우 다른 정부관을 담아내고 표방했다.**

진보와 보수가 민주주의를 이해하는 방법은 오랫동안 매우 달랐다. 민주주의를 '반독재'로 보는 것과 '반공(반종북)'으로 보는, 정부에 대한 이념적 관점의 차이는 이를 잘 보여 준다. 하지만 이런 배타적 관점으로 민주주의를 이해하는 것이 더 이상 긍정될 수는 없다. 한 가지 분명히 해 두고 싶은 것이 있다. 그것은 "민주주의는 진보에만 속하는 것도 아니고 보수에만 속하는 것도 아닌, '진보와 보수 사이에' 있다."는 사실이다.● 보수 없는 민주주의든, 진보 없는 민주주의든 일종의 형용 모순이다. 진보든 보수든 서로와의 공존을 전제로, 누가 더 공익에 기여하고 누가 더 설득력 있는 대안을 형성해 낼 것인가를 두고 경쟁해야지, 서로를 없애고 배제하려는 방식으로 적대할 수는 없다. 진보와 보수의 존재, 그들 사이의 경쟁은 민주정치의 본질이다. 보수가 사라지고 진보만 남는다 해도 그 안에서 진보와 보수의 분화는 필연적이다. 없앨 수 없는 것을 없애려 할 수는 없다. 그보다는 진보와 보수의 공존을 좀 더 가치 있게 만드는 것이 우리가 노력해야 할 일이다. 진보와 보수가 잘 경쟁해야 민주주의는 좋아진다. 그런 의미에서 '종북 진보'나 '보수 꼴통' 같이 서로를 배제하는 용어를 동원하는 정치 경쟁은 민주주의의 가치와 충돌한다. 현실의 정치를 가리켜 '종북 좌파 대 반공 자유'의 싸움으로 규정하거나 '민주 대 비민주'의 싸움으로 규정하는 것도 민주주의에 파괴적인 결과를 낳는다.

정치학자들의 역할도 마찬가지다. 정치학자 역시 진보와 보수 사이에서 정치적 선택을 하고 그에 맞는 책임을 져야 할 것이다.

---

● "민주주의가 진보에게만 있는 것도 아니고 보수에게만 있는 것이 아닌, 진보와 보수 그 사이에 있다."라는 표현은 본래 목포대학교 박찬표 교수가 필자와의 대화 과정에서 사용한 것임을 밝혀 둔다.

그렇지만 보수를 배제하고 진보만을 정당화하는 정치학을 추구한다거나, 반대로 보수만 배타적으로 옹호하면서 진보를 배제하는 정치학을 고집한다면, 그것은 독선적 진보나 독선적 보수일 수는 있어도 민주적인 가치에 맞는 일은 아니다. 진보적이되, 보수적인 정치학과 공정하게 토론할 수 있어야 한다. 보수적이되, 진보적인 정치학과 공존하면서 누가 더 설득력을 갖는가를 두고 이성적으로 경쟁하는 것이 중요하다. 반보수적 진보 정치론이나 진보 배제적 보수 정치론을 앞세우는 것은 진보와 보수의 내용을 빈약하게 만드는 것은 물론이고 그 이전에 정치의 역할을 파괴하는 기능을 할 뿐이다. 일방적인 반보수, 반진보가 아니라, 진보 대 보수 사이에 합리적인 논쟁과 의미 있는 상호 토론이 시작되어야 할 때이다.

안타깝게도 우리 사회 대부분의 정치학자들과 지식인들은 정치적으로는 책임을 감수하는 일을 하지 않는다. 특정 정당이나 당파에 참여하는 일을 극도로 꺼린다. 정치적 선택에 대한 책임은 지지 않으면서 특정 정파 주변의 청중이나 지지자의 기대에 부응해 일방적 편견을 정당화하는 주장을 하곤 한다. 현실의 정치 양극화를 그대로 인정해 편협하고 상투적인 언어로 예상 가능한 주장을 반복하는 것에 그칠 때도 많다. 결과적으로 '여론에 아첨하는 지식 생산'이자 궁극적으로는 '현존하는 권력을 추종하는 행위'가 아닐 수 없다. 자각적이고 독립적인 지식 세계의 역할이 약해지면 정치는 더 분열적이 된다.

나는 진보든 보수든 공유할 수 있는 정치론의 공간이 열려야 한다고 생각한다. 진보든 보수든 상관없이 정치학은 그 나름의 공통 기반이 있다. 그 기반이 넓어져야 공적 토론의 역할이 살아난다. 그래야만 더 치열하게 경쟁하면서도 서로에게 배울 수 있다. 그렇지 않고 진보와 보수 각자만이 독점할 수 있는 이론과 사실이 따로 있다고 한다면 그런 정치학은 사회 발전을 위한 쓸모 있는 도구가 아닌, 세상을 양극화시키는 사회적 흉기가 된다. 그렇기에 진보적 정부관 혹은 보수적 정부관만 고집하기보다는 서로 공유할 수 있는 민주적 정부관에 좀 더 깊은 관심을 갖는 것이 필요하다.

보수도 좋은 정부를 바라고 진보도 통치의 긍정적인 역할을 바란다고 생각해야 한다. 동료 시민의 불행에 슬퍼하는 것은 보수도 마찬가지고, 진보 역시 좀 더 윤택한 삶의 기회를 향유하는 것의 소중함을 중시한다는 점을 서로 인정해야 한다. 그렇지 않고 의견이 다르다고 서로를 악마화하는 일은 인간적인 보수도, 또 가치 있는 진보도 될 수 없다. 누군가 반인간적이고 반사회적이고 반윤리적인 행태를 보일 때 "진보라서 그렇다."거나 "보수라서 그렇다."고 일반화해 말하는 것은 잘못이다.

미국 영화감독 클린트 이스트우드Clint Eastwood의 작품을 볼 때마다 인간에 대한 깊은 이해와 (흑인 청년이나 아시아계 이민자 2세 등) 사회 주변 계층에 대한 그의 따뜻한 시선이 느껴진다. 그런데 그가 2012년 미국 대선에서 보수적 대통령 후보를 지지해 공화당 전당대회에서 연설했다는 사실을 알고 깜짝 놀란 적이 있다. 그때 그는 재선에 나서는 오바마를 향해 지난 4년 간 존재감 없는 대통령 역할을 했을 뿐이라고 저평가했다. 전혀 예상치 못한 일이라 당황했는데, 이런 내 생각 역시 잘못된 편견일 수 있다는 걸 그 뒤 오바마가 알게 해주었다. 오바마는 "(정치가가 그 정도 비판으로) 쉽게 상처받는 성격이라면 다른 직업을 찾아보라고 권하고 싶다."며 "이스트우드는 훌륭한 배우이고 감독으로서는 더 훌륭하다."라고 반응했다. 적어도 그가 만드는 영화에 대해서는 "여전히 팬"이라고 말하는 오바마를 보면서, 나와 정치적 의견을 달리하는 사람이라 할지라도 또 다른 면모에 대해서는 얼마든지 존경할 수 있다는 것을 그때 깨달았다. 마음속 깊은 곳에서부터 진정 자유로워지는 느낌이 들었다.

어딘가 배를 곯는 아이가 있다는 사실을 아는 것만으로 내 마음이 가난해지는 것은 '진보, 보수 이전에' 인간적인 차원의 문제다. 고통에서 헤어 나올 수 없는 누군가의 절박한 요구에 응답해야 한다는 책임감을 느끼는 데 있어 특별함을 보이는 사람은 '보수나 진보와는 다른 차원에서' 높이 평가하게 된다. 나아가 공동체로서의 사회를 가꾸는 데 꼭 필요한 여러 도덕적 가치들을 지키는 책무 역시 '진보든 보수든 상관없이' 다 잘해야 하는 공통의 과업이다. 정부를 운영함에 있어 진보와 보수의 차이는, 어떤 가치나 목적을 상대적으로 더 중시하는지, 어디에 우선순위를 두고 한정된 예산과 행정력을 조합할 것인지를 둘러싼 문제에 있다. 이를 두고 진보와 보수 사이에서 의견이 일치할 때보다 그렇지 못할 때가 더 많겠지만, 그럼에도 불구하고 조정하고 타협할 수 있다는 사실을 받아들여야 한다. 당장은 어떨지 모르지만 적어도 중장기적으로 볼 때, 일방적인 보수적 결정이나 신념에 찬 진보적 고집보다 그것이 훨씬 더 유익한 결과를 낳는다. 이런 방식의 정부 운영이 혁명적 변화를 만들 수 없을지는 모른다. 그러나 그보다 더 오래 지속될 수 있는 합의된 변화를 만들 수는 있다.

**민주주의가 필요로 하는 다원주의적 정부관/통치관에 대해 좀 더 구체적으로 이야기해 보면 좋겠다. 우리가 경험적으로 이해할 수 있도록 정부의 문제를 재정의해 달라.**

민주주의 역시 정부를 이끌 좋은 통치 엘리트governing elite를 필요로 한다. 이를 부정하는 사람은 없다. 다만 군주정이나 귀족정과 같은, 민주주의가 아닌 체제와 다른 점이 있다면, 어떤 통치 엘리트가 필요한가에 대한 결정을 왕도 귀족도 아닌 보통의 평범한 시민들이 내린다는 데 있다. 엘리트나 전문가를 없애는 것이 민주주의가 아니라, 그들 가운데 누가 필요한지를 일반 시민이 결정하는 체제가 민주주의라는 것이다.

이것이 가능하려면 한편으로는 어떤 시민 집단이든 자유롭고 평등하게 참여할 수 있는 권리를 가져야 한다. 다른 한편으로는 서로 다른 시민 집단의 다양한 이익과 열정에 기초를 둔 복수의 통치 엘리트 팀이 있어야 한다. 진보든 보수든 어느 한 팀이 정치를 독점하면 민주주의라고 하기 어렵다. 진보와 보수의 넓은 스펙트럼 위에서 여러 개성 있는 팀들이 경합해야 시민 주권은 의미를 갖는다. 다수 시민의 지지를 얻기 위해 노력하는 이들 사이의 주기적 경쟁을 통해 정부 운영권을 위임받거나 교체하는 것이 민주주의다. 그런 의미에서 민주주의란, (넓게 보면) 시민 대중과 통치 엘리트가 협력하는 체제이고, (좁게 보면) 서로 다른 이익과 열정을 가진 시민 집단들이 자신들만의 통치 엘리트 팀을 통해 일하는 체제라고 정의할 수 있다.

반反엘리트주의가 민주주의인 것이 아니라, 엘리트들을 시민이 통제할 수 있는 것이 민주주의이다. 세습직 엘리트가 아닌 선출직 엘리트가 정부를 주도한다고 말할 수도 있다. 시민들이 자신의 대표를 직접 선출해 법을 만들고 집행하게 하는 동시에, 그런 선출직 시민 대표가 비선출직 행정 엘리트나 정책 전문가들을 움직이게 하는 것이다. 이를 문민 통치civilian control의 원리라 한다. 다시 말해 민주주의는 엘리트 없는 체제가 아니라 엘리트가 시민적 사업을 위해 선용되는 체제이다.

일반적으로 공통의 이익과 열정, 나아가 유사한 정견을 가진 시민 집단을 '정당'이라고 한다. 그 속에서 신뢰받을 수 있는 유능한 통치 엘리트들이 성장해야 민주주의도 좋아진다. 앞서 언급한 안토니오 그람시가 "현대판 군주modern Prince는 정당이다."라고 말한 것은 결코 빈말이 아니다. 그런 정당과 통치 엘리트들이 제 역할을 하지 못하면 민주주의는 서로 다른 시민 집단들로 편을 나눠 소란스럽게 다투는 결과를 만들 뿐 인간 사회를 개선해 갈 수 있는 유익한 효과를 발휘하기 어렵다.

**그럼 그런 일을 잘하는 정당만 있으면 되지 않을까? 하나의 좋은 정당만 빼고 나머지 정당은 없어지거나 적어도 영향력이 최소화되어야 정치가 발전할 것 같다. 특히 지금의 자유한국당은 전임 정부에서 발생한 문제에 대해 책임져야 하는 정당이므로, 한국당이 없어지는 것이 우리나라 민주주의의 발전을 위해 도움이 되는 길 아닌가?**

우선 일당제는 안 된다. 복수의 정당, 복수의 통치 엘리트 팀이 경합해야 민주주의다. 최선의 공익이 무엇인지를 알고 있는 완전한 정당은 존재할 수 없다. 복수의 정당이 공익을 두고 경쟁하면서 좀 더 나은 대안을 찾아갈 수 있는 민주주의여야 한다. 그래야 한 정당이 공익을 독점하거나, 그들의 생각만 공익으로 추구될 위험을 줄일 수 있다.

민주주의는 '정당들 사이'에 있어야지 '하나의 정당 속'에 가둬질 수 없다. 한 정당 안에서 다양한 정파나 계파들이 경쟁하면 일당제 안에서도 민주주의가 가능하지 않을까 생각하는 사람이 있

다. 불가능하다. 당내 민주주의로 정치체제의 민주주의를 대신할
수는 없다. 어떤 경우든 민주주의는 하나의 정당, 하나의 정파만
있는 곳에서는 가능하지 않다. 정부 행위라는 것이 너무나 강력한
권력 효과를 갖기 때문에, 일당제는 전체주의화를 피할 수 없다.
그런 일당제는 상상할 수 없는 폭력을 동반한다.

당내 계파나 정파로도 일당제의 문제를 제어할 수 없을 뿐더러
당내 계파나 정파를 없애는 것은 더 위험하다. 한 정당 안에서도
다원주의가 숨 쉬어야 하고, 그런 '당내 다원주의'보다 더 중요한
것은 종류가 다른 정당들이 경합하는 '정당 간 다원주의'를 발전
시키는 것이다. 그래서 거대 정당에 유리한 현행 선거제도를 바꾸
려는 것이고, 새로운 정당의 출현을 사실상 불가능하게 만드는 현
행 〈정당법〉을 문제 삼는 것이다. 〈국가보안법〉은 어떤가? 이
런 법이 있는 한 정치가 이념적 다원성을 갖는 방향으로 발전하기
란 어렵다. 정부로 하여금 책임성을 갖게 하는 일은 복수의 정당
들이 숨 쉬는 다당제에서만 가능하다. 복수의 정당과 그들이 발휘
하는 다원적 의견들 사이에 정부가 있어야 민주주의다.

한국당을 없애야 하지 않느냐고 내게 물었는데, 한국당의 미래
는 유권자가 결정하는 것이지 인위적으로 없앨 수는 없다. 전체
유권자의 다원적 욕구가 합리적으로 표출되고 집약될 수 있는 제
도적 조건을 개선하는 한편, 한국당보다 다른 정당들이 더 설득력
있는 대안을 보여 주는 긴 과정을 거쳐 자연스럽게 유권자의 선택
이 달라지기를 기대하는 것이 가장 빠른 변화의 길이다.

우리의 민주주의가 무너지지 않는 한 진보적인 정부도 나올 것이고 보수적인 정부도 집권할 것이다. 진보 정부만이 민주적이고 보수 정부는 민주적이지 않다거나, 그 반대로 보수 정부만이 민주적이고 진보 정부는 그렇지 않다고 볼 수 없다면, 진보와 보수 여부와 상관없이 정부는 그 나름의 관점에서 이해되어야 한다는 말이 된다.

지금 우리는 '진보 정부론'이나 '보수 정부론'에 대해 말하고 있는 것이 아니라 '민주 정부론'에 대해 말하고 있다. 당연히 진보나 보수는 자신의 가치나 신념에 맞는 정부론을 발전시켜야 한다. 다만 그것은 민주 정부론의 기초 위에서 이루어져야 한다. 민주적이면서도 진보적인 정부, 혹은 민주적이면서도 보수적인 정부의 길을 심화시키는 데 있어 핵심은 '다원적 조정'의 가치를 이해하는 것이다. 그것은 '타협적 후퇴'가 아니다. 그것은 이견과 차이가 존재하는 민주주의하에서 실질적 변화를 구현하는 방법론이자 적극적인 실천론이다. 이제 이 주제를 이야기해 보자.

우선 내가 '개혁'을 통치의 목표로 내세우는 대통령을 신뢰하지 않는 이유를 먼저 말해 보고 싶다. 박근혜 전 대통령은 노동시장 개혁 등 일종의 보수적 개혁을 주도하는 대통령이 되고자 했다. 이를 야당과 의회가 입법적으로 뒷받침하지 않자 국민을 앞세워 거리로 나섰다. 보수적 개혁 군주가 박 전 대통령이 지향하는 통치 모델이었다. 문재인 대통령도 유사하다. 개혁은 자신과 청와대가 주도해야 하고, 정당과 의회는 그것을 입법적으로 뒷받침하기를 바란다. 굳이 구분하자면 진보적 개혁 대통령을 지향하고, 이를 이유로 청와대 정부를 옹호한다.

개혁이라는 말만큼 한국 정치의 특징을 잘 보여 주는 것도 없다. 여야나 진보, 보수를 가리지 않고 이처럼 자주 쓰이는 말도 찾기 어렵다. 대개는 제대로 된 준비나 노력 없이 상투적인 구호로 사용된다. '노동시장 개혁', '정치 개혁', '금융 개혁', 나아가 '의식 개혁'처럼 현존하는 뭔가를 잘못된 것으로 대상화해서 사용될 때도 많다. 자신을 개혁의 주체로, 타자를 개혁의 대상으로 삼아 반드시 고쳐야 한다는 어떤 도덕적 사명감의 분위기를 동반한다. 때로 그럴 만한 상황이 있다는 것을 인정하지만, 우리가 민주주의를 하는 한 그런 일방적이고 확고한 결론은 있을 때보다 없을 때가 더 많다. 특정 세력이나 이해 당사자를 개혁 대 반反개혁으로 양분해 개선을 도모하는 것이 좋은 결과로 이어지기는 어렵다. 민주주의는 관련 이해 당사자나 의견이 다른 시민 집단을 배제하기보다, 평등하게 참여시키고 그들의 이익 표명과 이익 결집을 자유롭게 허용하는 가운데 공적 결정을 이끄는 것을 가리킨다. 따라서 단호한 개혁, 타협 없는 개혁보다는 교섭과 협상, 조정과 타협이 훨씬 더 민주적인 정치 언어이다.

서로 다른 이익과 열정을 가진 집단들 사이에서 단체교섭, 단체 협상, 집단적 이익 조정이 이루어지듯이, 정치 역시 의견이 다른 시민 집단과 그들을 대표하는 정치 세력들 사이에서 이루어진다. 공적 의제가 설정되면 그것에 맞는 합당한 심의가 시작되어야 하고, 상호 논쟁과 (이해 당사자의 의견을 듣기 위한) 공청회 등 충분한 공론화 과정을 거쳐야 한다. 좁혀질 수 없는 차이에 도달하면 협상과 타협, 조정이 시작되어야 한다. 이런 과정이 없으면 공적 결정의 권위가 발휘될 수 없는데, 청와대 정부는 이런 과정과 절차를 경시하게 만든다. 개혁이라는 이름으로 일방적 지시와 강압으로 일관할 때가 많다. 이것이 왜 문제인지 좀 더 넓은 맥락에서 생각해 보자.

정부 행위 혹은 정부의 정책 행동은, 반드시 지켜지지 않으면 안 되는 공적 구속력을 갖는다. 그것은 정부가 시민 주권을 위임받았고 그래서 합법적 통치권을 갖게 되었다는 사실에서 발원한다. 정부의 결정이 공적 구속력을 갖지 않으면 어찌될까? 무정부 상태가 된다. 공적 결정이 집행되지 않는다면 시민 집단들 사이에서 자신의 문제를 스스로 해결해야 하는데, 그것의 파괴적 귀결을 가리켜 내전civil war, 즉 시민 사이의 전쟁이라고 한다.

또한 정부 행위는 매우 뚜렷한 분배 효과distributional effect를 갖는다. 모두에게 혜택이 되는 정부 정책이 있을까? 엄밀히 말하면, 없다. 정부에 의한 공적 결정은 그로 인해 누군가는 혜택을 받고 누군가는 그에 필요한 비용을 지불해야 한다. 그렇기에 정부 정책은 사회를 통합하는 데 기여하는 측면과 분열시키는 측면을 함께 갖는다. 통합 효과를 키우고 분열 효과를 최소화하는 최적의 정책 조합을 이끄는 일은 상당한 책임감과 더불어 실력을 필요로 한다. 따라서 민주주의에서 정부와 통치의 문제는 그야말로 '집합적 예술'이 아닐 수 없다. 그런데 이게 간단치 않은 과업이다.

정부를 '정책의 공급자'라는 측면에서 한번 생각해 보자. 어떤 정부든 거대한 노동 분업 체계로 구성되어 있는 행정 관료제를 움직여 일해야 한다. 이들 관료제는 보수 정권에서도 일하고 진보 정권에서도 일해 왔고 앞으로도 그렇게 일하게 되어 있다. 정권의 일방적인 수족이 될 수 없는 이들 거대 행정 관료제의 분화된 기능과 체계를 움직이는 일은 통치 엘리트 개개인이 감당하기에 너무 크고 복잡하다. 어제 다르고 오늘 다른 식의 자의적 명령으로 이들을 지휘할 수는 없다. 공공 정책을 자신들이 공약했던 방향으로 이끌기 위해서는, 통치 엘리트들의 팀과 집단도 그만큼 분화되고 전문화된 체계와 실력을 필요로 한다.

이번에는 정책의 수요자를 만족시켜야 하는 차원에서 정부의 문제를 생각해 보자. 정부의 통치권은 '서로 다른 이익과 가치, 열정을 가진' 시민들이 적법하게 위임한 주권에서 발원한다. 그리고 그들이 다양한 형태로 생산한 것의 일부를 거둬 정부 예산으로 집행한다. 정부를 지지하는 시민만 세금을 내는 것도 아니며, 정부의 통치권이 반대 시민에게는 미치지 않는 것도 아니라는 말이다. 따라서 지지 시민만 고려하고 반대 시민을 무시하는 것은 선거 때라면 모를까 정부가 된 이후에는 그럴 수 없다.

그뿐이 아니다. 새롭게 도입된 공공 정책은 새로운 갈등을 낳는다. 기존의 지지 집단 내부에서도 새로운 반대 집단이 나올 수 있다. 이는 또한 기존의 반대 집단에도 분화의 효과를 가져다준다. 요컨대 끊임없이 변하는 '갈등 지도' 속에서 개별 정책을 조합해 새로운 지지 연합을 관리하고 사회 통합을 진작하는 일 역시 대통령 개인이 감당할 수 없다. 진보적인 가치나 보수적인 주장만 앞세워 정부의 정책 행동을 이끌 수 없으며, 그런 이념적 가치나 신념을 실현하기 위해서도 정부를 이끌 실력과 조직적 뒷받침을 필요로 한다는 말이다.

옛 철학자들은 그런 능력을 크게 세 가지로 설명했다. 하나는 '이성적이고 합리적인 지식'epistheme을 활용할 능력이다. 오늘날의 기준으로 말하면 통치 이념과 가치를 논리적으로 잘 조직하는 일에 해당한다. 어떤 통치 집단이든 정당이든 이론가와 지식인을 필요로 하는 것은 이 때문이다. 하지만 이것으로 충분하다면 플라톤이 말한 철인 정치가 최선일지 모른다. 하지만 그렇지 않다.

필요한 또 다른 능력이 있다. 그것은 제도나 절차, 규정 등 사안마다 그에 관련된 '비정치적 지식 혹은 기술적 지식'techne을 운용할 능력이다. 절차를 무시하고 법을 만들 수는 없으며, 정책을 집행하는 데 있어 기존의 행정 절차나 정부 조직을 무시할 수 없기 때문이다. 법률관이나 행정 관련 전문가가 필요한 것은 이 때문이다. 물론 이것으로 충분하다면 전문가에 의한 통치가 최선일 텐데, 이 역시 한계가 있다.

마지막으로 가장 중요한 것은 '실천적 지혜'phronesis이다. 제아무리 합리적 통치 이념을 만들고 법 절차적 규정과 논리에 익숙

해진다 해도 그것만으로 모든 문제가 해결되는 것은 아니다. 불완전한 이념과 불충분한 규정 속에서 나머지는 관련 기구와 조직, 이해 당사자들과의 협의와 조정을 통해 일해야 하는데, 이것이야말로 정부를 이끄는 정치 엘리트들이 감당해야 할 과업이 아닐 수 없다.

어떤 정치체제든 통치 혹은 정부 운영을 위해서는 이 세 가지 지식과 능력을 모두 필요로 한다. 단, 민주주의에서는 선출직 정치가가 중심이 되어, 합리적 이념과 지식을 다룰 능력과 비정치적 정책 전문가 내지 제도 운영자들의 능력을 하나의 팀으로 잘 조직해야 한다는 점에서 차이가 있을 뿐이다. 그들을 신임, 재신임, 불신임하는 '최종적 평결자'로서 시민의 역할 역시 그들 복수의 팀이 발휘하는 통치 능력에 달려 있다. 통치 팀들 각각의 실력과 능력을 유의미하게 비교할 수 없는 상황에서는 시민의 주권 또한 온전히 그 힘이 발휘될 수 없다는 말이다.

요컨대 관련 이해 당사자와 여야 정당들의 다원주의적 참여, 합당한 과정과 절차적 정의를 존중하는 접근, 이를 감당할 수 있는 능력과 실력을 체계화한 팀플레이 등으로 이루어지는 정부 운영의 문제는 민주주의에서 가장 핵심적인 사안이다.


**정부의 문제를 그렇게 복잡하게 볼 필요가 있을까? "국민 다수의 여론에 따라 일하면 된다."라거나 "정의와 인권처럼 절대적으**

**로 옳은 기준을 갖고 일하면 된다."라고 말하면 충분하지 않을까?**

불가능할 뿐만 아니라 위험한 일이다. 하나 이상의 정당이 번 갈아 정부를 운영하는 것을 민주주의라고 할 때, 달리 말해 '정권 교체 없는 민주주의는 없다.'라고 할 때 그것은 정부가 하나의 관 점이 아니라 복수의 관점으로 운영될 수 있어야 한다는 뜻이 된 다. 진보적인 정당이 집권할 때도, 보수적인 정당이 집권할 때도 정부는 안정적으로 운영될 수 있어야 한다. 또한 앞서 지적했듯 이, 수요 측면과 공급 측면 모두에서 하나의 일관되게 옳은 해결 책이나 대안이 존재하기 어렵다는 점도 생각해야 한다.

이를 이해하면 완전한 대안을 찾으려는 헛된 열정이나, 이견이 나 반대 없이 일사천리로 정책이 집행되었으면 하는 망상을 갖지 않고, 능동적이고 창조적으로 정부 행위를 이끌 수 있다. '일사불 란함 같은 군사주의적 추진'보다는 '협의와 조정의 원리'가 민주 적 통치 문제의 핵심이라고 생각하면, '완전한 해결'은 아니더라 도 좀 더 나은 개선 방안을 찾아 노력할 수 있다. 생각을 달리 하 는 사람들이나 정당과도 협력할 방법을 찾을 수 있다. 왜 일이 안 되느냐고 화를 내기보다는 문제의 원인을 좀 더 폭넓게 이해하면 서 차이를 줄이고 갈등을 완화할 수 있는 방향으로 상상력을 키워 갈 수 있다.

이것을 받아들이지 않거나 그럴 능력이 없으면 대개 '국민'과 '국가', '민족'과 같이 '일괴암적 전체'monolithic whole를 앞세우게 된다. 우리 안의 차이와 갈등을 받아들여 다루기보다는 억제하고 회피하려 하면 할수록 더욱 그렇게 된다. 아니면 뭔가 획기적인 방안을 찾기 위해 외부 전문가를 불러들이려 하거나, 시장 자율이나 법치 등 민주주의 밖의 원리에 의존하려는 경향이 커진다.

국가와 국민을 앞세워 여론을 동원해 정부를 운영하거나, 법치나 시장 원리 같은 비정치적 원리를 들여와 정부를 운영하는 것 대신, 갈등적인 이해 당사자와 여러 정당을 통해 정부를 운영하는 것이 훨씬 효과적이고 또 민주적이라는 점을 강조하고 싶다. 안 그러면 정부가 발휘하는 사회 통합 효과는 약화되고 반대로 분열 효과는 걷잡을 수 없이 커진다. 정부는 근본적으로 강력한 공적 권력을 갖는 조직이기에 그 영향력을 무시할 수 없다. 잘못된 정부 운영의 부정적 효과는 고스란히 사회 전체에 전가된다.

현대 민주주의는 다원주의의 기초 없이 작동할 수 없다. 정부 운영도 마찬가지다. 정부 정책의 대부분은 '하나의 최선'을 전제하기 어려운 것들로 가득하다. 제러미 벤담Jeremy Bentham과 같은 과거 공리주의자들은 통치를 '하나의 과학'a science으로 간주했다. 그들은 최대 다수의 최대 행복을 가져다줄 수 있는 통치가 가능하다고 믿었다. 그러나 그런 정부관은 현실이 될 수 없었다. 정부 운영에서 하나의 옳은 최선이란 있을 때보다 없을 때가 더 많다. 대개는 여러 갈등적인 요구들 사이에서 조정과 타협이 불가피하다. 따라서 일당제적인 정부관, 하나의 옳음에 이끌리는 정부관, 정파를 떠나 과학적으로만 접근하면 된다고 믿는 정부관은 오히려 민주주의를 위협한다.

옛 정치철학자들 가운데 민주주의에 비판적인 철학자들은 정치 공동체를 거대한 배에 비유하기를 좋아했다. 목표한 항구에 배가 안전하게 도달하기 위해서는 선장과 조타수, 갑판원, 노 젓는 사람 등 다양한 기능과 체계가 유기체처럼 움직여야 하기 때문이다. 그들은 공동체가 조화로운 유기체처럼 기능하길 바랐다. 그러나 플라톤으로 대표되는 그런 유기체적인 사회관이나 국가관은 민주주의와 양립하기 어렵다.

오늘날 우리는 갈등적인 집단 이익들이 공존하지 않으면 안 되는 다원 사회에 살고 있다. 정부는 그런 사회와 기능적으로 분리되어 존재할 뿐만 아니라, 배로는 비유할 수 없을 만큼 훨씬 더 복잡하며, 규모 면에서도 훨씬 거대한 체계로 이루어져 있다. 과거 도시국가에서와는 달리 현대사회는 정부를 필요로 하고, 그런 정부는 이를 움직이는 통치 집단의 엄청난 준비와 노력, 실력을 필요로 한다. 민주주의를, 정부를 운영하는 문제가 아니라 대통령 개인을 선출하고 그에게 모든 것을 맡기는 '사사화된 통치'의 문제로 이해하는 것은 근본적으로 한계가 있다.

과거 플라톤이나 아리스토텔레스의 정치관이 갖는 한계는 결정적으로 이 정부의 문제에 있다. 그들은 거대하고 다원적인 복합체로서 정부의 존재에 직면한 적이 없기 때문이다. 정부는 근대 이후에 본격적으로 등장한 문제다. 응당 그에 맞는 정부 이론을 필요로 한다는 점을 다시 강조하고 싶다.

# '제한 정부'와
# '사회 국가' 사이에
# '책임 정부가 있다

지금까지 전개한 정부 이론을 일종의 '다원주의 정부론'이라고 부를 수 있을 것 같다. 그것은 과거에는 볼 수 없었던 정부관 혹은 현대 민주주의에만 적용되는 정부 이론으로 보인다. 그렇다면 그 같은 정부가 출현하게 된 근대적 기원부터 따져 보지 않을 수 없겠다. 우선 정부는 어떻게 등장하게 되었는가?

홉스로 대표되는 근대 정치철학에서 정부란 인위적으로 만들어진 인간 공동체를 가리킨다. (아리스토텔레스가 보았듯이) 본래부터 있던 자연적인 공동체 내지 유기체도 아니고, (절대왕정 시대 국가주권론자들이 보았듯이) 모두에게 충성을 강요할 수 있는 규범적 실체도 아닌, 시민이 필요해서 만든 '제도적 가공물artifact'이라는 뜻이다. 그렇기에 근대 이전에서처럼 국가를 신성시하고 물신화해서 이해했던 것과는 달리, 시민 입장에서 누구든 합리적으로 회의하고 의심해 볼 수 있는 대상이자, 필요하다면 바꾸고 개선하고 교체할 수 있는 것이 정부가 되었다. 그 전까지 정부는 신으로부터 그 통치의 권위를 인정받은 사람의 것이거나, 특별한 혈통을 가진 가문의 것으로서 정당화되었을 뿐, 일반인의 회의와 의심의 대상은 아니었다.

아래로부터의 관점에서 봐도 새롭다. 시민의 자유와 생명은 물론, 시민이 노동하고 생산한 결과인 그들의 재산을 잘 보호할 때에만 그 정당성이 인정되는 존재이기 때문이다. 그런 정부라면 마다할 이유가 없다고 하겠지만, 그러나 정부는 그런 낭만적인 존재가 아니다. 정부란 인간이 필요해서 만들었지만 강력한 절대 권력을 갖는다. 그것은 강제력을 갖는 공권력이며, 적절한 책임과 견제, 균형의 원리로부터 자유로워지면 시민과 사회를 억압하는 폭력 조직이 될 수 있다.

영어로 말하면, 'Who guards the guardian?' 즉, 시민의 자유와 생명, 재산을 수호해야 할 집단이 자의적 권력 기구가 되는 것은 누가 막는가? (동양식 왕도 정치론이든 아리스토텔레스적인 중용의 정치든) 근대 이전에는 통치자의 행태론 내지 도덕적 규범론을 통해 이 문제를 다뤘다. 이에 비해 근대적 정부관의 핵심은 그것이 '정부 내부로부터' 혹은 정부를 제어하는 여러 장치를 정부 안에 제도화함으로써 이루어져야 한다는 것이다. 정부의 집행권과 입법권이 분리되는 것, 혹은 집행부가 입법부에 의해 제한되어야 하는 것, 복수 정당 체계를 통해 책임 정치를 강제하는 것 등이 대표적인 제도 원리들이다. 미국 헌법을 만든 제임스 매디슨James Madison의 말을 빌자면, 먼저 통치를 가능하게 하고, 이후 정부가 자의적이 되지 않도록 그 내부로부터 제어하는 것이 근대 이후 정부관의 핵심이라 할 수 있다.

민주주의란 무엇인가? 시민이 만든 법에 시민이 복종하는 체제 아닌가? 그런데 법을 만드는 일과 집행하는 일을 시민이 정부에 맡겨서 해야 할 때, 입법자와 집행자가 같다면 전제정의 위험을 피할 수 없다. 따라서 '권력분립'은 가장 기초적인 원리인데, 문제는 분리도 잘해야 하고 또 분리된 것들 사이의 균형도 잘 이루어야 한다는 점이다. 결국 정부 내부로부터의 권력분립, 즉 분리와 제한이란 '견제와 균형의 원리'를 말하는 것이다.


**정부는 인간의 필요에 의해 만들어졌지만, 정부가 절대 권력을 행사하지 않도록 정부 내부로부터 분리하고 제한하는 것을 말했다. 그렇다면 책임 정부란 결국 삼권분립론을 말하는 것 아닌가? 너무 단순한 것 같다.**


시민이 필요해서 만든 정부가 시민에게 책임성을 갖는 것을 가리킨다는 점에서, 민주주의와 책임 정부는 하나의 짝을 이룬다.

이 문제를 이해하려면 근대 정부 이론이 발전하게 된 과정을 좀 더 자세히 살펴볼 필요가 있다. 민주주의가 자리 잡기 전까지 정부에 대한 관념은 크게 둘로 나뉘어 경합하고 있었다. 하나는 '제한 정부'limited government론이고 다른 하나는 '사회 국가'Sozialstaat론이다.

제한 정부란 자유주의 이론의 핵심이다. 즉, 정부의 개입은 (흔히 자연권 내지 기본권이라고 불리는) '개인의 불가침한 권리' 앞에서 멈추는 것, 달리 말하면 정부의 역할은 그런 개인의 권리를 보장하는 것에 한정되어야 한다는 관점이다. 사회 국가란 제한 정부와는 대조되는 정부관/국가관이다. 그것은 19세기 후반의 독일 비스마르크 시기, 즉 국가주의적 관료정치 체제하에서 만들어졌다. 이런 관점에서 정부의 역할은 개인보다는 사회의 공동체성을 보호하는 데 있고, 이를 위해서는 개인의 사적 삶에 대한 강력한 정부의 개입이 정당화된다.

두 정부관은 목적과 규모에서 큰 차이가 있다. 전자의 자유주의 정부관은 개개인의 권리 보호에 목적을 둔 '최소 정부'에 가깝다. 후자의 국가주의적 정부관은 사회의 보호를 목적으로 한 '최대 정부'를 쉽게 허용한다. 따라서 '제한 정부 / 최소 정부'가 극단적으로 심화되면 '야경국가'Nachtwächterstaat가 될 수 있고, '사회 국가 / 최대 국가'가 극단화되면 '경찰국가'Polizeistaat가 될 수 있다. 이런 차이에도 불구하고 두 정부관은 공통점이 있다. 하나는 두 정부관 모두 민주주의 이전의 정부관이라는 점, 즉 민주주의 정부관은 아니라는 점이고, 다른 하나는 정부가 가져야 할 책임성을 정부 내부에서가 아닌 정부 밖(개인 권리의 보호, 공동체성 보호)에서 찾는다는 것이다.

이런 정부관이 그 뒤 민주화의 긴 여정을 거치며 상호 영향을 주고받고 서로 변화하게 된다. 제한 정부로 대표되는 자유주의 쪽에서는 정부의 사회적 책임을 수용하는 변화가 있었다. 제1차 세계대전을 전후해 영국 자유당 정부하에서 도입된 사회정책과, 1930년대 미국 민주당 정부의 뉴딜 정책으로 실현되기 시작한 케인스주의 경제정책은 대표적인 예라 할 수 있다. 복지국가welfare state라는 표현이 영어권에서 처음 등장한 것 역시 사회 국가라는 독일어의 번역어에서 유래했다. 사회 국가로 대표되는 국가주의 쪽에서도 변화가 있었다. 경찰국가에서 법치국가Rechtsstaat로의 전환이 그것이다. 즉 헌법과 법률로 개인의 권리를 보호하려는 노력이 뒤따랐다. 요컨대 양쪽 모두 개인 권리와 관련해서는 법치주의 내지 입헌주의로 수렴되었고, 사회 보호와 관련해서는 복지국가의 이름으로 사회 통합을 지향하게 되었다.

여기까지는 대부분 동의할 것이다. 추상적인 원리로만 대화하면 우리 사회 진보파든 보수파든 이런 정부관을 대부분 인정한다. 현실에서는 개인 권리에 대한 '입헌적 책임성'을 갖는 정부관과, 공동체적 통합에 대한 '사회적 책임성'을 우선시하는 정부관 사이에 격렬한 갈등이 있다 하더라도 두 책임성 가운데 어느 한쪽만 필요하고 다른 쪽은 없어도 좋다고 말하는 사람은 없다. 그런 점에서 오늘날의 민주주의 국가는 개인 권리와 사회 공동체의 보호를 위한 책임성을 동시에 부과 받는 정부관을 공유하고 있다고 말할 수 있다.

그런데 이상에서 살펴본 대로 '정부 밖의 개인과 사회를 보호해야 하는 정부 책임성'의 확대와 수렴 못지않게 중요한 것이 있다. 그것은 정부 내부로부터 책임성을 부과하는 원리와 제도가 발전해 온 긴 과정이다. 나는 이를 앞서 살펴본 '입헌적 책임성' 및 '사회적 책임성'과 구분해 '정치적 책임성'이라고 부르고 싶다. 엄밀히 말해 현대 민주주의는 바로 이 정치적 책임성의 발전과 궤를 같이한다. 그런 점에서는 '민주적 책임성'이라 해도 좋다.

대부분의 사람들은 '삼권분립'을 금과옥조처럼 혹은 필요에 따라 편의적으로 말할 뿐, 그 이상의 정치적 책임성의 원리에 대해서는 큰 관심을 두지 않는다. 하지만 삼권의 분립은 민주주의보다는 자유주의 정부론에서 발원했고 그런 점에서 정치적 책임성의 원리를 이해하기 위한 시작점일 뿐, 끝이 아니다. 중요한 것은 권력의 분립이 아니라 그다음인데, 이에 대해서는 거의 논의되지 않고 있다.


**정부 밖에 존재하는 개인과 사회를 위한 책임성이 아니라 정부 내부로부터 책임성을 부과받는 것이 민주적 책임성의 핵심이라는 것은 언뜻 이해가 되지 않는다. 정부 밖 시민을 위한 것이 민**

## 주적 책임성 아닌가?

앞서 ① (시민 개인의 기본권 보장을 목적으로 한) 입헌적 책임성, ② (시민들의 사회를 보호하고 통합하기 위한) 사회적 책임성과 더불어, ③ (정부 내부로부터 책임성을 부과 받는 것을 가리키는) 정치적 책임성을 구분해 이야기했는데, 이를 요약하면 〈표 2〉와 같다.

세 차원의 책임성은 모두 시민에 대한 것이다. 각각은 그 나름의 시민권과 짝을 이룬다.

① '개인individual으로서의 시민'이 가진 권리는 침해할 수 없는 자연권 내지 기본권이라고 한다. 이를 자유권으로 정의하는 학자도 있는데, 어쨌든 자유주의의 최대 기여랄까 관심사는 이 차원의 시민권에 있다.

② '민중people으로서의 시민' 차원도 중요하다. 빈곤 계층이든 취약 계층이든 노동자든, 공공 정책을 통해 보호받아야 할 시민 집단의 권리는 사회권 혹은 사회적 시민권이라고 부른다. '민생'을 앞세우는 온정주의적 국가주의나 계급 간 평등을 강조했던 사회주의는 이 권리의 발전에 크게 기여했다. 오늘날 우리가 말하는 복지국가는 이 차원의 시민권 없이 논의되기 어렵다.

③ '유권자voter로서의 시민'은 정부 운영권의 향방을 결정하는 사람들이다. 평등하게 참여하고 대표되어야 하는 이들 유권자의 권리 역시 시민권이다. 보통은 정치권 혹은 정치적 시민권이라고 불린다. 자유주의나 사회주의와 비교해 민주주의의 최대 관심사

**표 2 | 책임성의 유형과 구조**

| 책임성의 세 차원 | 시민의 유형 | 시민권의 유형 | 지도 이념의 유형 | 정부론의 유형 |
|---|---|---|---|---|
| 입헌적 책임성 | 개인으로서의 시민 | 자유권 (자연권, 기본권) | 자유주의 | 제한 정부론 |
| 사회적 책임성 | 민중으로서의 시민 | 사회권 | 온정주의 혹은 사회주의 | 사회 국가론 |
| 정치적 책임성 | 유권자로서의 시민 | 정치권 | 민주주의 | 책임 정부론 |

는 바로 이 권리에 있다. 그리고 지금 우리가 관심을 집중하고 있는 정부의 통치권 내지 통치권의 근간이라 할 시민 주권은 바로 이 차원에서 이야기되는 권리를 가리킨다.

개인의 자유권과 집단의 사회권을 보호하는 일은 비민주적 자유주의 국가나 비민주적 사회주의 국가에서도 가능한 프로젝트였다. 실제로 19세기 중반 이전 영국과 같은 '민주주의 이전의 자유주의 국가'와, 20세기에 등장한 '비민주적 사회주의 국가'가 대표적인 예이다. 반면 민주주의라고 하면 역시 핵심은 여성이든 무산자든 동등한 정치적 권리를 가져야 한다는 데 있다. 정부에 영향을 미치는 데 있어 사회 구성원들 모두가 동등한 정치적 발언권을 갖는 것이 민주주의다. 정치적 책임성 혹은 민주적 책임성의 원리는 모두 이 과정에서 발전했다.

현실에서 시민은 개인으로 존재할 수 있고, 특정한 이익과 열정을 둘러싸고 갈등하는 사회집단으로도 존재한다. 정치적으로는 주권자다. 시민이 주권자라면 정부 안의 권력 기관 모두 시민적 사업을 위해 존재하는 시민 기관이다. 민주주의가 아니라면 모를까 민주주의에서라면 공적 권력 기관은 관료들의 것도 아니고 대통령의 것도 아닌, 시민의 것이다. 그렇기에 (입헌적 차원 및 사회적 차원과는 다른) 정치적인 차원에서의 책임 정부론은 시민이 정부를 통제하는 문제, 이를 위해, 분립된 권력 기관들 사이에서 견제와 균형을 제도화하는 문제, 일상적으로 정부 운영에 관여하고 참여하지 않더라도 시민의 요구나 투표에 민감하게 반응하는 정부를 만드는 문제, 만약 정부가 그렇게 작동하지 않는다면 집권 정부에 책임을 추궁하고 처벌하는 문제 등을 모두 포괄한다. 이런 책임성이 뒷받침되지 않는다면 '통치자를 위한' 정부만 있을 뿐 '시민을 위한, 시민에 의한, 시민의' 정부는 없다.

**정치적 책임성은 추상적인 개념이다. 단순히 '시민이 자발적으로 주권을 위임한 통치 기구'로서 정부가 책임을 다해야 한다는 것으로는 충분히 설명되지 않는다. 정치적 책임성의 개념이 어떻게 형성되고 발전되어 왔는지 좀 더 설명할 필요가 있다.**

가장 먼저 발전된 정치적 책임성의 개념은 '정부는 respon-sible해야 한다.'는 것이다. (아직 우리 사회에서 민주적 책임성에 대한 논의가 대중화되지 않은 관계로 일단 영어로 된 개념을 두고 이야기하기로 하자.) 17세기 중반 이후 영국에서 발전했고, 흔히 'responsible government'라고 표현되는 이 개념은 두 사건을 통해 실현되었다. 하나는 1649년 찰스 1세를 처형에 이르게 한 영국 내전이고, 다른 하나는 1688년 명예혁명이다. 그 핵심은 크게 세 가지 내용을 갖는다. 하나는 통치는 법을 통해 이루어져야 한다는 것이고, 둘째는 법을 만드는 입법부에 책임을 지는 정부를 운영해야 한다는 것이며, 셋째, 정부 운영을 책임지는 내각은 의회 다수파가 맡아야 한다는 것이다. 이 모든 것이 입헌군주정에서 등장했기 때문에 당시에는 왕과 의회 사이의 문제로 다뤄졌지만, 중심 원리는 지금도 다를 바 없다. 권력분립이든 삼권분립이든 법을 만드는 역할(입법부)과 법을 집행하는 역할(행정부), 나아가 법을 적용하는 역할(사법부) 사이에는 견제의 원리가 작동하지만, 그 최종적 균형은 입법부 혹은 입법부의 다수파를 중심으로 한다는 것이다. 의회중심제든 대통령중심제든, 내각과 행정부에 대한 불신임 및 탄핵의 권한을 입법부와 그 다수파가 행사하는 것은 이런 정부 원리에 기초를 둔다. 가끔 우리 사회에서 언급되는 '책임 총리'라는 표현도 이 차원에서 이해될 수 있다. 그것은 '대통령이나 청와대의 하위 파트너로서의 국무총리'가 아닌, '국회의 동의와 신임을 얻어 임명되고, 대통령 권력으로부터 어느 정도 자율적으로 국무 전반을 관리함으로써 내각 운영의 책임을 갖는 총리'를 가리키기 때문이다.

두 번째로 등장한 정부의 책임성 원리는 '왕은 군림하나 통치하지 않는다.'라는 규범의 다른 짝이라 할 수 있다. 그것은 왕이 통치할 수 없게 되었을 때, "Who governs?" 즉, 정부의 통치권은 누가 책임지는가에 대한 대답으로 나타났다. 이 역시 19세기 중반 영국에서 처음 나타났는데, 당시 투표권의 확대와 더불어 등장한 새로운 책임성의 원리는 '선거에서 다수 시민의 지지를 받은 정당이 정부 운영을 맡는다.'는 것이다. 정치학에서는 이를 정당정부 party government의 원리라고 부른다. 이를 오늘날의 기준으로 말한다면 '통치자 개인이 아니라 그가 속한 정당이 집단적으로 책임성을 실천해야 한다.'라는 원리라고 할 수 있다. 정부가 수상이나 대통령 개인에 의해서가 아니라, 그보다는 그들을 공직 후보로 선출한 정당이 정부 운영의 책임성을 뒷받침해야 한다는 것이다. 우리 기준으로 말하면 박근혜 정부나 문재인 정부가 아니라 새누리당 정부, 민주당 정부라고 불릴 수 있을 때 정당정부의 책임성을 실현할 수 있다는 뜻이 된다.

세 번째로 등장한 정부의 책임성 개념은 '정부는 responsive해야 한다.'는 것으로 흔히 '반응 정부'responsive government의 원리라고 부른다. 20세기 초 서유럽 국가들에서 대중 정치가 본격화되면서 등장한 이 원리의 핵심은, 정당 내지 정당의 이름으로 주권을 위임받고자 하는 사람들은 시민들의 다양한 이익과 요구를 수용해서 그에 충실한 공적 약속을 해야 한다는 데 있다. 정부가 되고자 하는 정당들의 공적 약속이 사회의 요구에 비해 협소하다면 시민의 선택은 사전에 제약되어 있는 것이나 다름없다. 그렇기에 정당들은 다양한 사회집단의 요구에 민감할 수 있도록 이념적으로나 계층적으로 넓은 대표의 범위를 가져야 한다. 정당 내부도 중요하다. 그것은 다양한 지지 집단들의 요구에 수용적이 될 수 있도록 지도부의 선출은 물론 공직 후보자의 선발과 공약의 형성 과정에서 민주적 책임성을 실천하는 데 있다. 그래야 정당들이 정부가 된 다음에도 책임성으로부터 쉽게 벗어날 수 없는 사전적 제약으로 작용하게 될 것이다.

물론 사전적 책임성의 제약이 얼마나 구속력을 갖는가 하는 문제는 늘 논란의 대상이었다. 공약을 기준으로 한 시민 주권의 위임 과정과 그 이후 정부의 통치권 행사가 완전하게 일치할 수는 없었기 때문이다. 하지만 그렇다고 선거 공약과 그 뒤의 공공 정책이 아무런 상관성을 갖지 않는다면 정부는 시민이 통제할 수 없는, 시민 대표들의 것이 된다. 어떻게 하면 선거에서의 정당 공약과 이후 정부가 되었을 때의 실제 정책 행동 사이에 상당 정도의 연관성을 갖게 할 수 있을까? 어떻게 해야 지킬 수 없는 공약을 남발하는 시민 대표들을 사전에 제약할 수 있을까? '반응하는 책임 정부'는 바로 이 문제에 초점이 있고, 우리가 지금 선거제도를 좀 더 비례성이 높은 방향으로 개혁하자거나 다당제를 제도화해 집권당이 책임성의 제약으로부터 벗어나는 것을 정당정치 내부로부터 제어할 수 있게 해야 한다는 등의 논의를 하는 것은 바로 그런 책임성을 말하는 것이다.

네 번째로 등장한 정부의 책임성 개념은 제2차 세계대전 이후 등장했고, 주로 '안정된 선진 민주주의 국가들'에서 발전했다. 그

핵심은 '정부는 accountable해야 한다.'는 것이다. 반응성<sup>re-</sup>
sponsiveness이 '사전에 약속한 공약에 대해 시민들로 하여금 신뢰
를 갖게 하는 것'을 가리킨다면, accountability는 정부가 반응적
이지 못한 것에 대해 '사후적으로라도 설명의 책임을 다하는 것'
혹은 그렇지 못하면 '책임을 추궁하고 처벌해 정부 운영권을 회수
하는 것'을 가리킨다. 그런 의미에서 accountability는 '사후적
책임성'에 초점을 둔 이론적 개념이라 할 수 있다.

이와 가장 깊은 관련이 있는 정치학 이론 가운데 하나가 '회고
적 투표'retrospective voting 이론이다. 이 이론의 핵심은 정부 운영을
담당했던 여야 정당들이 그간 실제로 한 정책 행위 내지 그 성취
정도를 기초로 시민이 그들에게 책임을 부과할 수 있는 조건을 발
전시키려 했다는 데 있다. 이것이 가능하려면 경쟁하는 정당들 사
이에서 유권자들이 합리적 쟁점 투표issue voting를 할 수 있어야 한
다. 인종이나 지역적 정체성 내지 후보 개인이나 리더에 대한 막
연한 기대로 투표가 이루어진다면, 정부의 정책 행위 일반에 대한
합리적이고 책임 추궁적인 투표가 이루어지기는 어려울 것이다.

회고적 투표 내지 사후적 책임성의 가장 중요한 조건은 선택
가능한, 현재와 미래의 정당들이 좋아야 한다는 데 있다. 현재의
집권당보다 더 나은 '대안 정당'을 선택할 수 없다면 시민이 현재
의 정부나 미래의 정부에 책임성을 부과하는 것은 한계가 있을 수
밖에 없기 때문이다. 기존 정당들이 그 역할을 하지 못하면 새로
운 정당의 출현이 자유로워야 할 것이다. 동시에 정부에 압력을

행사할 수 있는 다양한 제도적 조건도 열려 있어야 한다. 독립 언론의 존재는 물론 다양한 결사체들의 자유로운 활동은 그 가운데 가장 중요하다. 요컨대 사후적 책임성의 핵심은 미래의 '대안 정부'alternative government에 대한 시민의 선택권을 통해 현재의 정부를 시민이 통제하는 것이라고 말할 수 있겠다.

**책임 정부의 개념은 이 네 원리 모두를 포괄하는 것인가? 그렇다 면 제일 처음 등장한 responsible government라는 개념을 지나치게 확장한 것 아닌가?**

정부의 책임성과 관련한 지금까지의 내용을 다시 정리해 보자. 그대로 요약하면 민주 정부는 ① responsible해야 하고, ② party(정당)가 정부가 되어야 하며, ③ 유권자 집단의 요구에 responsive해야 할 뿐만 아니라, ④ 사후적으로 그 책임을 감수할 수 있도록 accountable해야 한다.

responsible하다는 것은 '입법자인 시민 대표 기관에 대해 법의 집행자로서 행정부가 가져야 할 책임성'을 강조하는 개념이다. 정당이 정부가 된다는 것은 통치자 개인이 아니라 시민 대중으로부터 권력을 위임받은 통치자 집단인 정당이 정부 운영의 책임을 져야 한다는 점을 강조하는 개념이다. responsive하다는 것은 다양한 사회적 요구가 정부 정책으로 이행될 것임을 신뢰할 수 있도

## 그림 6 | 책임 정부론의 발전과 구조

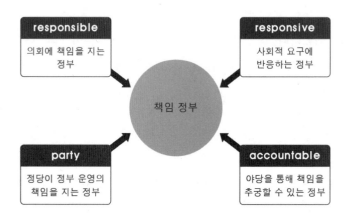

**responsible**
의회에 책임을 지는
정부

**responsive**
사회적 요구에
반응하는 정부

**책임 정부**

**party**
정당이 정부 운영의
책임을 지는 정부

**accountable**
야당을 통해 책임을
추궁할 수 있는 정부

록 해줘야 한다는 점을 강조하는 개념이다. 달리 말하면 (정부 운영권을 두고 다투는 정당들이 사회적 요구를 수용해서 내건) '공적 약속에 대한 사전적 책임성'을 가리킨다고 할 수 있다. 이와는 달리 accountable하다는 것은 정부에 대한 사후적 책임성을 가리킨다. 사전적 책임성에도 불구하고, 시민의 기대에 어긋나는 정부를 선출할 가능성은 언제나 열려 있다. 그렇기에 공적 약속을 지키지 못한 정부 혹은 지킬 수 없게 된 공적 약속에 대해 설명의 책임을 다하지 못한 정부를 면직시키고 다른 정부를 만들 수 있는 이 사후적 책임성의 원리는 다른 책임성 원리로 대체할 수 없다.

그렇다면 책임 정부를 뜻하는 영어 표현 responsible government는 어떤 의미, 어떤 맥락에서 써야 할까? 한 가지는 처음 그 개념이 등장한 맥락에서의 의미 그대로, 민주화 이전의 영국 의회

정부 내지 의회 국가를 가리키는 '역사적 개념'으로 쓸 수 있다. 다른 하나는 권력분립하에서 입법부를 존중하는 '행정부의 행위 규범'을 뜻하는 것으로 일반화해서 이해할 수도 있다. 마지막으로는 앞서 살펴본 네 가지 책임성의 규범을 준수해야 하는 '민주 정부 일반의 운영 원리'를 가리키는 것으로 사용할 수 있다.

물론 더 넓은 맥락에서는 개인의 기본권을 보장하고 사회의 공동체성을 보호하는 정부 역할까지 포괄해 책임 정부라 할 수 있다. 개인적으로 나는, 19세기 말 이래 시민권 개념이 꾸준히 확장되는 것과 병행해 정부의 책임성 역시 확대되어 온 그 긴 과정을 민주주의의 발전으로 이해한다면, 책임 정부 개념을 맥락에 따라 넓은 의미로 확대해 쓰는 것에 주저할 이유는 없다고 본다. 다만 어떤 차원의 의미인지 개념의 위상은 정확히 정의해서 사용해야 할 것이다.

**입헌적 책임성과 사회적 책임성의 원리는 정부가 시민 개인과 사회를 위해 해야 할 과업을 의미하는 것 같다. 링컨의 표현대로 말한다면, 'for the people'의 이상에 대한 현대 민주 정부의 대응으로 보인다. 반면 정치적 책임성의 원리는 권력 기구들 사이의 견제와 복수 정당들 사이의 경쟁, 나아가 유권자의 투표 행위를 통해 정부를 통제하는 것에 초점을 둔다는 점에서 'by the people'의 이상을 담고 있는 것으로 보인다. 그렇다면 'of the**

people'의 이상을 포괄하는 정부 이론은 없는가? 책임 정부는 시민에 의한, 시민을 위한 정부이면서 동시에 시민의 정부가 될 수는 없나?

링컨의 개념과 정부의 책임성을 연관 지어 보는 것은 흥미롭다. 일단 그런 유형 분류에 맞춰서 생각해 보자. of the people의 이상은 사라진 것일까? 실제로 정치학자들 가운데는 그렇게 말하는 사람도 있다. 시민이 곧 정치가였던 고대 직접 민주주의와는 달리 현대 대의 민주주의는 of the people의 이상을 실현할 수 없다는 것이다. 정말 그럴까?

우선 오늘날의 민주주의에서 of the people이 차지하는 위치를 굳이 따진다면, 나는 침해할 수 없는 기본권이 개인에게서 멈추지 않고 사회 전체로 확대된 것에 있다고 말하고 싶다. 자유주의자들이 제한 정부론에서 애초 상정했던 권리의 담지자는 소수의 남성과 재산 소유자에 국한되어 있었다. 종교 선택의 자유에서 사상과 내면의 자유, 나아가 언론·출판·집회·결사의 권리가 다수의 사회 하층과 여성으로 확대된 것은 '자유주의 이후의 민주주의' 시대에 실현되었다.

고대 아테네 민주주의에서 of the people의 이상이 가장 잘 실현되었다고 보는 것도 한계가 있다. 당시 시민들이 정부 운영을 직접 번갈아 맡았다고는 해도, 그때의 시민은 여성과 노동자, 이주민을 제외한 소수의 남성 중산층 가부장들이었다. 엄밀히 말하

**그림 7 | 현대 정부론의 세 영역과 수렴**

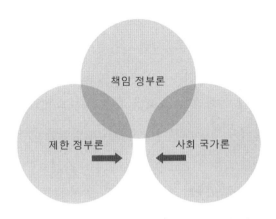

면 '선택된 시민만의 민주주의'였지 '시민 모두의 민주주의'는 아니었다. 반면 오늘날에는 사실상 모든 사회 구성원이 시민이다. 나는 현대 대의 민주주의가 과거의 직접 민주주의에 비해 비교할 수 없을 만큼 훨씬 더 넓은 of the people의 원리를 실천하고 있다고 본다. 링컨이 말한 민주주의의 이상으로서 for the people, by the people은 물론 of the people의 원리 역시 오늘날의 책임 정부론에서 깊고 넓게 실천되어 왔고 앞으로도 책임 정부론의 심화, 발전을 통해 그 길을 더 넓히고 다져 갈 수 있다는 것이 내 생각이다.

한발 더 나아가 나는 개인의 기본권과 사회의 공동체성을 심화하는 것, 달리 말하면 제한 정부의 이상과 사회국가의 이상 역시 책임 정부하에서 가장 잘 이루어질 수 있다고 본다. 침해할 수 없는 개인의 기본권을 실현하는 것이 제한 정부론의 핵심이라면, 사회 국가론은 정부가 공동체의 유지와 통합을 위해 적극적인 역할을 하는 것을 지향한다. 이 사이에서, 법이 만들어지고 집행되고 적용되는 넓은 영역에서 다양한 시민적 요구에 부응하는 체계를 만드는 것은 '책임 정부'의 요체다. 중요한 것은 이 책임 정부하에서만 사회국가와 제한 정부가 민주주의와 양립할 수 있다는 사실이다.

정부가 그 내부로부터 책임성을 부과 받지 않는다면 제한 정부는 얼마든지 비민주적 자유주의에 머물 수 있으며, 사회 국가는 얼마든지 비민주적 사회주의로 퇴락할 수 있다. 시민 개인으로서는 기본권이 침해당하지 않는 제한 정부가 중요하고, 사회 전체적으로는 공동체적 통합이 중요하겠지만, 어디까지나 그 원리나 목적은 정부가 민주적으로 운영되는 것에 기초를 두어야 한다는 뜻이다.

이상의 긴 논의를 통해 나는 우리가 관심을 가져야 할 문제의 요점에 효과적으로 도달했다고 본다. 그것은 제한 정부와 사회 국가 사이에 책임 정부라는 교차점이 있다는 사실이다. 제한 정부가 자유의 가치를 진작하는 데 깊은 관심을 가졌고, 사회 국가가 공동체적 정의를 세우는 데 기여했지만, 그것으로는 민주 정부가 될 수 없었다. 민주주의는 책임 정부에 그 핵심이 있고, 시민 주권은 책임 정부를 통해 발전해 왔다. 평등한 자유를 더 잘 향유하고 싶은가? 사회정의를 세우고 진작하고 싶은가? 이를 위해 자유주의적 제한 정부를 강화하고 사회주의나 온정주의에 기초를 둔 사회 국가를 불러들여야 할까? 민주주의자라면 달리 대답해야 한다고 본다. 핵심은 책임 정부다. 책임 정부의 발전을 통해서만이 제한 정부와 사회 국가는 민주주의 정부론에 통합될 수 있다. 자유와 평등의 양립, 개별적 정의와 사회적 정의의 병행 발전 역시 책임 정부 속에서 점진적으로 실현할 수 있는 시민적 사업이 될 수 있다. 이 점을 강조하고 또 강조하는 것으로 나의 논의를 모두 마친다.

# 대통령 비서실 관련
# 직제, 예산, 인력 규모의
# 시기별 비교

## | 역대 대통령 비서실 설치 근거 및 직제 |

| 대통령 | 설치 근거 | 개편 내용 |
|---|---|---|
| 이승만 | 대통령을 보좌하기 위한 비서 제도는 1949년 1월 6일 이승만 대통령에 의해 재가된 〈대통령비서관직제〉가 효시이다. 1960년 8월 25일 제정된 〈대통령비서실직제〉에 의해 대통령비서실로 명칭이 변경되었다. | ① '48.07.24 : 1비서관장 4수석 1비서관 |
| 윤보선 | 1960년 8월 25일 제정된 〈대통령비서실직제〉에 의해 신설된 윤보선 대통령비서실은 1962년 3월 23일까지 존속했다. | ① '60.08.25 : 1실장 2수석 1대변인 |
| 박정희 | 1963년 12월 16일 제정된 〈대통령비서실직제〉에 의해 신설된 박정희 대통령비서실은 1980년 2월 3일까지 존속했다. | ① '64.02.12 : 1실장 6수석 22비서관<br>② '64.06.18 : 1실장 6수석 19비서관<br>③ '66.03.15 : 1실장 6수석 22비서관<br>④ '69.03.12 : 1실장 7수석 1특별보좌관 22비서관<br>⑤ '69.08.20 : 1실장 8수석 1특별보좌관 22비서관<br>⑥ '69.11.01 : 1실장 7수석 1특별보좌관 19비서관<br>⑦ '69.11.20 : 1실장 7수석 1특별보좌관 19비서관<br>⑧ '70.05.15 : 1실장 7수석 1특별보좌관 21비서관<br>⑨ '70.12.09 : 1실장 6수석 2특별보좌관 19비서관<br>⑩ '71.07.01 : 1실장 6수석 6특별보좌관 12비서관<br>⑪ '71.11.10 : 1실장 7수석 2특별보좌관 8비서관<br>⑫ '72.05.25 : 1실장 7수석 2특별보좌관 8비서관<br>⑬ '73.05.03 : 1실장 7수석 1특별보좌관 8비서관<br>⑭ '73.08.14 : 1실장 8수석 1특별보좌관 9비서관<br>⑮ '73.12.10 : 1실정 9수석 1특별보좌관 35비서관<br>⑯ '74.01.28 : 1실장 9수석 8특별보좌관 28비서관<br>⑰ '74.02.19 : 1실장 8수석 8특별보좌관 25비서관<br>⑱ '79.12.17 : 1실장 6수석 7특별보좌관 22비서관 |
| 최규하 | 1980년 2월 4일 제정된 〈대통령비서실직제〉에 의해 신설된 최규하 대통령비서실은 1980년 8월 15일까지 존속했다. | ① '80.02.04 : 1실장 2수석 22비서관 7보좌관 |

| 전두환 | 1980년 2월 4일 제정된 〈대통령비서실직제〉에 의해 신설된 전두환 대통령비서실은 1988년 2월 24일까지 존속했다. | ① '80.09.03 : 1실장 9수석 32비서관 1보좌관<br>② '82.03.23 : 1실장 9수석 32비서관 1보좌관<br>③ '82.12.20 : 1실장 9수석 32비서관 1보좌관<br>④ '85.03.11 : 1실장 10수석 35비서관 1보좌관<br>⑤ '87.03.01 : 1실장 10수석 39비서관 1보좌관 |
|---|---|---|
| 노태우 | 1988년 2월 25일 제정된 〈대통령비서실직제〉에의 신설된 노태우 대통령비서실은 1993년 2월 24일까지 존속했다. | ① '88.02.25 : 1실장 7수석 2보좌관 41비서관<br>② '88.12.19 : 1실장 1특보 7수석 2보좌관 41비서관<br>③ '89.08.16 : 1실장 1특보 7수석 2보좌관 40비서관<br>④ '92.02.02 : 1실장 1특보 9수석 1보좌관 44비서관 |
| 김영삼 | 1993년 2월 25일 제정된 〈대통령비서실직제〉에의 신설된 김영삼 대통령비서실은 1998년 2월 24일까지 존속했다. | ① '93.03.13 : 1실장 9수석 49비서관<br>② '93.05.22 : 1실장 9수석 49비서관<br>③ '94.01.12 : 1실장 10수석 51비서관<br>④ '94.06.16 : 1실장 10수석 51비서관<br>⑤ '94.12.23 : 1실장 1특보 10수석 48비서관<br>⑥ '95.12.22 : 1실장 11수석 48비서관<br>⑦ '96.05.14 : 1실장 11수석 51비서관<br>⑧ '96.08.08 : 1실장 11수석 51비서관<br>⑨ '97.07.18 : 1실장 1특보 11수석 47비서관 |
| 김대중 | 1998년 2월 25일 제정된 〈대통령비서실직제〉에 의해 신설된 김대중 대통령비서실은 2003년 2월 24일까지 존속했다. | ① '98.02.25 : 1실장 6수석 35비시관<br>② '98.06.03 : 1실장 6수석 33비서관<br>③ '98.06.05 : 1실장 6수석 36비서관<br>④ '98.09.26 : 1실장 6수석 37비서관<br>⑤ '99.03.10 : 1실장 7수석 40비서관<br>⑥ '99.06.25 : 1실장 8수석 41비서관<br>⑦ '00.01.12 : 1실장 8수석 41비서관<br>⑧ '00.08.01 : 1실장 8수석 41비서관<br>⑨ '02.01.18 : 1실장 2특보 8수석 39비서관<br>⑩ '02.04.15 : 1실장 2특보 8수석 39비서관 |
| 노무현 | 2003년 2월 25일 제정된 〈대통령비서실직제〉에 의해 신설된 대통령비서실은 2008년 2월 29일까지 존속했으며, 제17대 정부 출범 후 〈대통령실과 그 소속기관 직제〉에 의해 '대통령실'로 명칭이 변경되고 기능이 일부 조정되었다. | ① '03.02.25 : 2실장 5수석 6보좌관 49비서관<br>② '03.05.07 : 2실장 5수석 6보좌관 44비서관<br>③ '03.08.25 : 2실장 5수석 6보좌관 41비서관<br>④ '03.09.19 : 2실장 5수석 6보좌관 41비서관<br>⑤ '03.12.22 : 2실장 6수석 5보좌관 40비서관<br>⑥ '04.05.17 : 2실장 6수석 5보좌관 48비서관<br>⑦ '04.12.24 : 2실장 6수석 5보좌관 47비서관<br>⑧ '05.01.06 : 2실장 6수석 5보좌관 48비서관<br>⑨ '05.02.25 : 2실장 6수석 5보좌관 48비서관<br>⑩ '05.04.08 : 2실장 7수석 4보좌관 49비서관 |

| | | |
|---|---|---|
| | | ⑪ '05.07.11 : 2실장 7수석 4보좌관 49비서관 |
| | | ⑫ '05.11.04 : 2실장 7수석 4보좌관 49비서관 |
| | | ⑬ '06.01.27 : 3실장 8수석 2보좌관 53비서관 |
| | | ⑭ '06.05.04 : 3실장 8수석 2보좌관 52비서관 |
| | | ⑮ '06.08.25 : 3실장 8수석 2보좌관 53비서관 |
| | | ⑯ '07.04.20 : 3실장 8수석 2보좌관 53비서관 |
| 이명박 | 대통령실은 2008년 2월 29일 제정된 〈대통령실과 그 소속기관 직제〉에 의해 신설되었다. 대통령실은 '대통령비서실'에서 명칭을 변경한 것으로 2013년 2월 24일까지 존속했다. | ① '08.03.03 : 1실장 1처장 7수석 42비서관 |
| | | ② '08.06.24 : 1실장 1처장 7수석 1기획관 4특보 46비서관 |
| | | ③ '08.07.25 : 1실장 1처장 7수석 1기획관 4특보 46비서관 |
| | | ④ '09.01.01 : 1실장 1처장 7수석 1기획관 4특보 43비서관 |
| | | ⑤ '09.02.10 : 1실장 1처장 7수석 1기획관 4특보 43비서관 |
| | | ⑥ '09.08.31 : 2실장 1처장 8수석 2기획관 6특보 44비서관 |
| | | ⑦ '09.09.23 : 2실장 1처장 8수석 3기획관 6특보 43비서관 |
| | | ⑧ '10.05.28 : 2실장 1처장 8수석 3기획관 6특보 43비서관 |
| | | ⑨ '10.07.07 : 2실장 1처장 8수석 4기획관 44비서관 |
| | | ⑩ '10.12.30 : 2실장 1처장 9수석 3기획관 47비서관 |
| | | ⑪ '11.09.07 : 2실장 1처장 9수석 4기획관 45비서관 |
| | | ⑫ '11.12.12 : 2실장 1처장 9수석 3기획관 47비서관 |
| | | ⑬ '12.01.13 : 2실장 1처장 9수석 4기획관 47비서관 |
| | | ⑭ '12.08.08 : 2실장 1처장 9수석 5기획관 46비서관 |
| 박근혜 | | ① '13.03.23 : 1실장 9수석 34비서관 |
| 문재인 | | ① '17.05.11: 2실장 8수석 2보좌관 40비서관 |

출처: 대통령기록관 대통령비서실 개요. www.pa.go.kr/research/contents/organ/index03.jsp.
주 : 박근혜, 문재인 정부의 직제는 아직 정리, 발표되지 않았기에 집권 첫해 언론에 공개된 직제만 달아 놓았다.

## | 대통령 비서실 예산의 변화 |

| 회계연도 | 예산(천 원) | 정권별 증감률(%) |
|---|---|---|
| 1963 | 24,502 | |
| 1964 | 155,318 | |
| 1965 | 81,731 | |
| 1966 | 111,642 | |
| 1967 | 135,946 | |
| 1968 | 169,275 | |
| 1969 | 625,062 | |
| 1970 | 315,801 | |
| 1971 | 366,611 | |
| 1972 | 413,701 | 9,797 |
| 1973 | 432,855 | |
| 1974 | 507,336 | |
| 1975 | 687,020 | |
| 1976 | 993,315 | |
| 1977 | 1,325,301 | |
| 1978 | 2,258,148 | |
| 1979 | 2,424,949 | |
| 1980 | 2,945,846 | |
| 1981 | 5,353,573 | |
| 1982 | 7,934,020 | |
| 1983 | 8,786,345 | |
| 1984 | 8,786,756 | 387 |
| 1985 | 9,678,608 | |
| 1986 | 10,732,159 | |
| 1987 | 11,801,776 | |
| 1988 | 13,107,423 | |
| 1989 | 13,129,072 | |
| 1990 | 15,161,688 | 91 |
| 1991 | 21,779,247 | |
| 1992 | 22,493,291 | |
| 1993 | 23,391,836 | |
| 1994 | 23,782,937 | |
| 1995 | 24,845,731 | 62 |
| 1996 | 30,764,640 | |
| 1997 | 36,362,991 | |

| | | |
|---|---|---|
| 1998 | 33,208,950 | |
| 1999 | 33,946,162 | |
| 2000 | 38,659,213 | 23 |
| 2001 | 42,338,349 | |
| 2002 | 44,668,349 | |
| 2003 | 46,363,779 | |
| 2004 | 57,038,873 | |
| 2005 | 59,282,430 | 45 |
| 2006 | 61,240,220 | |
| 2007 | 64,580,864 | |
| 2008 | 66,938,811 | |
| 2009 | 72,909,122 | |
| 2010 | 84,307,990 | 35 |
| 2011 | 84,180,325 | |
| 2012 | 87,357,617 | |
| 2013 | 84,180,325 | |
| 2014 | 84,133,910 | |
| 2015 | 88,687,925 | 0.8 |
| 2016 | 89,022,845 | |
| 2017 | 88,063,301 | |
| 2018 | 89,868,155 | 2 |

출처: 1. 회계연도 기준, 국회 의안정보시스템 확정 예산 분석(2018년 1월 기준).
　　2. 1985년 이전 자료는 김태승, "청와대 비서실 조직 변화에 대한 연구," 고려대 행정학 석사 논문, 1998, 101-102쪽 인용.
주:　1. 이명박 정부 시기는 비서실과 경호실 예산이 통합되어 있는 관계로, 박근혜 정부 시기 경호실 예산을 제외한 전체 비서실 예산 평균 비율인 52퍼센트로 환산한 추정치임.
　　2. 정권별 증감률은 이전 정권 마지막 해 예산과 다음 정권 마지막 해 예산을 기준으로 계산했음.

## | 역대 대통령 비서실 인원 현황(시행일 기준) |

| 대통령 | 날짜 | 비서실장 | 정책실장 | 수석비서관 | 기타 정무직, 일반직, 기능직 전체 | 합계 |
|---|---|---|---|---|---|---|
| 이승만 | 1948.07.24 | 1비서관장 4수석 | | | 1비서관 | 6 |
| 윤보선 | 1960.08.13 | 1비서관 (1급 공무원 상당) | | | 14 | 15 |
| | 1961.08.26 | | | | 14 | 15 |
| | 1961.12.18 | | | | 16 | 17 |
| 박정희 | 1967.07.21 | 1 | | 1 (차관급) | 135 (비서관 13, 일반직 42, 기능직 80) | 137 |
| | 1968.04.09. | 1 | | 8 (장관급 내지 1급) | 218 | 227 |
| | 1970.02.25 | 1 | | 8 | 218 | 227 |
| | 1973.01.25 | 1 | | 8 | 218 | 227 |
| | 1979.08.29 | 1 | | 8 | 218 | 227 |
| 최규하 | 1980.02.01. | 1 | | 8 | 228 | 237 |
| | 1980.02.04. | 1 | | 9 (장관급 내지 1급 상당) | 262 | 272 |
| 전두환 | 1980.10.15. | 1 | | 11 (차관급) | 294 (관리관 내지 부이사관 또는 비서관 33, 일반직 86, 기능직 175) | 306 |
| | 1980.12.18. | 1 | | 12 | 311 | 324 |
| | 1981.02.26. | 1 | | 12 | 329 | 342 |
| | 1983.10.07. | 1 | | 12 | 321 | 334 |
| | 1983.12.31. | 1 | | 12 (장관급 또는 차관급) | 341 | 354 |
| | 1988.01.01 | 1 | | 12 | 341 | 354 |
| 노태우 | 1988.03.15 | 1 | | 11 | 330 | 342 |
| | 1988.10.10 | 1 | | 11 | 330 | 342 |
| | 1989.06.17 | 1 | | 11 | 330 | 342 |
| | 1989.11.23 | 1 | | 11 | 372 | 384 |
| 김영삼 | 1993.05.15 | 1 | | 11 | 365 | 377 |
| | 1995.04.12 | 1 | | 11 | 365 | 377 |
| | 1996.06.29 | 1 | | 11 | 365 | 377 |
| | 1997.03.20 | 1 | | 11 | 363 | 375 |

| | | | | | | |
|---|---|---|---|---|---|---|
| 김대중 | 1998.02.25.<br>전부 개정<br>(수석비서관제<br>신설) | 1 | | 6 | 373 | 380 |
| | 1999.03.10 | 1 | | 7 | 391 | 399 |
| | 1999.06.25 | 1 | | 8 | 396 | 405 |
| 노무현 | 2003.02.25.<br>(정책실장<br>신설) | 1 | 1 | 11 | 485 | 498 |
| | 2003.04.07.<br>(특별감찰반,<br>특별보좌관,<br>자문위원<br>신설) | 1 | 1 | 11 | 485 | 499 |
| | 2005.03.02 | 1 | 1 | 11 | 486 | 498 |
| | 2006.01.27.<br>(통일외교안보<br>정책실 신설) | 1 | 정책실장 1<br>통일외교안보<br>정책실장 1 | 11 | 518 | 531 |
| | 2006.07.01. | 1 | 1 | 11 | 518 | 531 |
| 이명박 | 2008.02.29. | 1<br>(장관급) | | 8<br>(차관급) | 447 | 456 |
| | 2009.07.07 | 1 | | 8 | 447 | 456 |
| | 2009.09.11 | 1 | 1 | 7 | 447 | 456 |
| | 2009.12.14 | 1 | 1 | 7 | 447 | 456 |
| | 2009.12.15 | 1 | 1 | 7 | 447 | 456 |
| | 2010.02.24 | 1 | 1 | 7 | 447 | 456 |
| | 2010.03.26 | 1 | 1 | 8 | 446 | 456 |
| | 2010.08.13 | 1 | 1 | 8 | 446 | 456 |
| | 2010.12.31 | 1 | 1 | 9 | 445 | 456 |
| | 2011.06.09 | 1 | 1 | 9 | 445 | 456 |
| | 2011.10.10 | 1 | 1 | 9 | 445 | 456 |
| | 2012.06.29 | 1 | 1 | 9 | 445 | 456 |
| | 2012.12.28. | 1 | 1 | 9 | 445 | 456 |
| 박근혜 | 2013.03.23 | 1<br>(장관급) | | 9<br>(차관급) | 433 | 443 |
| | 2013.07.22. | 1 | | 9 | 433 | 443 |
| | 2013.12.12 | 1 | | 9 | 433 | 443 |
| | 2014.02.17 | 1 | | 9 | 433 | 443 |
| | 2014.07.21 | 1 | | 10 | 432 | 443 |
| | 2015.01.06. | 1 | | 10 | 432 | 443 |
| | 2015.12.30 | 1 | | 10 | 432 | 443 |

| 문재인 | 2017.05.11<br>(정책실 신설) | 1<br>(장관급) | 1<br>(장관급) | 10<br>(차관급) | 431 | 443 |
|---|---|---|---|---|---|---|
| | 2017.05.30 | 1 | 1 | 10 | 431 | 443 |
| | 2017.12.29 | 1 | 1 | 10 | 431 | 443 |

출처: 대통령령인 〈대통령비서실직제〉, 〈대통령실과그소속기관직제〉에 포함된 공무원 정원표를 기준으로
작성했고, 경호처와 국가안보실 인원은 제외했음.